BO Kraft · Kommentar

Verordnung über den Betrieb von Kraftfahrunternehmen im Personenverkehr (BOKraft)

kommentiert von
Dr. Gerhard Hole
Regierungsdirektor im Bundesverkehrsministerium

und Hans-Gerhard Gern
Regierungsdirektor im Bundesverkehrsministerium

einschließlich

Personenbeförderungsgesetz (PBefG)
Freistellungsverordnung
Verordnung über die Allgemeinen Beförderungsbedingungen

und wichtige Auszüge aus

Straßenverkehrsordnung (StVO)
Straßenverkehrs-Zulassungs-Ordnung (StVZO)
EG-Sozialvorschriften im Personenverkehr

8. ergänzte Auflage

VERLAG HEINRICH VOGEL · MÜNCHEN · NEUMARKTER STRASSE 18 · BESTELL-NR. 24015

Stand Dezember 1987

ISBN 3-574-24015-5

Vorwort zur 8. Auflage

Der „BOKraft-Kommentar“, dessen erste Auflage im Zeitpunkt des Inkrafttretens der Verordnung über den Betrieb von Kraftfahrunternehmen im Personenverkehr vom 21. Juni 1975 (Bundesgesetzbl. I S. 1573) erschien, behandelte seinerzeit als erster Kommentar das neue Recht, das die frühere BOKraft aus dem Jahre 1939 ablöste. Inzwischen ist die BOKraft zweimal geändert worden: durch Verordnung zur Änderung der BOKraft vom 19.4.1977 (BGBl I S. 598) und durch Artikel 1 der Verordnung zur Änderung personenbeförderungsrechtlicher Vorschriften vom 13. Mai 1981 (BGBl I S. 428). Beide Änderungen sind bereits in die 2. Auflage bzw. 4. des Kommentars eingearbeitet worden.

Die vorliegende achte ergänzte Auflage ist vor allem durch das Fünfte Gesetz zur Änderung des Personenbeförderungsgesetzes – die sog. „Taxi-Novelle“ – vom 25.2.1983 (Bundesgesetzblatt I S. 196) erforderlich geworden, da insbesondere deren Vorschriften über die Genehmigungsübertragung (§ 2 PBefG), die neue Abgrenzung zwischen Taxi- und Mietwagenverkehr (§§ 47, 49 Abs. 4 PBefG) sowie die neuen Tarifvorschriften in § 51 PBefG Auswirkungen auf die Kommentierung einer Reihe von BOKraft-Bestimmungen haben. Die sechste Änderungsverordnung zur StVO ist ebenfalls berücksichtigt. Verlag und Autoren hoffen, daß der „BOKraft-Kommentar“ durch diese Aktualisierung in gleicher Weise wie die Vorauflagen den Anforderungen von Verkehrsbetrieben, Verwaltung und Gerichten wieder entsprechen kann.

Bonn, im Januar 1986

Dr. Gerhard Hole
Hans-Gerhard Gern

Inhaltsverzeichnis

Personenbeförderungsgesetz (PBefG)

Abkürzungsverzeichnis

Abs	Absatz
Anm	Anmerkung
Art	Artikel
BGB	Bürgerliches Gesetzbuch
BGH	Bundesgerichtshof
BGBl	Bundesgesetzblatt
BMV	Bundesminister für Verkehr
Bundes-Seuchen-gesetz	Gesetz zur Verhütung und Bekämpfung übertragbarer Krankheiten beim Menschen
BVerfG	Bundesverfassungsgericht
BVerwG	Bundesverwaltungsgericht
DAR	Deutsches Autorecht (Zeitschrift)
DPV	Der Personenverkehr (Zeitschrift)
DÖV	Die öffentliche Verwaltung (Zeitschrift)
DVBl	Deutsches Verwaltungsblatt (Zeitschrift)
GG	Grundgesetz für die Bundes-republik Deutschland
i. d. F.	in der Fassung
i. d. R.	in der Regel
i. S.	im Sinne
i. V.	in Verbindung
KraftStG	Kraftfahrzeugsteuergesetz
LG	Landgericht
NJW	Neue Juristische Wochenschrift
OLG	Oberlandesgericht
OVG	Oberverwaltungsgericht
OWiG	Gesetz über Ordnungs-widrigkeiten
PBefG	Personenbeförderungsgesetz
PflVersG	Gesetz über die Pflicht-versicherung für Kraft-fahrzeughalter
Rspr	Rechtsprechung
S	Satz, Seite
StGB	Strafgesetzbuch
StPO	Strafprozeßordnung
StVG	Straßenverkehrsgesetz
StVO	Straßenverkehrs-Ordnung
StVZO	Straßenverkehrs-Zulassungs-Ordnung
UnBefG	Gesetz über die unentgeltliche Beförderung von Kriegs- und Wehrdienstbeschädigten sowie von anderen Behinderten im Nahverkehr
VersR	Versicherungsrecht (Zeitschrift)
VG	Verwaltungsgericht
VGH	Verwaltungsgerichtshof
VkBl	Verkehrsblatt: Amtsblatt des Bundesministers für Verkehr
VRS	Verkehrsrechtssammlung
V + T	Verkehr und Technik (Zeitschrift)
VwGO	Verwaltungsgerichtsordnung
VwVfG	Verwaltungsverfahrensgesetz
VwVG	Verwaltungsvollstreckungsgesetz

Verordnung über den Betrieb von Kraftfahrunternehmen im Personenverkehr (BOKraft)

Vom 21. Juni 1975 (Bundesgesetzbl. I S. 1573) in der Fassung der Verordnung zur Änderung personenbeförderungsrechtlicher Vorschriften vom 13. Mai 1981 (Bundesgesetzbl. I S. 428)

Allgemeine Vorschriften

§ 1 Geltungsbereich

(1) Die Verordnung gilt für Unternehmen ①, die Fahrgäste mit Kraftfahrzeugen oder Obussen ② befördern, soweit sie den Vorschriften des Personenbeförderungsgesetzes unterliegen ③.

(2) §§ 2, 3, 6 bis 9, §§ 14 bis 19, 20 Abs. 1 Nr. 1, §§ 21 bis 23, 33 Abs. 4 und 5, §§ 41, 42, 45 Abs. 1 Nr. 1, 4, 5a bis 5f, 5o, 5r, 5s, § 45 Abs. 2 Nr. 1, 4, 5a, 5c, 6, § 47 Abs. 1 Nr. 1 bis 3 gelten entsprechend bei Beförderungen nach § 1 Nr. 4 Buchstaben d und g der Freistellungs-Verordnung vom 30. August 1962 (Bundesgesetzbl. I S. 601), geändert durch Verordnung zur Änderung der Freistellungs-Verordnung vom 16. Juni 1967 (Bundesgesetzbl. I S. 602), sofern dabei Kraftfahrzeuge verwendet werden, die nach Bauart und Ausstattung zur Beförderung von mehr als sechs Personen (einschließlich Fahrzeugführer) geeignet und bestimmt sind. Als Genehmigungsbehörde im Sinne dieser Vorschriften gilt diejenige Behörde, die im Falle einer Nichtfreistellung von den Vorschriften des Personenbeförderungsgesetzes zuständig wäre ④.

① Der Geltungsbereich entspricht dem bisherigen Recht, das im wesentlichen auf die BOKraft vom 13. Februar 1939 (RGBl. I S. 231) zurückging. § 1 Abs. 1 wendet sich absichtlich nicht nur an „Unternehmer" im Sinne des § 2 Abs. 1 Satz 2 PBefG, der auf den Besitz der nach den §§ 9ff. PBefG erteilten Genehmigung („Konzession") abstellt. Die Verordnung soll auch dann Anwendung finden, wenn der Beförderer zwar nicht eine solche „Konzession" besitzt, gleichwohl aber Beförderungen der in § 2 Abs. 1 Satz 1 PBefG genannten Art durchführt. Das ist z. B. der Fall, wenn nur der Betrieb, nicht aber die Rechte und Pflichten aus der Genehmigung vom Unternehmer auf einen anderen übertragen werden (vgl. § 2 Abs. 2 PefG). Darum spricht § 1 Abs. 1 von *„Unternehmen"* statt von „Unternehmern" (vgl. auch Anm. 1 zu § 3). Beachte jedoch Anm. 3. Die BOKraft gilt grundsätzlich auch für *ausländische Unternehmen,* soweit sie im Geltungsbereich der Verordnung Personenbeförderungen durchführen; dies folgt unmittelbar aus § 52 Abs. 1 PBefG, so daß es einer diesbezüglichen besonderen Erwähnung in der BOKraft nicht bedurfte (vgl. aber Anm. 1 zu § 5).

② § 57 Abs. 1 Nr. 2 PBefG ermächtigt zum Erlaß von Rechtsverordnungen über den Betrieb von Kraftfahrunternehmen, also von Unternehmen, die Kraftfahrzeuge einsetzen. Ein *Obus* ist nach den in § 4 Abs. 3 und 4 PBefG enthaltenen eindeutigen Begriffsbestimmungen jedoch kein Kraftfahrzeug. Die BOKraft ist deshalb auch auf § 57 Abs. 1 Nr. 1 PBefG gestützt. Diese Vorschrift ermächtigt zum Erlaß von Rechtsverordnungen über Straßenbahnen und Obusse. Der *Straßenbahnverkehr* wird durch die Verordnung über den Bau und Betrieb der Straßenbahnen (BOStrab) vom 31. August 1965 (Bundesgesetzbl. I Seite 1513) in der Fassung des Artikels

2 der Verordnung zur Änderung personenbeförderungsrechtlicher Vorschriften vom 13. Mai 1981 (Bundesgesetzbl. I S. 428) geregelt.

③ § 1 Abs. 1 stellt *nicht* darauf ab, ob die durchzuführende *Beförderung* dem PBefG unterliegt, sondern darauf, ob das *Unternehmen* dem PBefG unterliegt. *Die BOKraft gilt also*

– für *Unternehmer* i. S. d. § 2 Abs. 1 Satz 2 PBefG, d. h. für Inhaber einer Genehmigung zum Betrieb der in § 2 Abs. 1 Satz 1 PBefG genannten Verkehrsarten; hierzu gehören auch Unternehmen, auf die die aus der (ursprünglichen) Genehmigung erwachsenden Rechte und Pflichten übertragen worden sind (vgl. § 2 Abs. 2 und 3 PBefG),

– für natürliche oder juristische Personen, auf die nicht die Rechte und Pflichten aus der Genehmigung, sondern nur der Betrieb vom Genehmigungsinhaber übertragen worden ist (sog. *„Betriebsführer“*, vgl. § 2 Abs. 2 PBefG); dies kann im Einzelfall auch die öffentliche Hand sein, z. B. eine Gemeinde oder ein Landkreis (bekanntestes Beispiel ist z. Zt. das sog. „Nahverkehrsmodell Hohenlohe“),

– für sog. *„Auftragsunternehmer“*, die für einen anderen Genehmigungsinhaber aufgrund einer diesem nach § 9 PBefG erteilten Genehmigung auf dessen Rechnung, in dessen Namen und unter dessen Verantwortung Beförderungsleistungen erbringen, nur dann, wenn sie auch selbst eine Genehmigung i. S. d. § 2 Abs. 1 PBefG besitzen, so daß sie dann „den Vorschriften des PBefG unterliegen“. Ist dies ausnahmsweise nicht der Fall, so tritt personenbeförderungsrechtlich nur der andere Genehmigungsinhaber bzw. Betriebsführer in Erscheinung. Dieser ist dann für den Auftragsunternehmer verantwortlich wie für eigenes Personal (vgl. § 3). In den mit den Auftragsunternehmern abzuschließenden privatrechtlichen Verträgen (sog. „Anmietverträge“) wird der Genehmigungsinhaber bzw. Betriebsführer deshalb schon allein aus Haftungsgründen zweckmäßigerweise vereinbaren, daß auch der Auftragsunternehmer die für den Unternehmer bzw. Betriebsführer maßgebenden Vorschriften, also auch die BOKraft, zu beachten hat. Wenngleich eine solche Vereinbarung hauptsächlich für das Innenverhältnis der Vertragspartner von Bedeutung ist (ggf. Freistellungsanspruch im Haftungsfall), so wird dadurch doch mittelbar auch der Auftragsunternehmer (allerdings nicht öffentlich-rechtlich) zur Beachtung der BOKraft verpflichtet.

Im Fall von *Verkehrsverbünden, Verkehrs- oder Tarifgemeinschaften* oder anderen Formen der freiwilligen Zusammenarbeit im Sinne von § 8 PBefG unterliegt das einzelne Mitgliedsunternehmen den Vorschriften der Verordnung, es sei denn, es habe seine rechtliche Selbständigkeit zugunsten des Zusammenschlusses aufgegeben; im letzteren Fall hätte dies die Folge, daß nicht mehr das Mitglieds-„unternehmen“ „den Vorschriften des Personenbeförderungsgesetzes unterliegt“, sondern nunmehr der Zusammenschluß selbst als Rechtsperson.

④ In Absatz 2 wird der Anwendungsbereich der Verordnung gemäß § 57 Abs. 3 PBefG auf einen Teilbereich des Verkehrs ausgedehnt, der in der *Freistellungs-Verordnung* vom 30. August 1962 in der Fassung vom 16. Juni 1967 (Bundesgesetzbl. I S. 602) im einzelnen geregelt ist. Es handelt sich um die *Schülerbeförderungen* nach § 1 Nr. 4 Buchstabe d der Freistellungs-Verordnung und die *Beförderungen von körperlich, geistig oder seelisch behinderten Personen* zu Betreuungseinrichtungen nach § 1 Nr. 4 Buchstabe g der Freistellungs-Verordnung. Die öffentliche Sicherheit erfordert es, auch diese Beförderungsarten den wichtigsten dem Schutz der Fahrgäste dienenden Bestimmungen der BOKraft zu unterwerfen.

Das gilt insbesondere für die *Schülerbeförderungen* nach § 1 Nr. 4 Buchstabe d der Freistellungs-Verordnung. Dieser Tatbestand ist seinerzeit auf Vorschlag des Bundesrates in den Katalog der Freistellungs-Verordnung aufgenommen worden, um der bildungspolitischen Zielsetzung der Förderung von Mittelpunktschulen durch ein darauf abgestimmtes Verkehrsangebot Rechnung tragen zu können. Die vermehrte Einrichtung von Mittelpunktschulen sowie der enorme Anstieg der Zahl der schulpflichtigen Kinder in den früheren Jahren haben auch zu einer entsprechenden Ausweitung der Verkehrs- und Betriebsleistungen und damit zu einer Erhöhung des Gefahrenrisikos im freigestellten Schülerverkehr geführt. Die Freistellung in § 1 Nr. 4 Buchstabe d der genannten Verordnung gilt für Beförderungen durch oder für Schulträger *„zum und vom Unterricht“*. Dies ist etwas anderes als die in § 43 Satz 1 Nr. 2 PBefG geregelte Schülerfahrt „zwischen Wohnung und Lehranstalt"; die Begriffsbestimmung des § 1 Nr. 4 Buchstabe d der Freistellungs-Verordnung umfaßt mehr, also z. B. neben der Beförderung der Schüler von der Wohnung zur Schule und zurück auch Fahrten von der Schule zu außerhalb dieser stattfindenden Unterrichtsveranstaltungen (Sportunterricht auf Sportplatz oder in der Sport- bzw. Schwimmhalle; Theater- oder Kinobesuch, wenn dieser im Rahmen des Unterrichts erfolgt). Voraussetzung ist insoweit aber immer, daß am konkreten Unterrichtsort eine reguläre Unterrichtsveranstaltung stattfindet (das ist z. B. bei einem Schulausflug im Rahmen eines „Wandertages" nicht der Fall).

§ 2 Grundregel

Der Betrieb ① des Unternehmens sowie die Ausrüstung und Beschaffenheit der Fahrzeuge müssen den besonderen Anforderungen genügen, die sich aus dem Vertrauen in eine sichere und ordnungsgemäße Beförderung ergeben ②.

① „Betrieb" im Sinne des § 2 und überhaupt der BOKraft meint nicht – wie in § 7 StVG und §§ 18ff. StVZO – den Betrieb des einzelnen Fahrzeugs, sondern ist auf das gesamte Unternehmen abgestellt. Diese umfassende Begriffsbestimmung schließt ein, daß § 2 auch für einzelne Teile des Unternehmens gilt (z. B. Betriebszweige, Betriebsstellen).

② Die Grundregel, die auch für den in § 1 Abs. 2 genannten Verkehr gilt, verdeutlicht die besondere Verantwortung gegenüber Dritten, die sich aus dem Betrieb des Unternehmens ergibt (vgl. hierzu auch OLG Düsseldorf in VÖV-Nachrichten Nr. 2/81, S. 21). Verantwortlich ist der Unternehmer (vgl. § 3). Diese Verantwortung besteht auch gegenüber denjenigen Personen, die zwar noch nicht das Fahrzeug, wohl aber eine zum Unternehmen gehörige Betriebsanlage benutzen (z. B. Haltestellen, betriebseigene Verkaufsstände und dgl.).

§ 2 ist vor allem als Auslegungsregel bei der Behandlung von Anträgen auf Ausnahmegenehmigungen nach § 43 von Bedeutung: Stets müssen die Erfordernisse der Verkehrssicherheit Vorrang vor Belangen z. B. der Wirtschaftlichkeit der Verkehrsdurchführung haben.

Die Grundregel des § 2 entspricht den Genehmigungs- und Rücknahmetatbeständen in § 13 Abs. 1 und § 25 Abs. 1 PBefG, hat neben diesen jedoch eine eigenständige Bedeutung, wie sich schon aus dem vorstehenden Hinweis auf die Funktion der Vorschrift als Auslegungsregel ergibt. § 2 ist von der Genehmigungsbehörde im Einzelfall also zusätzlich zu den Voraussetzungen z. B. des § 13 Abs. 1 Nr. 1 PBefG zu prüfen, eine „Automatik" zwischen den beiden Vorschriften besteht nicht.

Für den Betrieb gelten im übrigen alle den Kraftfahrzeugverkehr sonst regelnden Vorschriften wie z. B. die der Straßenverkehrsordnung (StVO). Für die Ausrüstung und Beschaffenheit der Fahrzeuge gelten in erster Linie die Vorschriften der Straßenverkehrs-Zulassungs-Ordnung (StVZO), daneben die Bestimmungen der §§ 16 bis 36.

Vorschriften über den Betrieb

1. Betriebsleitung

§ 3 Pflichten des Unternehmers

(1) Der Unternehmer ① ist dafür verantwortlich, daß die Vorschriften dieser Verordnung eingehalten und die hierzu behördlich erlassenen Anordnungen ② befolgt werden. Er hat dafür zu sorgen, daß das Unternehmen ordnungsgemäß geführt wird und daß sich die Fahrzeuge und Betriebsanlagen in vorschriftsmäßigem Zustand befinden ③, ⑫. Er darf den Betrieb des Unternehmens nicht anordnen oder zulassen, wenn ihm bekannt ist oder bekannt sein muß, daß Mitglieder des Fahr- oder Betriebspersonals nicht be-

fähigt und geeignet sind, eine sichere und ordnungsgemäße Beförderung zu gewährleisten ④, ⑫.

(2) Soweit es die Größe des Unternehmens oder andere betriebliche Umstände erfordern, erläßt der Unternehmer eine allgemeine Dienstanweisung. Die Genehmigungsbehörde kann den Erlaß einer allgemeinen Dienstanweisung verlangen ⑤. Eine Dienstanweisung muß erlassen werden, wenn ein Betriebsleiter bestellt wird ⑥. Die Dienstanweisung ist in geeigneter Weise bekanntzumachen ⑦.

(3) Die Dienstanweisung enthält Bestimmungen über den Aufgabenbereich, die Verantwortlichkeit und das Verhalten des Fahr- und Betriebspersonals während des Dienstes, insbesondere ⑧

1. die für den Fahrdienst maßgebenden Vorschriften dieser Verordnung sowie die sonst für die sichere Durchführung des Betriebes geltenden Vorschriften ⑨,

2. Anweisungen über Maßnahmen, die bei Betriebsunfällen und -störungen getroffen werden müssen ⑩,

3. Bestimmungen, soweit sie durch die örtlichen Verhältnisse oder durch die Eigenart der Betriebsanlagen, der Fahrzeuge oder des Betriebes bedingt sind ⑪.

① *Unternehmer* ist, wer Personen mit Straßenbahnen, Obussen oder Kraftfahrzeugen im Linien- (§§ 42, 43 PBefG) oder Gelegenheitsverkehr (§ 46 PBefG) befördert und hierfür die vorgeschriebene Genehmigung (§ 9 PBefG) besitzt (vgl. § 2 Abs. 1 PBefG).

Die Unternehmerpflichten im Sinne des § 3 und alle übrigen, auf den Unternehmerbegriff abstellenden Vorschriften der BOKraft treffen darüber hinaus nach dem in § 1 Abs. 1 klar zum Ausdruck kommenden Willen des Verordnungsgebers (vgl. Anm. 1 zu § 1) auch denjenigen, auf den der *Betrieb übertragen* worden ist (§ 2 Abs. 2 PBefG; vgl. auch Anm. 3 zu § 1). Nach § 3 Abs. 2 Satz 1 PBefG hat auch er den Verkehr im eigenen Namen, unter eigener Verantwortung und für eigene Rechnung zu betreiben, denn nach außen hin, d.h. sowohl gegenüber dem Fahrgast als auch gegenüber der Genehmigungsbehörde, tritt er als Inhaber des Unternehmens auf. Aus § 3 Abs. 2 Satz 2 PBefG kann nichts Gegenteiliges gefolgert werden, da die Bestimmung eine Ausnahmeregelung enthält. „Unternehmer" im Sinne des § 3 ist auch, wer Verkehr nach § 1 Nr. 4 Buchstabe d (sog. „freigestellter Schülerverkehr") und g (Beförderungen von behinderten Personen) der Freistellungs-Verordnung durchführt (§ 1 Abs. 2).

② Die Genehmigungsbehörde (§ 11 PBefG) kann Verwaltungsakte erlassen, um die Erfüllung der Vorschriften der BOKraft sicherzustellen. Der Erlaß des jeweiligen Verwaltungsaktes ist z.T. (z.B. in § 4 Abs. 4 Satz 2, Abs. 5 Satz 1, Abs. 6, § 5 Abs. 2 Satz 2, Abs. 3 und 4) an gesetzlich festgelegte Voraussetzungen gebunden, z.T. räumt die BOKraft der Behörde insoweit Ermessensspielraum ein (z.B. in § 3 Abs. 2 Satz 2). In beiden Fällen sind – soweit nicht die im wesentlichen inhaltsgleichen Vorschriften der Verwaltungsverfahrengesetze der Länder eingreifen – die Vorschriften des Verwaltungsverfahrensgesetzes (Bundesgesetzbl. 1976 I S. 1253) in der Fassung des Art. 7 Nr. 4 des Adoptionsgesetzes vom 2. 7. 1976 (Bundesgesetzbl. I S. 1253) zu beachten. Zum Einfluß des Verwaltungsverfahrensrechts auf das PBefG allgemein vgl. Fromm, V + T 1977, 293.

③ Ob das Unternehmen *„ordnungsgemäß geführt"* wird, ist hier vor allem nach personenbeförderungsrechtlichen Maßstäben zu beurteilen. Vorschriften, die die Abwicklung des internen Geschäftsbetriebs betreffen (z.B. nach dem Betriebsverfassungsgesetz oder dem Mitbestimmungsgesetz) bleiben insoweit außer Betracht. Andererseits hat die Genehmigungsbehörde aber in ihre Prüfung alle auch für die Genehmigungserteilung und -entziehung (vgl. z.B. § 25 PBefG) maßgebenden Umstände einzubeziehen. Die ***Instandhaltungspflicht*** nach Abs. 1 Satz 2 wird konkretisiert durch die Bestimmungen der §§ 16 bis 36 und ergänzt durch eine Reihe von Vorschriften der Straßenverkehrs-Zulassungs-Ordnung (vgl. §§ 32ff. StVZO).

④ Bedient sich der Unternehmer bei der Erfüllung seiner Pflicht Hilfspersonen, so bleibt er schon zivilrechtlich selbst verantwortlich (§§ 278, 831 BGB). Neben diese zivilrechtliche und z.B. die strafrechtliche tritt die öffentlich-rechtliche Verantwortung für den Einsatz nur ***befähigten und geeigneten Personals.*** Der Unternehmer darf deshalb z.B. für die Beförderung von Personen nur Fahrer einsetzen, die die Fahrerlaubnis zur Fahrgastbeförderung (§ 15d StVZO) besitzen (Voraussetzung der Befähigung des Fahrpersonals). Liegt diese Voraussetzung zwar vor, ist der Fahrer aber krank oder aus anderen Gründen (z.B. Nervenschock nach einem Verkehrsunfall) nicht voll fahrtüchtig, so ist er nicht „geeignet", eine sichere und ordnungsgemäße Beförderung zu gewährleisten; der Unternehmer darf ihn nicht einsetzen, wenn ihm dies bekannt ist oder bekannt sein muß. Ein *Kraftfahrer,* der – und sei es in seinem Urlaub – sich *angetrunken* an das Steuer seines *Privatwagens* setzt, läßt das Fehlen seiner allgemeinen Zuverlässigkeit als Kraftfahrer und damit dann auch das Fehlen dieser Zuverlässigkeit für künftige Dienstfahrten besorgen. Einem solchen Fahrer weiterhin die Personenbeförderung mit Omnibussen anzuvertrauen, ist dem Arbeitgeber nicht zuzumuten, der im Allgemeininteresse gehalten ist, den Verkehr für die Fahrgäste wie auch für die übrigen Verkehrsteilnehmer so gefahrlos wie möglich zu gestalten (BAG DPV 1964, 111). Für die Beantwortung der *Frage, was dem Unternehmer bekannt sein muß,* sind *strenge Anforderungen* zu stellen; denn die Erfüllung der Aufsichts- und Sorgfaltspflicht bei Auswahl und Einsatz des Fahr- und Betriebspersonals ist in einem Personenbeförderungsunternehmen bei der durch den heutigen Umfang des Straßenverkehrs bedingten Verantwortung für die Fahrgäste und den damit verbundenen Anforderungen an Fahrzeug und Fahrer von besonderer Bedeutung (BGH VRS 13, 88; VRS 16, 164; OLG Düsseldorf in VÖV-Nachrichten Nr. 2/81, S. 21). Der Unternehmer kann sich zu seiner Entlastung für eine etwaige Unkenntnis von der fehlenden Befähigung und Eignung des Personals nicht allein auf die Größe des Betriebs und eine etwa damit verbundene Unübersichtlichkeit berufen. In diesem Fall muß er durch geeignete organisatorische Maßnahmen, z.B. durch Bestellung eines Betriebsleiters (§ 4), sicherstellen, daß er der ihm obliegenden gesetzlichen Verantwortung als Unternehmer entsprechen kann. Die Verantwortlichkeit und die Verhaltenspflichten des Betriebspersonals nach den §§ 7 bis 9 bleiben unberührt.

⑤ Die BOKraft enthält nichts darüber, *wie die „Größe des Unternehmens" zu bestimmen* und ab welcher Größe eine allgemeine Dienstanweisung erforderlich ist. Hier wird sich im Hinblick auf die von Unternehmen zu Unternehmen unterschiedlichen tatsächlichen Verhältnisse auch schwerlich ein allgemeiner Maßstab finden lassen. Entscheidend muß der *Umfang der das Verkehrsangebot bestimmenden Faktoren* sein. So werden zum einen die betriebene Verkehrsart (Linienverkehr, freigestellter Verkehr oder Gelegenheitsverkehr), zum anderen Art und Zahl der eingesetzten Fahrzeuge von Bedeutung sein. Bei dem betriebenen Verkehr kann es im Linienverkehr z.B. auf Art (Linienverkehr nach § 42 PBefG, Sonderform des Linienverkehr nach § 43 PBefG) und Zahl der Linien (nur eine bzw. einige wenige Linien oder echtes Liniennetz?) ebenso wie auf die Fahrplandichte ankommen. Erhebliches Gewicht hat der Umfang des eingesetzten Personals, zu dessen Unterrichtung die allgemeine Dienstanweisung dient. Auch die besondere *Organisationsstruktur des Unternehmens* ist zu berücksichtigen, insbesondere wenn sich das Unternehmen in mehrere räumlich voneinander getrennte Bereiche (z.B. Verwaltung und Betrieb) gliedert. Die öffentlich-rechtliche Verantwortlichkeit des Unternehmers für von ihm eingesetzte Auftragsunternehmen (vgl. Anm. 3 zu § 1) wird in der Regel ein „anderer betrieblicher Umstand" i. S. d. Absatzes 2 Satz 1 sein, der den Erlaß einer gemeinsamen Dienstanweisung für das eigene und das Auftragsunternehmen erfordert. Etwas anderes könnte gelten, wenn das Auftragsunternehmen selbst dem PBefG und damit (§ 1) der BOKraft unterliegt. Auch in diesem Fall kann im Einzelfall aber unter dem Gesichtspunkt der besonderen Verantwortung, „die sich aus dem Vertrauen in eine sichere und ordnungsgemäße Beförderung" (§ 2) ergibt, der das Auftragsunternehmen einsetzende Unternehmer zur Harmonisierung, zumindest zur Koordinierung bestehender Dienstanweisungen verpflichtet sein. Diese Überlegungen werden in ähnlicher Weise zu gelten haben, wenn mehrere Genehmigungsinhaber den Betrieb ihres Unternehmens auf einen (gemeinsamen) Betriebsführer übertragen (vgl. Anm. 3 zu § 1). Liegen die Voraussetzungen für den Erlaß der Dienstanweisung vor, so *muß* der Unternehmer davon Gebrauch machen („Soweit ... erfordern, erläßt der Unternehmer ..."). Die Genehmigungsbehörde kann nach pflichtgemäßem Ermessen (vgl. § 40 VwVfG) den Erlaß einer Dienstanweisung verlangen (vgl. auch Anm. 2 zu § 4).

⑥ Wegen der Bestellung eines Betriebsleiters vgl. § 4.

⑦ Die BOKraft regelt nicht im einzelnen die Art der Bekanntmachung der Dienstanweisung (anders als § 39 Abs. 7, § 40 Abs. 4 PBefG hinsichtlich der Beförderungsentgelte und -bedingungen sowie der Fahrpläne), sondern verlangt die Bekanntmachung in geeigneter Weise. Was die *„geeignete Weise"* der Bekanntmachung ist, muß sich nach den konkreten Verhältnissen des einzelnen Unternehmens richten. Mindestens wird der *Aushang* in denjenigen Räumen zu fordern sein, in denen sich die in der Dienstanweisung angesprochenen Personen oder Personengruppen üblicherweise aufhalten (z. B. Werkstatt, Aufenthaltsräume für Fahrer und Begleit- bzw. Kontrollpersonal, Verwaltungsräume).

⑧ Für die Entscheidung darüber, was die Dienstanweisung neben den in Abs. 3 Nr. 1 bis 3 genannten Angaben enthalten muß, kommt es ebenfalls auf die Verhältnisse des einzelnen Betriebes an (vgl. auch Anm. 11). Zur Frage des Verhältnisses zwischen Dienstanweisung und einer Weisung der Polizei über die Vornahme eines bestimmten Fahrmanövers vgl. OLG Köln, Beschl. 1 Ss (OWi) 66/75 vom 2. 4. 1975 (VÖV-Nachrichten v. 27. 1. 1976, S. 4).

⑨ Abs. 3 Nr. 1 stellt sicher, daß das im Fahrdienst eingesetzte Personal einen Überblick über die wichtigsten Rechtsvorschriften erhält und sich nicht darauf berufen kann, es habe die maßgebenden Vorschriften nicht gekannt oder wieder vergessen. Dazu gehören insbesondere die BOKraft, die (im Anhang abgedruckte) Verordnung über die Allgemeinen Beförderungsbedingungen für den Straßenbahn- und Obusverkehr sowie den Linienverkehr mit Kraftfahrzeugen und die einschlägigen Bestimmungen des Straßenverkehrsrechts.

⑩ Vgl. auch Anm. 8 Satz 2. Wegen der Meldepflicht vgl. § 6.

⑪ Die *örtlichen Verhältnisse* können z. B. im Linienverkehr Bestimmungen über das Fahren auf den einzelnen Streckenabschnitten erfordern. Besondere Bedeutung hat die Vorschrift insoweit naturgemäß, wenn im Linienverlauf Besonderheiten auftreten (z. B. Umleitungen, Volksfeste, Demonstrationen u. a.). Ggfs. ist in derartigen Fällen der Erlaß einer (u. U. zeitlich begrenzt gültigen) ergänzenden Dienstanweisung geboten. Die *Eigenart der Betriebsanlagen* verlangt z. B. beim Vorhandensein eines Betriebshofes bestimmte Verhaltensregeln sowohl für das Fahr- als auch für das sonstige Betriebspersonal. Die *Eigenart der Fahrzeuge* ist angesprochen z. B. bei den Warnzeichen und Verständigungssignalen (vgl. hierzu auch § 21). Die *Eigenart des Betriebes* kann Regelungen verlangen z. B. über den Anschlußverkehr oder den Einmannbetrieb, über den Fahrplan für Dienst- und Betriebsfahrten.

⑫ Verletzt der Unternehmer schuldhaft die Instandhaltungspflicht nach § 3 Abs. 1 Satz 2 oder läßt er den Betrieb entgegen § 3 Abs. 1 Satz 3 zu oder ordnet ihn an, so begeht er eine Ordnungswidrigkeit (§ 45 Abs. 1 Nr. 1 und 2).

§ 4 Betriebsleiter

(1) Der Unternehmer kann zur Wahrnehmung der ihm nach § 3 obliegenden Aufgaben unbeschadet seiner eigenen Verantwortlichkeit einen Betriebsleiter bestellen. Hat das Unternehmen mehrere Betriebszweige oder Betriebsstellen, so kann für jeden Betriebszweig oder für jede Betriebsstelle ein verantwortlicher Betriebsleiter bestellt werden ①. Die Genehmigungsbehörde kann die Bestellung eines Betriebsleiters anordnen, wenn die Größe des Betriebes oder andere betriebliche Umstände dies erfordern; die Bestellung soll insbesondere bei Unternehmen angeordnet werden, in denen regelmäßig mehr als zehn Fahrzeuge verwendet werden. Die Genehmigungsbehörde kann dem Unternehmer zur Erfüllung der Anordnung eine angemessene Frist setzen. Der Unternehmer hat die Anordnung zu befolgen ②, ⑧.

(2) Der Unternehmer hat sicherzustellen, daß der Betriebsleiter die ihm obliegenden Aufgaben ordnungsgemäß erfüllen kann. Er hat ihn insbesondere zu beteiligen ③ bei

1. der Feststellung des Personalbedarfs,

2. der Auswahl, Beurteilung und Verwendung des Fahr- und Betriebspersonals,

3. der Untersuchung von Verfehlungen und den sich daraus ergebenden Maßnahmen,

4. der Planung und dem Bau von Betriebsanlagen sowie der Beschaffung von Fahrzeugen.

(3) Der Betriebsleiter soll einen Stellvertreter haben. Absatz 1 Satz 3 und 4 gilt entsprechend ④.

(4) Die Bestellung des Betriebsleiters und seines Stellvertreters bedarf der Bestätigung durch die Genehmigungsbehörde. Sie ist zu erteilen, wenn die Zuverlässigkeit gegeben ist, insbesondere wenn die für die technische Leitung des Betriebes und die für die Verwaltung erforderlichen Kenntnisse und Erfahrungen nachgewiesen sind ⑤.

(5) Die Bestätigung ist zurückzunehmen, wenn bei ihrer Erteilung die Voraussetzung des Absatzes 4 Satz 2 nicht vorgelegen hat. Die Genehmigungsbehörde kann von der Rücknahme absehen, wenn der Mangel nicht mehr besteht ⑥.

(6) Die Bestätigung ist zu widerrufen, wenn nachträglich die Voraussetzung des Absatzes 4 Satz 2 weggefallen ist ⑦.

① Absatz 1 Satz 2 stellt klar, daß die vom Betriebsleiter wahrgenommenen Aufgaben nach wie vor Pflichten des Unternehmers bleiben, für deren Erfüllung dieser voll verantwortlich bleibt. *Je mehr Hilfspersonen* der Unternehmer sich zur Erfüllung der ihm obliegenden Aufgaben bedient, *desto strengere Anforderungen* sind an seine Sorgfalts- und Überwachungspflichten bei Auswahl und Einsatz dieser Hilfspersonen zu stellen. § 4 gilt nicht für die Deutsche Bundesbahn und die Deutsche Bundespost (vgl. § 44), die insoweit eigene Regelungen getroffen haben.

② Die Genehmigungsbehörde kann in der Regel *nur* die Bestellung eines Betriebsleiters *anordnen,* diesen aber *nicht selbst bestellen.* Etwas anderes gilt nur im Rahmen des Verwaltungszwangsverfahrens (vgl. §§ 6ff. VwVG). Die Anordnung kann *auch* bei Betrieben erfolgen, die regelmäßig *weniger als zehn Fahrzeuge* einsetzen. Wenngleich die Anordnung eine *Ermessensentscheidung* ist, ist im umgekehrten Fall (mehr als zehn Fahrzeuge) dieses Ermessen durch die *Sollvorschrift* des Abs. 1 Satz 3, 2. Halbsatz eingeschränkt. Wegen der übrigen Anordnungsgründe vgl. auch Anm. 5 zu § 3.

③ Vgl. zunächst Anm. 1 Die ihm nach § 3 obliegenden Pflichten erfüllt der Unternehmer im Falle der Bestellung eines Betriebsleiters nur, wenn durch *klare Aufgabenzuweisung und Aufgabenabgrenzung* sowie durch *regelmäßige Überwachung* sichergestellt ist, daß dieser die übertragenen Aufgaben auch ordnungsgemäß erfüllen kann. Abs. 2 Satz 2 nennt beispielhaft einige Aufgabenbereiche, an denen der Betriebsleiter zu beteiligen ist, wenn ein ordnungsgemäßer Betriebsablauf gewährleistet sein soll. Diese Beteiligung begründet *kein Mitbestimmungsrecht im Sinne des Betriebsverfassungsgesetzes,* sondern lediglich eine Verpflichtung des Unternehmers zur Anhörung des Betriebsleiters. Sie soll dessen Kenntnis aller einzelnen innerbetrieblichen Vorgänge, die dem Unternehmer fehlen kann (deshalb bestellt er ja häufig den Betriebsleiter), bei der Entscheidung des Unternehmers über die einzenen, in Absatz 2 Satz 2 genannten Maßnahmen zum Tragen bringen.

④ Damit auch im Falle der Verhinderung des Betriebsleiters ein ordnungsgemäßer Betriebsablauf gewährleistet ist, soll dieser einen Stellvertreter haben. Diese *Vorschrift* enthält zwar *kein zwingendes Recht,* wird jedoch in Fällen, in denen ein Betriebsleiter bestellt wird, regelmäßig zur Anwendung kommen. Die Befugnisse der Genehmigungsbehörde entsprechen denen im Fall der Bestellung des Betriebsleiters.

⑤ Absatz 4 enthält für Kraftfahrunternehmen die einzige Vorschrift über die Bestätigung eines Betriebsleiters; für Straßenbahnbetriebe dagegen sind Prüfung und Bestätigung des Betriebsleiters in der Verordnung vom 23. Dezember 1953 (Bundesgesetzbl. I S. 1590) geregelt. – Die Bestätigung der Bestellung von Betriebsleiter und Stellvertreter muß erteilt werden, wenn diese Personen zuverlässig sind. Die *Beweislast* für das Vorliegen dieser Voraussetzung *trägt der Unternehmer* (die Bestätigung „ist zu erteilen, wenn ..."). Die Kenntnisse und Erfahrungen müssen immer *auf beiden Gebieten* nachgewiesen werden. Die „Kenntnisse und Erfahrungen für die Verwaltung und technische Leitung des Betriebs" sind zwar ein gewichtiger, aber *nicht allein* für die Erteilung oder Versagung der Bestätigung *maßgebender Umstand.* Sind der Genehmigungsbehörde Tatsachen bekannt, die die Unzuverlässigkeit des künftigen Betriebsleiters bzw. seines Stellvertreters dartun, ist die Bestätigung trotz etwa nachgewiesener Kenntnisse und Erfahrungen zu versagen. Auch hier sind im Hinblick auf die besondere Verantwortung, die sich für den Unternehmer aufgrund der entgeltlichen und geschäftsmäßigen Beförderung Dritter ergibt, strenge Maßstäbe anzulegen (vgl. auch Anm. 4 zu § 3).

⑥ Die Vorschrift hat z. B. Bedeutung für den Fall der durch Täuschung der Genehmigungsbehörde erschlichenen Bestätigung; ein Absehen von der Rücknahme (Abs. 5 Satz 2) wird in einem solchen Fall regelmäßig nicht in Betracht kommen. Im Verhältnis zu § 48 VwVfG ist § 4 Abs. 5 BOKraft lex specialis, denn für das Verwaltungsverfahrensgesetz gilt kraft ausdrücklicher Regelung in § 1 Abs. 2 VwVfG das Subsidiaritätsprinzip. Von Bedeutung bleiben insbes. die Bestimmungen in § 48 Abs. 3 und 4 VwVfG bzw. die entsprechenden Vorschriften der Verwaltungsverfahrensgesetze der Länder (vgl. Anm. 2 zu § 3).

⑦ Der Widerruf nach Abs. 6 setzt im Gegensatz zu der in Abs. 5 Satz 1 geregelten Rücknahme voraus, daß die Zuverlässigkeit des Betriebsleiters bzw. dessen Stellvertreters nicht von Anfang an gefehlt hat, sondern nachträglich entfallen ist. Dies ist z. B. der Fall, wenn die Genannten die ihnen übertragenen Aufgaben nicht so erfüllen, daß Sicherheit und Ordnung des Verkehrsbetriebes gewährleistet sind. Wegen des Verhältnisses der Vorschrift zum VwVfG vgl. auch Anm. 2 zu § 3.

⑧ Die schuldhafte Nichtbefolgung oder nicht rechtzeitige Befolgung der Anordnung nach § 4 Abs. 1 Satz 3 bis 5 ist eine Ordnungswidrigkeit (§ 45 Abs. 1 Nr. 3).

§ 5 Auswärtige Unternehmer

(1) Hat ein Unternehmer seinen Sitz (Wohnsitz) nicht am Ort des Betriebssitzes ①, kann die Genehmigungsbehörde anordnen, daß er zur Wahrnehmung der ihm nach § 3 obliegenden Aufgaben einen am Ort des Betriebssitzes ansässigen Vertreter bestellt. Die Genehmigungsbehörde kann dem Unternehmer zur Erfüllung der Anordnung eine angemessene Frist setzen. Der Unternehmer hat die Anordnung zu befolgen ②, ④.

(2) Die Bestellung des Vertreters bedarf der Bestätigung durch die Genehmigungsbehörde. Sie darf nur ausgesprochen werden, wenn der Vertreter zuverlässig und fachlich geeignet im Sinne des § 13 Abs. 1 Nr. 2 und 3 des Personenbeförderungsgesetzes ist ③.

(3) Die Bestätigung ist zurückzunehmen, wenn bei ihrer Erteilung eine der Voraussetzungen des Absatzes 2 Satz 2 nicht vorgelegen hat. § 4 Abs. 5 Satz 2 gilt entsprechend.

(4) Die Bestätigung ist zu widerrufen, wenn nachträglich die Voraussetzung der Zuverlässigkeit weggefallen ist.

① Der *Betriebssitz* ist für die formale Frage von Bedeutung, welche Genehmigungsbehörde für den Betrieb zuständig ist *(§ 11 PBefG).* Aus § 11 PBefG ergibt sich zugleich, daß der Inhaber einer aufgrund des PBefG erteilten Genehmigung für den Linien- und Gelegenheitsverkehr innerhalb der Bundesrepublik Deutschland seinen Betriebssitz im Inland haben muß. *Grenzüberschreitenden Verkehr betreibende Unternehmer* können nach § 52 Abs. 1 PBefG ihren Betriebssitz im In- oder Ausland haben; *wählen sie ihn im Inland,* so *gilt* nach dieser Bestimmung jedoch auch für sie die Vorschrift des *§ 5.*

② Über das Verhältnis von Unternehmerpflichten zum Aufgabenbereich des Vertreters sowie über die Befugnisse der Genehmigungsbehörde vgl. Anm. 1 und 2 zu § 4.

③ § 5 – der nach § 44 nicht für die Deutsche Bundesbahn und die Deutsche Bundespost gilt – gewährleistet, daß jederzeit eine verantwortliche, geeignete Person am Betriebssitz vorhanden ist. Dies ist vor allem deshalb geboten, weil der Vertreter – anders als der Betriebsleiter (§ 4) – nicht bloße Hilfsfunktionen, sondern wegen der häufigeren Abwesenheit des Unternehmers echte unternehmerische Aufgaben wahrzunehmen hat. Deshalb werden an ihn auch die gleichen Anforderungen wie an den Unternehmer in § 13 Abs. 1 Nr. 2 und 3 PBefG (Zuverlässigkeit und fachliche Eignung) gestellt; die *Beweislast* für das Vorliegen dieser Voraussetzung *trägt der Unternehmer* (die Bestätigung „darf nur ausgesprochen werden, wenn gewährleistet ist, daß ... genügt"). Wegen des weiteren Verfahrens vgl. Anm. 5 bis 7 zu § 4.

④ Die schuldhafte Nichtbefolgung bzw. nicht rechtzeitige Befolgung der Anordnung nach § 5 Abs. 1 ist eine Ordnungswidrigkeit (§ 45 Abs. 1 Nr. 3).

§ 6 Meldepflicht

Der Unternehmer hat der Genehmigungsbehörde unverzüglich mitzuteilen ①

1. **Betriebsvorkommnisse ②, die ein öffentliches Aufsehen erregen,**
2. **Unfälle, bei denen ein Mensch getötet oder schwer verletzt worden ist ③, ④**
3. **Betriebsstörungen ② im Obusverkehr und im Linienverkehr mit Kraftfahrzeugen, die voraussichtlich länger als 24 Stunden dauern ③, ④**

① Die Vorschrift soll eine schnelle Unterrichtung der Genehmigungsbehörde über wichtige, den Betrieb betreffende Ereignisse sicherstellen, damit ggf. die erforderlichen *behördlichen Maßnahmen,* z. B. solche nach den *§§ 54, 54a PBefG,* sofort getroffen werden können. Die Bestimmung gilt auch für den in § 1 Abs. 2 genannten freigestellten Verkehr. Ob die meldepflichtigen Tatbestände auf einem *Verschulden* des Unternehmers oder eines Betriebsangehörigen beruhen, ist *unerheblich.* Die Anzeigepflicht nach *§ 2 Abs. 4 PBefG* über den genehmigungsfreien vorübergehenden Einsatz von Kraftfahrzeugen bei Notständen und Betriebsstörungen bleibt *unberührt.* Die Meldepflicht gilt – und zwar sowohl für genehmigungspflichtigen wie für (aufgrund nationalen oder internationalen Rechts wie z. B. der EG oder bilateraler Verträge) genehmigungsfreien Verkehr – auch für ausländische Unternehmer; dies folgt unmittelbar aus § 52 Abs. 1 PBefG (vgl. auch Anm. 1 zu § 1).

② Betriebsvorkommnisse und Betriebsstörungen i. S. der Nr. 1 und 3 sind nicht notwendigerweise dasselbe. Ein *Betriebsvorkommnis* kann zwar öffentliches Aufsehen erregen (z. B. Unfall, Brand, Gebäudeeinsturz auf dem Betriebsgelände), muß aber nicht zugleich zu einer Betriebsstörung führen, weil z. B. Personal- und Fahrzeugreserven eingesetzt werden können. Umgekehrt muß eine *Betriebsstörung* nicht zugleich öffentliches Aufsehen erregen, wenn sie z. B. auf einem Ereignis beruht, das nicht charakteristisch für einen Verkehrsbetrieb ist, sondern ebensogut woanders eintreten könnte. Im übrigen kann die Betriebsstörung sowohl durch innerbetriebliche (z. B. Streik) als durch außerbetriebliche Vorkommnisse (z. B. Naturkatastrophe) verursacht sein. Die Meldepflicht besteht insoweit für den gesamten Obus- und Linienverkehr mit Kraftfahrzeugen (§§ 42 und 43 PBefG) sowie für den freigestellten Verkehr nach § 1 Nr. 4 Buchstabe d und g der Freistellungs-Verordnung.

③ *Stirbt* ein Unfallopfer einige Tage *nach dem Unfall* an den erlittenen Verletzungen, so ist es nicht „bei" einem Unfall im Sinne des § 6 Nr. 2 getötet worden; eine *Meldepflicht* besteht insoweit *nicht.* Zwar bezieht die Verkehrsstatistik auch diejenigen Fälle ein, in denen das Unfallopfer innerhalb von 30 Tagen nach dem Unfall stirbt. Diese Regelung hat jedoch einen rein statistischen Charakter. Sie kann ohne entsprechende gesetzliche Grundlage nicht dazu dienen, eine bußgeldbewehrte Rechtspflicht (vgl. § 45 Abs. 1 Nr. 4) zur Meldung des Unfalls zu begründen.
In der Regel wird sich jedoch die Meldepflicht in diesen Fällen aus § 6 Nr. 2, 2. Alternative, ergeben („Meldepflicht bei schweren Verletzungen").

④ Schuldhafte Verstöße gegen die in § 6 Nr. 2 und 3 enthaltenen Meldepflichten werden nach § 45 Abs. 1 Nr. 4 als Ordnungswidrigkeit geahndet; dies gilt im Rahmen des § 9 OWiG auch für einen Verstoß des Vertreters des Unternehmers oder eines von diesem mit der Wahrnehmung der Meldepflicht Beauftragten.

2. Fahrdienst

§ 7 Grundregel

Das im Fahrdienst eingesetzte Betriebspersonal hat die besondere Sorgfalt anzuwenden, die sich daraus ergibt, daß ihm Personen zur Beförderung anvertraut sind.

Entsprechend der in § 2 enthaltenen Grundregel für den Unternehmer ist § 7 eine Grundregel, die eine Art „Obhutspflicht" enthält und sich an das im Fahrdienst tätige Betriebspersonal (z. B. Fahrzeugführer, Schaffner, Aufsichtspersonal; nicht aber Personal, das z. B. Werkstatt- oder Probefahrten ausführt) wendet; zu den Begriffen „Fahrzeugführer", „Schaffner" vgl. Art. 1 der Verordnung (EWG) Nr. 543/69 vom 25. März 1969 (vgl. VkBl. 1978, S. 45, 51 ff.). Auch von diesem Personenkreis muß eine erhöhte Sorgfalt im Hinblick darauf gefordert werden, daß sich ihm täglich eine Vielzahl von Menschen zur Beförderung anvertraut. *Daraus folgt z. B.* die Verpflichtung des im Fahrdienst eingesetzten Betriebspersonals zu Hinweisen an die Fahrgäste, wenn für diese während der Fahrt oder beim Ein- und Aussteigen gefährliche Situationen eintreten können, wie bei nicht dichtem Heranfahren des Fahrzeugs an den Bordstein (vgl. BGH V + T, 1958, 68; BGH DPV 1969, 518; OLG Karlsruhe VersR 1981, 266; andererseits jedoch LG Bremen DPV 1972, 117 sowie LG Duisburg 7 S 293/71 in „VÖV-Nachrichten" 1973, S. 53) oder bei einer Notbremsung, oder wenn der Fahrgast das Personal um einen Hinweis gebeten hat (z. B. bei Ortsunkundigkeit über die Ankunft an der dem Fahrtziel nächstgelegenen Haltestelle). Die „Obhutspflicht" hat jedoch Grenzen der Zurechenbarkeit und Zumutbarkeit (z. B. haftet Taxifahrer nicht für Unfallfolgen, die ein Betrunkener nach Verlassen des Fahrzeugs dadurch erleidet, daß er beim Überqueren der Straße von einem Dritten angefahren wird. OLG Hamm VRS 65, 403; vgl. auch LG Berlin, VRS 65, 405). § 7 gilt für alle Verkehrsarten, also neben dem Linien- und Gelegenheitsverkehr auch für die von § 1 Nr. 4 Buchstabe d und g der Freistellungs-Verordnung erfaßten Beförderungen.

§ 8 Verhalten im Fahrdienst

(1) Das Betriebspersonal, das im Fahrdienst oder zur Bedienung von Fahrgästen ① eingesetzt ist, hat sich rücksichtsvoll und besonnen zu verhalten.

(2) Im Obusverkehr sowie im Linienverkehr mit Kraftfahrzeugen nach § 42 PBefG ist die nächste Haltestelle rechtzeitig anzukündigen ②.

(3) Im Obusverkehr sowie im Linienverkehr mit Kraftfahrzeugen ist dem im Fahrdienst eingesetzten Betriebspersonal untersagt ⑥,

1. **während des Dienstes und der Dienstbereitschaft alkoholische Getränke oder andere die dienstliche Tätigkeit beeinträchtigende Mittel zu sich zu nehmen oder die Fahrt anzutreten, obwohl es unter der Wirkung solcher Getränke oder Mittel steht ③,**
2. **während der Beförderung von Fahrgästen zu rauchen ③,**
3. **beim Lenken des Fahrzeugs Fernsehrundfunkempfänger zu benutzen,**
4. **während der Beförderung von Fahrgästen Übertragungsanlagen, Tonrundfunkempfänger oder Tonwiedergabegeräte zu anderen als betrieblichen oder Verkehrsfunk-Hinweisen zu benutzen ④,**
5. **sich beim Lenken des Fahrzeugs zu unterhalten ⑤.**

(4) Im Gelegenheitsverkehr mit Kraftomnibussen finden die Vorschriften des Absatzes 3 Nr. 1 bis 3 und Nr. 5 entsprechende Anwendung ③, ④, ⑤.

(5) Im Taxi- und Mietwagenverkehr sowie im sonstigen Gelegenheitsverkehr mit Personenkraftwagen finden die Vorschriften des Absatzes 3 Nr. 1 bis 3 entsprechende Anwendung; das Rauchen ist gestattet, wenn die Fahrgäste zustimmen ③, ④, ⑤.

① Im Gegensatz zu Abs. 3 bis 5 gilt Abs. 1 *sowohl für das im Fahrdienst* (§ 7) *als auch für* das zur *Bedienung* von Fahrgästen eingesetzte *Personal.*

Zum letzteren gehört z. B. auch der Reisebegleiter im Gelegenheits- und Fernlinienverkehr sowie das für den *Verkauf von Fahrausweisen* tätige Personal; dabei muß es sich aber um Betriebsangehörige handeln, so daß z. B. vom Unternehmer beauftragte *Verkaufsstellen Dritter* (z. B. Zeitungskioske) *nicht* in Betracht kommen. Abs. 1 gilt im übrigen für alle Verkehrsformen des Personenbeförderungsgesetzes sowie für die in § 1 Abs. 2 genannten freigestellten Beförderungen. Wenngleich Abs. 1 nicht bußgeldbewehrt ist, kann die Genehmigungsbehörde im Rahmen ihrer Aufsichtsbefugnisse nach § 54 PBefG bei von Fahrgästen oder sonstigen Betroffenen erhobenen Klagen doch Maßnahmen zur Beseitigung etwaiger Mißstände anordnen oder – im Verwaltungszwangsverfahren (vgl. Anm. 2 zu § 4) – ggf. selbst treffen.

② Abs. 2 überläßt es dem Unternehmer, wie er der Verpflichtung zur rechtzeitigen Ankündigung der nächsten Haltestelle nachkommen will, sei es durch Ausrufen durch das Fahrpersonal, sei es durch automatische Ansage, z. B. mit Hilfe von Tonwiedergabegeräten (hierzu vgl. Anm. 4). *Entscheidend* ist, daß die Ankündigung so *rechtzeitig, laut und deutlich* erfolgt, daß die Fahrgäste sich auf die Ankunft an ihrer Zielhaltestelle vorbereiten, ggf. ihren Haltewunsch dem Fahrer mitteilen (vgl. § 21 Satz 1 Nr. 2) und an der Haltestelle zügig aussteigen können (vgl. § 14 Abs. 3 Nr. 2).

③ Abs. 3, der eine Ausprägung der in § 7 enthaltenen Grundregel ist, stellt einige wichtige Verhaltenspflichten auf, die auch in den in § 1 Abs. 2 genannten freigestellten Verkehrsarten gelten und gegen die zu verstoßen besonders schwer wiegt. *Nr. 1* stellt nicht darauf ab, daß der Fahrer fahruntüchtig i. S. d. § 2 StVZO ist, sondern will die mögliche körperliche oder geistige Beeinträchtigung des Betriebspersonals in der Ausübung seiner dienstlichen Tätigkeit (dazu gehört auch die Dienstbereitschaft) verhindern (OLG Hamburg, Urteil vom 19. 4. 1961 – 1 Ss 303/60). Das *Rauchverbot nach Nr. 2* ist nicht etwa deshalb entbehrlich, weil es bereits nach anderem Recht (Grundgesetz, Recht der unerlaubten Handlungen) bestände. Ein derartiges, generelles Rauchverbot gibt es bisher nicht, auch nicht unter dem Gesichtspunkt der etwaigen Gesundheitsschädlichkeit des sog. „Passivrauchens" für Nichtraucher, die bisher nicht nachgewiesen werden konnte (vgl. hierzu u. a. LG Berlin, NJW 1978, 2343; OVG Münster, NJW 1981, 244 m. w. N.; Anm. 7 zu § 14). Das hier geregelte Rauchverbot *gilt – anders als im Falle des Abs. 5, 2. Halbsatz – auch bei einer etwaigen Einwilligung der Fahrgäste* (OLG Hamm DPV 1967, 78), zumal diese sich nicht auf die Nichteinhaltung der öffentlich-rechtlichen Verpflichtung eines anderen beziehen kann. Im übrigen *gilt* das Rauchverbot *nicht,* wenn das Fahrzeug *nicht zur Beförderung von Fahrgästen eingesetzt* ist, wie z. B. bei betriebsbedingten Leerfahrten. Unberührt bleibt insoweit – wie auch im Fall des Abs. 5, 2. Halbsatz – allerdings die Beurteilung des Rauchens nach anderen, insbesondere haftungsrechtlichen Grundsätzen (z. B. wenn es durch das Rauchen zu einem Verkehrsunfall kommt; vgl. hierzu OLG Köln DAR 1970, 216; VersR 1970, 1123; OLG Celle VRS 36, 307; OLG Düsseldorf, NJW 1980, 2262). Wegen des Rauchverbots für Fahrgäste vgl. § 14 Abs. 2 Nr. 8.

④ Nr. 4 findet nur auf den Fahrdienst im Obusverkehr und im Linienverkehr mit Kraftfahrzeugen sowie im Verkehr nach § 1 Nr. 4 Buchstabe d und g der Freistellungs-Verordnung (vgl. § 1 Abs. 2) Anwendung, nicht dagegen (Abs. 4) auf den Gelegenheitsverkehr mit Kraftomnibussen (Ausflugsfahrten und Ferienzielreisen, § 48 PBefG, Verkehr mit Mietomnibussen, § 49 PBefG) sowie (Abs. 5) auf den Gelegenheitsverkehr mit Personenkraftwagen (Taxi- und Mietwagenverkehr, §§ 47, 49 PBefG). Anders ausgedrückt, ist *nur* dem *Obusfahrer* und dem *Fahrer im Linienverkehr mit Kraftomnibussen und Personenkraftwagen* die Benutzung von Radio- und Tonwiedergabegeräten verboten; vgl. auch Anm. 6 zu § 14.

Das Verbot gilt nur während der Beförderung von Fahrgästen (vgl. Anm. 3 a. E.).

Ob und inwieweit eine Übertragungsanlage bzw. – bei automatischer Haltestellenansage (vgl. Anm. 2) – eine im Fahrzeug befindliche Lautsprecheranlage dazu benutzt werden darf, mit der Ankündigung von Haltestellen (Abs. 2) andere Hinweise zu verbinden, hängt vom Inhalt dieser Hinweise ab. Der Charakter eines *„betrieblichen Hinweises"* ist *nicht mehr gewahrt, wenn* die Ansage mit der Nennung bestimmter Geschäfte („in der Nähe finden Sie das Kaufhaus X mit seinem bekannt preiswerten Angebot") verbunden wird. In einem solchen Fall wird bereits *Werbung betrieben,* die nichts mit der Sicherheit und Ordnung des Betriebs zu tun hat. *Unzulässig* sind mithin *Werbesendungen bzw. -ansagen, Musiksendungen* oder *Wechselgespräche zwischen Fahrern mehrerer Fahrzeuge* mit Hilfe der Übertragungsanlage, wenn diese Gespräche keinen betrieblichen Charakter tragen. *Zulässig sind allenfalls neutrale Hinwei-*

se, die aufgrund ihres allgemeinen Informationsgehaltes zur Verbesserung des Betriebsablaufs beitragen können, wie z. B. Hinweise auf bestehende andere Verkehrs-, insbesondere Anschlußverbindungen oder sonstige Angaben von allgemeinem Interesse, die insbesondere das zügige Ein- und Aussteigen fördern (Ansagen wie „Stadtzentrum", „Beginn der Fußgängerzone", „Uferpromenaden" u. ä.). Etwas anderes gilt in den Fällen, in denen die Rechtsordnung auch sonst ein Hinwegsetzen über bestimmte Ge- oder Verbote erlaubt (z. B. bei Unfällen oder Notstandssituationen).

⑤ Das in Nr. 5 enthaltene Verbot gilt nur für die folgenden Verkehrsarten: Obusverkehr, Linienverkehr mit Kraftfahrzeugen nach §§ 42, 43 PBefG, freigestellter Verkehr nach § 1 Nr. 4 Buchstabe d und g der Freistellungs-Verordnung, Mietomnibusverkehr (§ 49 PBefG) mit Kraftomnibussen. Es richtet sich im übrigen nur an den Fahrzeugführer. Reisebegleiter dürfen sich also mit den Fahrgästen unterhalten, in den Verkehrsformen nach §§ 48, 49 PBefG auch mit Hilfe von Übertragungsanlagen. Das Verbot nach Nr. 5 gilt *nicht* (vgl. Abs. 5) im gesamten Gelegenheitsverkehr mit Personenkraftwagen.

⑥ Schuldhafte Verstöße gegen § 8 Abs. 3 bis 5 sind Ordnungswidrigkeiten (§ 45 Abs. 2 Nr. 1 bis 3).

§ 9 Verhalten bei Krankheit

(1) Mitglieder des im Fahrdienst oder zur Bedienung von Fahrgästen eingesetzten Betriebspersonals ① dürfen diese Tätigkeit nicht ausüben ②, solange sie oder Angehörige ihrer häuslichen Gemeinschaft ③ an einer übertragbaren Krankheit im Sinne des Bundes-Seuchengesetzes vom 18. Juli 1961 (Bundesgesetzblatt I S. 1012), zuletzt geändert durch Artikel 1 des Gesetzes zur Änderung des Bundes-Seuchengesetzes vom 2. Mai 1975 (Bundesgesetzbl. I S. 1053) ④ leiden, es sei denn, sie weisen durch ärztliches Zeugnis nach, daß keine Gefahr einer Übertragung der Krankheit besteht ⑦.

(2) Hat ein Fahrzeugführer eine Krankheit, die seine Eignung beeinträchtigt, ein Fahrzeug sicher im Verkehr zu führen, so darf er keine Fahrten ausführen ①, ⑤, ⑦.

(3) Erkrankungen nach den Absätzen 1 und 2 sind dem Unternehmer unverzüglich anzuzeigen ⑥, ⑦.

① Wegen der Begriffe „Betriebspersonal", „Fahrzeugführer" usw. vgl. §§ 7 und 8 sowie die dortigen Anmerkungen.

② Abs. 1 soll die Fahrgäste vor einer übertragbaren Krankheit schützen (leiden diese selbst an einer übertragbaren Krankheit, so kann dies einen Ausschluß von der Beförderung rechtfertigen, vgl. § 13 Satz 2). Deshalb wird bei einer übertragbaren Krankheit des Betroffenen nicht nur dessen Verwendung für die ihm normalerweise zugewiesene Aufgabe (Fahrdienst oder Bedienung von Fahrgästen), sondern *auch ein anderweitiger Einsatz ausscheiden,* wenn andernfalls die Gefahr der Übertragung der Krankheit auf andere, ebenfalls im Fahrdienst oder zur Bedienung von Fahrgästen eingesetzte Betriebsangehörige und durch diese dann wiederum auf Fahrgäste besteht. Die Vorschrift dient also zugleich dem Schutz des übrigen im Fahrdienst oder zur Bedienung von Fahrgästen eingesetzten Betriebspersonals (so die Amtliche Begründung).

Neben dem Ausschluß von ihrer dienstlichen Tätigkeit nach § 9 BOKraft *können weitere Schutzmaßnahmen* nach den Vorschriften des BSeuchenG *erforderlich werden.* Neben der Beobachtung (§ 36 BSeuchenG) kommen die Unterbringung in der sog. Isolierstation eines Krankenhauses (§ 37 BSeuchenG) sowie die Untersagung der Ausübung bestimmter beruflicher Tätigkeiten in Betracht (§ 38 BSeuchenG).

③ Der Betriebsangehörige selbst oder ein Mitglied seiner häuslichen Gemeinschaft muß an der übertragbaren Krankheit leiden. Zur *häuslichen Gemeinschaft* gehören nicht nur Ehegatte, Kinder und sonstige bei dem Betriebsangehörigen lebende Verwandte. Auf die familienrechtlichen Verhältnisse kommt es ebensowenig an wie darauf, ob der Dritte seinen Wohnsitz im Sinne von §§ 7 ff. BGB bei dem Betriebsangehörigen hat. *Maßgebend* ist vielmehr, ob die Personen in *tatsächlicher* Hinsicht bei dem Betriebsangehörigen in dessen häuslicher Gemeinschaft leben. Erforderlich ist, *daß der Dritte zusammen mit dem Betriebsangehörigen* (und ggf. dessen Familie) lebt. Die objektiven äußeren Umstände sind für die Beantwortung der Frage maßgebend, ob eine häusliche Gemeinschaft besteht.

④ *Übertragbare Krankheiten* im Sinne des Bundes-Seuchengesetzes (BSeuchenG) sind durch Krankheitserreger verursachte Krankheiten, die unmittelbar oder mittelbar (z.B. vom Tier) auf den Menschen übertragen werden können (§ 1 BSeuchenG). Für diese Krankheiten besteht nach §§ 3 und 4 BSeuchenG eine Meldepflicht des behandelnden Arztes, sonstiger mit der Pflege oder Behandlung des Betroffenen berufsmäßig beschäftigten Personen oder der Hebamme. Darüber hinaus besteht nach § 8 BSeuchenG eine Meldepflicht auch, wenn diese Erkrankungen nicht nur vereinzelt in Krankenanstalten oder Entbindungsheimen auftreten. Das BSeuchenG ist am 18.12.1979 neugefaßt worden (BGBl I S. 2262).

⑤ Abs. 2 setzt anders als Abs. 1 keine übertragbare Krankheit voraus und wendet sich im übrigen nur an den Fahrzeugführer. Die Fahrtauglichkeit kann *sowohl* durch *körperliche* als auch durch *seelische Ursachen* (z.B. Schock, starke Erregung) beeinträchtigt sein. Wegen des Begriffs des Fahrzeugführers vgl. Anm. 6 zu § 45.

⑥ Die unverzügliche Unterrichtung des Unternehmers ist erforderlich, damit dieser die durch den Ausfall des Personals zur Aufrechterhaltung eines sicheren und geordneten Betriebsablaufs gebotenen Maßnahmen treffen kann. Zu diesen Maßnahmen kann auch die Unterrichtung des übrigen Personals über den Krankheitsfall gehören, wenn dies der Aufrechterhaltung von Sicherheit und Ordnung des Betriebs dienlich ist. Ist das gesamte im Fahrdienst bzw. zur Bedienung von Fahrgästen eingesetzte Personal erkrankt, was bei Verkehrsbetrieben mit einem oder einigen wenigen Bediensteten der Fall sein kann, und treten dadurch Betriebsstörungen ein, so ist die *besondere Meldepflicht* des Unternehmers nach *§ 6 Nr. 3* zu beachten.

⑦ § 9 gilt auch im Verkehr nach § 1 Nr. 4 Buchstabe d und g der Freistellungs-Verordnung (vgl. § 1 Abs. 2). Ein schuldhafter Verstoß gegen Abs. 1, 2 oder 3 ist eine Ordnungswidrigkeit (vgl. § 45 Abs. 2 Nr. 4 und 5 Buchstabe a).

§ 10 Mitführen von Vorschriften und Fahrplänen

Die geltenden Vorschriften über die Beförderungsentgelte, Beförderungsbedingungen und Fahrpläne sind mitzuführen. Den Fahrgästen ist auf Verlangen Einsicht zu gewähren ①, ②.

① Die Vorschrift richtet sich sowohl an den Unternehmer (Satz 1) als auch an den Fahrer (Satz 1 und 2). Mitzuführen sind

a) im *Linienverkehr nach § 42 PBefG* die nach § 45 Abs. 3 i. V. m. §§ 39, 40 PBefG genehmigten Beförderungsentgelte und -bedingungen sowie der Fahrplan (der Bundesminister für Verkehr hat von seiner Rahmenkompetenz nach § 58 Abs. 1 Nr. 4 PBefG bisher keinen Gebrauch gemacht). Zu den *Beförderungsbedingungen i. S. von § 10* gehören

- die Verordnung über die Allgemeinen Beförderungsbedingungen für den Straßenbahn- und Obusverkehr sowie den Linienverkehr mit Kraftfahrzeugen (abgedruckt auf S. 99),
- die von der Genehmigungsbehörde nach § 39 Abs. 6 PBefG i. V. m. § 1 Abs. 1 Satz 2 der vorstehend genannten Verordnung genehmigten Besonderen Beförderungsbedingungen,
- im Bahnbusverkehr der Bahnbustarif und die Allgemeinen Beförderungsbedingungen für den Bahnbusverkehr in ihrer jeweils geltenden Fassung,
- im Postreisedienst die Postreiseordnung und die Postreisegebührenordnung in ihrer jeweils geltenden Fassung;

b) im *Linienverkehr nach § 43 PBefG* grundsätzlich die in Buchstabe a) genannten Unterlagen. *Etwas anderes gilt jedoch,* wenn und soweit die Genehmigungsbehörde nach § 45 Abs. 4 Satz 1 PBefG auf die Einhaltung der Vorschriften über die Beförderungsentgelte und -bedingungen sowie über die Fahrpläne verzichtet hat. Je nach Umfang dieses Verzichts entfällt dann die Mitführungspflicht nach § 10;

c) im *Taxiverkehr* die nach § 51 Abs. 1 bis 4 PBefG genehmigten Beförderungsentgelte und -bedingungen. Die Mitführungs- und Vorzeigepflicht besteht im Taxiverkehr im übrigen bereits kraft Gesetzes (vgl. § 51 Abs. 5 PBefG).

Wird das *Taxifahrzeug im Linienverkehr eines anderen Unternehmers eingesetzt,* so ist es insoweit (nämlich aufgrund der dem Linienverkehrsunternehmer erteilten Genehmigung nach § 9 Abs. 2 PBefG und der entsprechenden Entbindung des Taxiverkehrsunternehmers von der Aufrechterhaltung des Taxibetriebs nach § 24 PBefG) Linienverkehrsmittel; es hat sodann entsprechend oben a) oder b) Fahrplan, Beförderungsentgelte und -bedingungen des Linienverkehrsunternehmers mitzuführen;

d) im *Verkehr mit Mietomnibussen* sowie im *Ferienziel-Reiseverkehr* und bei *Ausflugsfahrten mit Omnibussen* Unterlagen nur, soweit die Landesregierung oder die von ihnen ermächtigten Genehmigungsbehörden Rechtsverordnungen über Beförderungsentgelte und -bedingungen erlassen haben (vgl. § 51 Abs. 2 PBefG); der Bundesminister für Verkehr hat von seiner Rahmenkompetenz (§ 58 Abs. 1 Nr. 4 PBefG) bisher keinen Gebrauch gemacht (vgl. auch § 30 Abs. 2, § 40). Für den Gelegenheitsverkehr der Deutschen Bundesbahn und der Deutschen Bundespost gilt die Sonderregelung in § 51 Abs. 3 PBefG.
Soweit aufgrund von Ermächtigungen nach dem PBefG (z. B. § 51 Abs. 1, § 58 Abs. 1 Nr. 2 bis 4) Verordnungen erlassen werden, können diese zusätzliche Mitführungs- und Vorlagepflichten vorsehen (z. B. Stadtplan im Taxi- und Mietwagenverkehr).

② Ein Verstoß gegen § 10 ist durch § 45 *nicht bußgeldbewehrt. Lediglich § 61 Abs. 1 Nr. 3 Buchstabe d PBefG* enthält für den Taxiverkehr einen Ordnungswidrigkeitstatbestand für den Fall eines Verstoßes gegen den – mit § 10 inhaltsgleichen (s. o.) – § 51 Abs. 1 Satz 3 PBefG (Mitführungs- und Vorzeigepflicht der Beförderungsentgelte und -bedingungen im Taxiverkehr).

§ 11 Fundsachen

Nach Beendigung jeder Fahrt ① haben Fahrzeugführer oder Schaffner ② festzustellen, ob Gegenstände zurückgeblieben sind. Fundsachen sind unverzüglich an die dafür vorgesehene Einrichtung des Betriebs oder an die von der Genehmigungsbehörde benannte Stelle abzuliefern, wenn sie nicht sofort zurückgegeben werden können. § 978 des Bürgerlichen Gesetzbuches bleibt unberührt ③.

① Die Sicherungsfunktion der Vorschrift des Satzes 1 bedeutet, daß der Begriff *„nach Beendigung jeder Fahrt"* wörtlich zu verstehen ist. Die Feststellungspflicht für Fahrzeugführer bzw. Schaffner entsteht daher nach Erreichen der Ausgangs- bzw. Zielhaltestelle jedes Mal neu und nicht erst nach Abschluß der letzten Fahrt bzw. nach Rückkehr des Fahrzeuges in den Betriebshof. Nur auf diese Weise ist eine alsbaldige Aufklärung möglich. Dieser Sinn und Zweck der Vorschrift ergibt sich auch unmittelbar aus dem Wortlaut des Satzes 2 („... wenn sie nicht sofort zurückgegeben werden können").

② Zum Begriff vgl. zu § 7.

③ Das im Bürgerlichen Gesetzbuch geregelte Fundrecht (§§ 965–984 BGB) ist durch das Gesetz zur Änderung von Vorschriften des Fundrechts vom 19. 7. 1976 (BGBl. I S. 1817) z. T. neu gefaßt worden. Das gilt insbesondere vom hier angesprochenen *§ 978 BGB,* der „öffentliche Behörden und Verkehrsanstalten" betrifft und nun wie folgt lautet:

„(1) Wer eine Sache in den Geschäftsräumen oder den Beförderungsmitteln einer öffentlichen Behörde oder einer dem öffentlichen Verkehr dienenden Verkehrsanstalt findet und an sich nimmt, hat die Sache unverzüglich an die Behörde oder die Verkehrsanstalt oder an einen ihrer Angestellten abzuliefern. Die Vorschriften der §§ 965 bis 967 und 969 bis 977 finden keine Anwendung.

(2) Ist die Sache nicht weniger als einhundert Deutsche Mark wert, so kann der Finder von dem Empfangsberechtigten einen Finderlohn verlangen. Der Finderlohn besteht in der Hälfte des Betrages, der sich bei Anwendung des § 971 Abs. 1 Satz 2, 3 ergeben würde. Der Anspruch ist ausgeschlossen, wenn der Finder Bediensteter der Behörde oder der Verkehrsanstalt ist oder der Finder die Ablieferungspflicht verletzt. Die für die Ansprüche des Besitzers gegen den Eigentümer wegen Verwendungen geltende Vorschrift des § 1001 findet auf den Finderlohnanspruch entsprechende Anwendung. Besteht ein Anspruch auf Finderlohn, so hat die Behörde

oder die Verkehrsanstalt dem Finder die Herausgabe der Sache an einen Empfangsberechtigten anzuzeigen.

(3) Fällt der Versteigerungserlös oder gefundenes Geld an den nach § 981 Abs. 1 Berechtigten, so besteht ein Anspruch auf Finderlohn nach Absatz 2 Satz 1 bis 3 gegen diesen. Der Anspruch erlischt mit dem Ablauf von drei Jahren nach seiner Entstehung gegen den in Satz 1 bezeichneten Berechtigten."

§ 978 BGB und § 11 sind *voneinander unabhängige Vorschriften,* wie sich vor allem aus § 11 Satz 3 ergibt. 11 Satz 1 und 2 haben die innerbetrieblichen Pflichten des Personals bei Fundsachen zum Gegenstand, während § 978 BGB die Rechtsbeziehungen des Finders zum Verkehrsunternehmen und dessen Personal regelt. Aus § 978 Abs. 2 Satz 3 BGB, wo auch der Bedienstete als „Finder" bezeichnet wird, ergibt sich nichts Gegenteiliges, da diese Vorschrift Ausnahmecharakter hinsichtlich des Finderlohnanspruchs hat. Aus der lediglich die innerbetriebliche Ordnung betreffenden Vorschrift des § 11 Satz 2 kann deshalb kein Rechtsanspruch i. S. d. BGB auf Rückgabe der Fundsache hergeleitet werden, und die Ablieferungspflicht besteht ohne Rücksicht auf die Wertgrenze von 10,– DM (§ 965 Abs. 2 Satz 2 BGB). Der Begriff *„Verkehrsanstalt"* in § 978 BGB ist nicht identisch mit dem heutigen organisationsrechtlichen Begriff der öffentlich-rechtlichen Anstalt. Er ist vielmehr im Sinne von „Verkehrsunternehmen" zu verstehen und nicht auf öffentlich-rechtlich organisierte Betriebe beschränkt. Ein Anspruch auf *Finderlohn* besteht beim sog. „Verkehrsfund" nur, wenn der Wert der Sache bzw. (vgl. §§ 979ff. BGB) der Versteigerungserlös mindestens 100 DM beträgt, während es beim „normalen" Fund eine solche untere Wertgrenze für den Finderlohn nicht gibt (dort wohl aber für die – beim Verkehrsfund durch § 978 Abs. 1 Satz 2 BGB ausgeschlossene – Verpflichtung zur Fundanzeige nach § 965 Abs. 2 BGB bzw. für den Erwerb des Eigentums an der Fundsache nach § 973 Abs. 2 BGB). Ist die Fundsache versteigert worden und beträgt der Erlös mindestens 100 DM, so richtet sich der Anspruch – wie bei gefundenem Geld – gegen das Verkehrsunternehmen, bei kommunalen Eigenbetrieben ohne eigene Rechtspersönlichkeit gegen die Gebietskörperschaft. *Bedienstete* der Unternehmen haben in *keinem* Fall einen *Finderlohnanspruch* (§ 978 Abs. 2 Satz 3 BGB).

Nach § 971 Abs. 1 Satz 2 BGB beträgt der Finderlohn bei einem Wert der Sache bis zu 1000 DM grundsätzlich 5 vom Hundert, vom Mehrwert 3 vom Hundert. Beim Verkehrsfund beträgt der Finderlohn jedoch nur die Hälfte. Bei einem Sachwert von 100 DM ergibt sich beim Verkehrsfund mithin ein Finderlohn von 2,50 DM.

3. Fahrgäste, Beförderungspflicht

Der 3. Titel (§§ 13–15) enthält Bestimmungen, wie sie z. T. bereits in inhaltlich gleicher Weise in der Verordnung über die Allgemeinen Beförderungsbedingungen für den Straßenbahn- und Obusverkehr sowie den Linienverkehr mit Kraftfahrzeugen vom 27. Februar 1970 (Bundesgesetzbl. I S. 230) zu finden sind (Abdruck auf S. 99). Von diesen Vorschriften unterscheiden sich die Bestimmungen des 3. Titels vor allem in der *Zielrichtung.* Zum einen regelt die Verordnung über die Allgemeinen Beförderungsbedingungen die Ausgestaltung des Beförderungsvertrages, also die *privat*rechtlichen Verhältnisse zwischen Verkehrsunternehmen und Fahrgast, während der 3. Titel der BOKraft die *öffentlich*rechtlichen Beziehungen des Fahrgastes zum Beförderer unter dem Gesichtspunkt der Sicherheit und Ordnung des Betriebes regelt und nur zum Teil privatrechtsgestaltende Regelungen (vgl. § 13 Satz 2) enthält (vgl. auch die in der Präambel zur BOKraft genannten Ermächtigungsgrundlagen des PBefG). Zum anderen gilt die genannte Verordnung nur für den Linienverkehr, während der 3. Titel der BOKraft für alle Verkehrsformen des PBefG und zum Teil auch für die in § 1 Abs. 2 genannten, vom PBefG freigestellten Beförderungen gilt.

„Fahrgast" im Sinne des 3. Titels ist jede Person, die befördert wird, *unabhängig* vom Bestehen oder von der Ausgestaltung eines *Beförderungsvertrages.* Zu den Fahrgästen zählen also auch Personen, die unentgeltlich (z. B. nach den Vorschriften des UnBefG) oder ohne gültigen Fahrausweis (z. B. *„Schwarzfahrer"*) befördert werden.

§ 12 (aufgehoben)

§ 13 Beförderung von Personen

Der Unternehmer und das im Fahrdienst eingesetzte Betriebspersonal ① sind nach Maßgabe der Vorschriften des Personenbeförderungsgesetzes ② verpflichtet, die Beförderung von Personen durchzuführen. Soweit nicht ein Ausschluß von der Beförderungspflicht nach anderen Rechtsvorschriften besteht, können sie die Beförderung ablehnen, wenn Tatsachen vorliegen, die die Annahme rechtfertigen, daß die zu befördernde Person eine Gefahr für die Sicherheit und Ordnung des Betriebes oder für die Fahrgäste darstellt ③.

① Zum Begriff ,,Betriebspersonal" vgl. zu §§ 7 und 8.

② § 13 Satz 1 gilt nur für diejenigen Verkehrsarten, für die eine Beförderungspflicht besteht. Eine Beförderungspflicht (§ 22 PBefG) besteht nicht für alle Verkehrsarten. § 48 Abs. 4 Satz 1 und § 49 Abs. 3 PBefG schließen sie ausdrücklich aus für Ausflugsfahrten und Ferienziel-Reisen sowie für den Mietomnibus- und Mietwagenverkehr. Die gesetzliche *Beförderungspflicht nach § 22 PBefG besteht danach nur* im Linienverkehr sowie im Taxiverkehr, im letzteren nach § 47 Abs. 4 PBefG jedoch nur für Fahrten innerhalb des Geltungsbereichs der nach § 51 Abs. 1 Satz 1 und 2 sowie Abs. 2 Satz 1 PBefG festgesetzten Beförderungsentgelte (sog. „Pflichtfahrbereich"). Schon nach § 22 PBefG ist die Beförderungspflicht aber an bestimmte Voraussetzungen geknüpft, deren Erfüllung z. T. vom Fahrgast selbst abhängt (vgl. z. B. § 22 Nr. 1 PBefG). Aber auch § 3 der Verordnung über die Allgemeinen Beförderungsbedingungen (vgl. Anm. 1 vor § 12) sowie § 13 Satz 2 enthalten einen Ausschluß des Anspruchs auf Beförderung. Im Verhältnis zum Schwerbehindertengesetz, insbesondere dessen §§ 57 ff., gehen diese personenbeförderungsrechtlichen Bestimmungen vor (OVG Lüneburg VRS 68, 73 ff.).

Die Beförderungspflicht setzt einen wirksamen Beförderungsvertrag voraus (BayObLG VRS 70, 65).

Soweit danach die nach § 22 PBefG bestehende Beförderungspflicht nicht ausgeschlossen ist, begeht der Unternehmer bzw. der Fahrer bei einem Verstoß gegen diese Vorschrift eine Ordnungswidrigkeit (vgl. § 61 Abs. 1 Nr. 3 Buchstabe c PBefG i. d. F. des Vierten Gesetzes zur Änderung des PBefG vom 7. Juni 1978).

③ Es ist zu beachten, daß bei Vorliegen der in Satz 2 genannten Voraussetzungen die betroffenen Personen von der Beförderung *nicht kraft Gesetzes ausgeschlossen* sind. § 13 Satz 2 enthält keinen durch objektive Merkmale bestimmten gesetzlichen Beförderungsausschluß, sondern überläßt es dem Unternehmer bzw. seinem Personal, im Einzelfall selbst zu entscheiden, ob sie den Fahrgast befördern wollen oder nicht. Ob Tatsachen die in der Vorschrift angesprochene ,,Annahme rechtfertigen", müssen Unternehmer bzw. Personal aufgrund einer verständigen Würdigung des Einzelfalls entscheiden. Eine solche Entscheidung ist dem Unternehmer bzw. dem Fahrpersonal durchaus zuzumuten (OVG Lüneburg a. a. O.).

§ 14 Verhalten der Fahrgäste

(1) Die Fahrgäste haben sich bei der Benutzung der Betriebsanlagen und Fahrzeuge so zu verhalten, wie es die Sicherheit und Ordnung des Betriebes und die Rücksicht auf andere Personen gebieten. Anweisungen des Betriebspersonals ist zu folgen ①, ②, ⑫.

(2) Den Fahrgästen ist insbesondere untersagt ②, ⑥, ⑫

1. **in Obussen und Kraftomnibussen sich mit dem Fahrzeugführer während der Fahrt zu unterhalten ③,**
2. **die Türen während der Fahrt eigenmächtig zu öffnen ④, ⑤,**
3. **Sicherungseinrichtungen mißbräuchlich zu betätigen ④, ⑤,**
4. **Gegenstände aus dem Fahrzeug zu werfen oder hinausragen zu lassen,**
5. **während der Fahrt auf- oder abzuspringen ⑤,**
6. **ein als besetzt bezeichnetes Fahrzeug zu betreten ⑤,**
7. **ein Fahrzeug zu betreten oder zu verlassen, wenn die bevorstehende Abfahrt angekündigt ist oder die Türen geschlossen werden ⑤,**
8. **in Fahrzeugen des Obusverkehrs, des Linienverkehrs mit Kraftfahrzeugen, in den gekennzeichneten Nichtraucherzonen von Kraftomnibussen des Gelegenheitsverkehrs (§ 24) sowie in den als „Nichtraucher" gekennzeichneten Fahrzeugen des Taxenverkehrs (§ 26 Abs. 2) zu rauchen ⑦,**

9. Tonrundfunk- oder Fernsehrundfunkempfänger sowie Tonwiedergabegeräte zu benutzen.

(3) Im Obusverkehr sowie im Linienverkehr mit Kraftfahrzeugen sind die Fahrgäste außerdem verpflichtet ⑫,

1. die Fahrzeuge nur an den Haltestellen zu betreten und zu verlassen; Ausnahmen bedürfen der Zustimmung des Betriebspersonals ⑤, ⑧,

2. zügig ein- und auszusteigen und dabei die besonders gekennzeichneten Türen zu benutzen ⑨,

3. Durchgänge sowie Ein- und Ausstiege freizuhalten ⑩,

4. sich im Fahrzeug stets einen festen Halt zu verschaffen ⑤,

5. sie begleitende Kinder sorgfältig zu beaufsichtigen und dafür zu sorgen, daß Kinder nicht auf Sitzplätzen knien oder stehen.

(4) Verletzt ein Fahrgast trotz Ermahnung die ihm obliegenden Pflichten nach den Absätzen 1 bis 3, kann er von der Beförderung ausgeschlossen werden ⑪.

① § 14 regelt das Verhalten der Fahrgäste während der Benutzung der Betriebsanlagen und Fahrzeuge unter dem Gesichtspunkt der Sicherheit und Ordnung des *Betriebes*. Hinsichtlich der Sicherheit und Ordnung des *Straßenverkehrs* enthält dagegen *§ 20 Abs. 3 StVO* Verhaltensregeln für die Fahrgäste. Wegen des Verhaltens des Betriebspersonals vgl. §§ 7 bis 9. Wie sich aus Abs. 4 ergibt, hat *Abs. 1* gegenüber den Absätzen 2 und 3 *eigenständige Bedeutung*. Auch wenn der Fahrgast nicht gegen die in Abs. 2 und 3 im einzelnen aufgezählten Verhaltensvorschriften verstößt, kann er gem. Abs. 4 von der Beförderung ausgeschlossen werden, wenn sein Verhalten Sicherheit und Ordnung des Betriebes gefährden oder andere Personen einschl. den Fahrer belästigen kann (vgl. auch Anm. 2), wie z. B. das Betreten eines Busses mit Rollschuhen. Nur in diesem Rahmen braucht er auch den Anweisungen (Satz 2) zu folgen (vgl. KG VRS 65, 312). Diese Anweisungen ergehen jedoch nicht in Ausübung öffentlichrechtlicher Befugnisse, sondern aufgrund des privatrechtlichen Beförderungsvertrages, denn weder das Personenbeförderungsgesetz noch die BOKraft haben eine solche Ermächtigung (Beleihung) vorgesehen. Etwas anderes ergibt sich auch nicht aus der öffentlich-rechtlichen Zielsetzung von § 57 Abs. 1 Satz 1 Nr. 2 PBefG (vgl. BVerwG VRS 67, 314 ff. m. w. N.). Im übrigen gilt § 14 sowohl für alle dem PBefG unterliegenden Verkehrsformen als „entsprechend" auch für die in § 1 Abs. 2 genannten freigestellten Verkehrsarten.

② *Erforderlich ist* – anders als bei § 13 Satz 2 – bei Abs. 2 und 3 *nicht* das Vorliegen einer *konkreten Gefährdung* durch das Verhalten des Fahrgastes; die Ge- und Verbote gelten bereits wegen der abstrakten Gefährdungsmöglichkeit.

③ *„Unterhaltung"* in diesem Sinne sind *nicht* z. B. die Bitte um Auskunft über die Zielhaltestelle oder über Umsteige- und Anschlußmöglichkeiten sowie sonstige, durch den Betrieb verursachte Gespräche (vgl. auch Anm. 4 und 5 zu § 8). Das Verbot gilt bei der Benutzung von Obussen und Omnibussen sowohl im Linien- als auch im Gelegenheitsverkehr.

④ Die Türen müssen während der Fahrt geschlossen (§ 35 e Abs. 6 StVZO) und ihre Verschlüsse so beschaffen sein, daß ein unbeabsichtigtes Öffnen der Türen nicht zu erwarten ist (§ 35 e Abs. 2 StVZO). *Sicherungseinrichtungen* i. S. von Nr. 3 sind z. B. Vorrichtungen zum Öffnen der Tür in Notfällen durch den Fahrgast (vgl. § 35 e Abs. 3 Satz 3 StVZO), Notausstiege (§ 35 f StVZO), Feuerlöscher (§ 35 g StVZO), Feststellbremsen (§ 41 Abs. 5 StVZO) und Dauerbremsen (§ 41 Abs. 15 StVZO); die genannten Vorschriften der StVZO sind auszugsweise im Anhang abgedruckt.

⑤ Ein schuldhafter Verstoß insbesondere gegen Abs. 3 Nr. 2, 3, 5 bis 7 ist als *Mitverschulden i. S. von § 254 BGB* zu berücksichtigen, wenn der Fahrgast durch einen solchen Verstoß zu Schaden kommt und Ersatzansprüche geltend macht.

⑥ Die Verbote gelten nur für *Fahrgäste*. Die Verhaltensvorschriften für den Fahrer enthält § 8. Die Verbote gelten auch bei den vom PBefG freigestellten Beförderungen nach § 1 Nr. 4 Buchstabe d und g der Freistellungs-Verordnung (vgl. Anm. 1).

⑦ Es gibt kein allgemeines – etwa aus Art. 2 Abs. 1 GG herzuleitendes – Recht des Nichtrauchers auf Erlaß eines generellen *Rauchverbotes* durch den Staat. Der Schutz der Nichtraucher kann im Einzelfall vor dem Hintergrund des Art. 2 Abs. 2 GG geboten sein, wenn die Voraussetzungen dieser Vorschrift (Verletzung des Rechts auf körperliche Unversehrtheit) vorliegen, wobei der Grundsatz der Verhältnismäßigkeit zu beachten ist (vgl. Ule, DVBl. 77, 488; Anm. 3 zu § 8). Bis jetzt ist die Gesundheitsschädlichkeit des sog. „Passivrauchens" jedenfalls nicht erwiesen (Ule a. a. O.). Das Rauchverbot in § 14 Abs. 2 Nr. 8 hat denn auch nicht den Charakter einer Vorschrift zum Schutz vor gesundheitlicher Schädigung, sondern will lediglich Belästigungen der anderen Fahrgäste und des Fahrers verhindern.

⑧ Mit der Verpflichtung nach Abs. 3 Nr. 1 korrespondiert das in *§ 20 Abs. 3 StVO* enthaltene Gebot, das öffentliche Verkehrsmittel (also ein Verkehrsmittel, das der Beförderungspflicht nach § 22 PBefG unterliegt; vgl. hierzu Anm. 1 zu § 13) auf den Gehwegen, den Seitenstreifen oder einer Haltestelleninsel, sonst am Fahrbahnrand zu erwarten. Wegen der Festlegung und Ausgestaltung der Haltestelle vgl. § 32.

⑨ Wegen der Kennzeichnung der Türen vgl. § 20. Damit zügiges Ein- und Aussteigen auch möglich ist, schreibt § 35e Abs. 4 StVZO Mindestabmessungen für die Türen vor.

⑩ Auch von Sachen sind die Durchgänge sowie die Ein- und Ausstiege freizuhalten, vgl. § 15 Abs. 1 Satz 3.

⑪ Bei einem Verstoß gegen Abs. 1 bis 3 ist der Fahrgast *nicht „automatisch" von der Beförderung ausgeschlossen;* dazu bedarf es vielmehr einer entsprechenden ***Erklärung*** des Betriebspersonals nach vorausgegangener Ermahnung des Fahrgastes. ***Weigert*** sich der Betroffene, das Fahrzeug zu verlassen, so kann er ggf. aus allgemeinen strafrechtlichen Gesichtspunkten (z. B. Notwehr, Notstand) gewaltsam aus dem Fahrzeug entfernt werden, sofern die Gewaltanwendung nicht außer Verhältnis zum Verstoß des Fahrgastes steht. U. U. macht sich ein Fahrgast auch des Hausfriedensbruchs (§ 123 StGB) schuldig (AG Tiergarten in Berlin, VÖV-Nachrichten Nr. 8/1980, S. 109; in dem entschiedenen Fall handelte es sich allerdings um das widerrechtliche Verbleiben in einer U-Bahn-Station). Bei ungerechtfertigtem Ausschluß von der Beförderung liegt jedoch eine Ordnungswidrigkeit nach § 61 Abs. 1 Nr. 3 Buchstabe c PBefG vor (vgl. Anm. 2 zu § 13).

⑫ Bei einem schuldhaften Verstoß gegen Abs. 1 bis 3 begeht der Fahrgast eine Ordnungswidrigkeit (§ 45 Abs. 2 Nr. 6).

§ 15 Beförderung von Sachen

(1) Der Fahrgast hat Sachen (Handgepäck, Reisegepäck, Kinderwagen) so unterzubringen und zu beaufsichtigen, daß die Sicherheit und Ordnung des Betriebes durch sie nicht gefährdet und andere Fahrgäste nicht belästigt werden können. Satz 1 gilt auch für Tiere ①; sie dürfen nicht auf Sitzplätzen untergebracht werden. Durchgänge sowie Ein- und Ausstiege sind freizuhalten ②, ③.

(2) Von der Beförderung sind gefährliche Stoffe und gefährliche Gegenstände ausgeschlossen, insbesondere

1. **explosionsfähige, leicht entzündliche, radioaktive, übelriechende oder ätzende Stoffe,**
2. **unverpackte oder ungeschützte Sachen, durch die Fahrgäste verletzt werden können,**
3. **Gegenstände, die über die Wagenumgrenzung hinausragen.**

(3) § 14 Abs. 1 Satz 2 und Abs. 4 ist anzuwenden.

① Die Aufzählung in Abs. 1 Satz 1 ist nur beispielhaft. Die Verpflichtung gilt grundsätzlich auch für sperrige Sachen (z. B. Klapprad im Kofferraum eines Taxis). Zwar sind auch Tiere bereits nach der Definition des § 90 BGB Sachen. Zum besseren Verständnis der sich vor allem an die Fahrgäste richtenden Vorschrift stellt Abs. 1 Satz 2, 1. Halbsatz dies aber nochmals klar.

Die Mitnahme von Sachen und Tieren erfolgt in Erweiterung des Personenbeförderungsvertrages, ändert also nichts daran, daß es sich insgesamt um Personenbeförderung handelt (KG VRS 67, 276 f.). Taxen sind grundsätzlich verpflichtet, auch Gepäck und Tiere ihrer Fahrgäste zu befördern, soweit diese Sachen so untergebracht und beaufsichtigt werden können, daß hierdurch die Sicherheit und Ordnung des Betriebes nicht gefährdet und andere Fahrgäste nicht belästigt werden können (BayObLG VRS 70, 66).

② Ein schuldhafter Verstoß gegen Abs. 1 ist eine Ordnungswidrigkeit (§ 45 Abs. 2 Nr. 6); zugleich kann der Fahrgast nach Abs. 3 i. V. m. § 14 Abs. 4 von der Beförderung ausgeschlossen werden.

Ausrüstung und Beschaffenheit der Fahrzeuge

1. Bestimmungen für alle Fahrzeuge

§ 16 Anzuwendende Vorschriften

Für Bau, Ausrüstung und Beschaffenheit der Fahrzeuge gelten neben den aufgrund des Straßenverkehrsgesetzes erlassenen Verordnungen die Vorschriften dieser Verordnung.

Die allgemeinen Vorschriften über Ausrüstung und Beschaffenheit der Fahrzeuge enthält die *StVZO* (auszugsweise im Anhang abgedruckt). In Betracht kommen im wesentlichen Abschnitt B III mit den §§ 30–62 StVZO. Die BOKraft beschränkt sich auf wenige zusätzliche Bestimmungen, die für die von der Verordnung erfaßten Verkehrsformen von besonderer Bedeutung sind. § 16 gilt auch für durch § 1 Nr. 4 Buchstabe d und g der Freistellungs-Verordnung erfaßte Beförderungen (vgl. § 1 Abs. 2).

§ 17 Zulässige Fahrzeuge

Die der Personenbeförderung dienenden Fahrzeuge müssen mindestens zwei Achsen und vier Räder haben.

Dreirädrige Fahrzeuge, die nach der StVZO für den allgemeinen Fahrzeugverkehr zulässig sind, scheiden nach § 17 für die der BOKraft unterliegenden Personenbeförderungen aus. Die Vorschrift erstreckt sich auf die durch § 1 Nr. 4 Buchstabe d und g der Freistellungs-Verordnung erfaßten Beförderungen (vgl. § 1 Abs. 2).

§ 18 Ausrüstung

Beim Einsatz der Fahrzeuge ist die Ausrüstung den jeweiligen Straßen- und Witterungsverhältnissen anzupassen. Wenn es die Umstände angezeigt erscheinen lassen, sind Winterreifen, Schneeketten, Spaten und Hacke sowie Abschleppseil oder -stange mitzuführen ①, ②.

① Die Vorschrift verpflichtet *Unternehmer und Fahrzeugführer,* im Fahrzeug stets solche Geräte und Hilfsmittel vorrätig zu halten, die bei besonderen Straßen- und Witterungsverhältnissen von Nutzen sein können. Das gilt auch in bezug auf solche Fahrzeuge, die für Beförderungen nach § 1 Nr. 4 Buchstabe d und g der Freistellungs-Verordnung eingesetzt werden (vgl. § 1 Abs. 2).

② Schuldhafte Verstöße des Unternehmers gegen § 18 sind nach § 45 Abs. 1 Nr. 5 Buchstabe a Ordnungswidrigkeiten.

§ 19 Beschaffenheit und Anbringung von Zeichen und Ausrüstungsgegenständen

Zeichen und Ausrüstungsgegenstände an oder im Fahrzeug müssen so beschaffen und angebracht sein, daß niemand gefährdet oder behindert wird ①, ②.

① *Zeichen* im Sinne von § 19 sind z. B. das Ziel- und Streckenschild, das Schulbusschild oder das Ordnungsnummernschild. Zu den *Ausrüstungsgegenständen* zählen u. a. Feuerlöscher, Verbandskasten, Schneeketten, Spaten, Hacke, Fahrpreisanzeiger, Trennwand, Taxischild. Die Vorschrift gilt auch für Fahrzeuge, die für Beförderungen nach § 1 Nr. 4 Buchstabe d und g der Freistellungs-Verordnung eingesetzt werden (vgl. § 1 Abs. 2). Hinsichtlich der Beschaffenheit der Zeichen und Ausrüstungsgegenstände enthalten §§ 30 Abs. 1, 32 Abs. 3 StVZO zusätzliche Anforderungen.

② Für die Einhaltung der Vorschrift ist der *Unternehmer* verantwortlich. Schuldhafte Verstöße gegen § 19 sind nach § 45 Abs. 1 Nr. 5 Buchstabe b Ordnungswidrigkeiten.

2. Obusse und Kraftomnibusse

§ 20 Beschriftung

(1) An den Außenseiten der Obusse und Kraftomnibusse sind anzubringen ①, ③

1. auf den Längsseiten Name und Betriebssitz des Unternehmens; die Genehmigungsbehörde kann statt dessen Geschäftszeichen oder Wappen zulassen,

2. die Bezeichnung der Türen, wenn im Obusverkehr und im Linienverkehr mit Kraftomnibussen

a) an diesen Türen nur ein- oder nur ausgestiegen werden darf,

b) die Türen nur für bestimmte Fahrgastgruppen vorgesehen sind;

die Bezeichnung kann auch durch ein Sinnbild erfolgen.

(2) Die Beschriftungen oder Sinnbilder müssen eindeutig, gut sichtbar und deutlich lesbar sein. Ihre Wirkung darf durch andere Aufschriften oder Bildzeichen nicht beeinträchtigt werden ②, ③.

① Im Interesse eines reibungslosen Betriebsablaufs und der Ordnung im Straßenverkehr soll § 20 Abs. 1 eine *schnelle Unterrichtung* der Verkehrsnutzer *über das Verkehrsunternehmen* und sein *Fahrgastabfertigungsverfahren im Linienverkehr* gewährleisten. Vom Unternehmer anzubringen sind entweder Name und Betriebssitz oder – mit Zustimmung der Genehmigungsbehörde – Geschäftszeichen bzw. Wappen. Die Zustimmung der Genehmigungsbehörde kann auch eine Kombination der genannten Beschriftungen umfassen, so daß es keiner Ausnahmegenehmigung nach § 43 Abs. 1 hierfür bedarf. Zusätzlich zu den Angaben nach Nr. 1 können auch Hinweise auf die Mitgliedschaft in einer Verkehrs- oder Tarifgemeinschaft bzw. einem Verkehrsverbund angbracht werden (vgl. Abs. 2 Satz 2). Sie können jedoch die Angaben nach Nr. 1 nicht ersetzen, da z. B. in einem Verkehrsverbund der Beförderungsvertrag immer nur mit dem einzelnen, rechtlich weiterhin selbständigen Unternehmer (d. h. Genehmigungsinhaber) oder Betriebsführer und nicht mit dem Verbund zustande kommt, so daß der Fahrgast Klarheit über seinen Vertragspartner haben muß. Sache des Unternehmers ist auch die in Absatz 1 Nr. 2 angesprochene Kennzeichnung der Türen, die sowohl bei Buchstabe a als auch bei Buchstabe b durch ein Sinnbild erfolgen kann. § 20 Abs. 1 Nr. 1 erstreckt sich auch auf durch § 1 Nr. 4 Buchstabe d und g der Freistellungs-Verordnung erfaßte Beförderungen (vgl. § 1 Abs. 2).

② Abs. 1 Nr. 1 ermöglicht es dem Unternehmer, mit Hilfe der Beschriftung und des Farbanstrichs im Linien- und Gelegenheitsverkehr *Eigenwerbung* zu betreiben. Daneben ist *Fremdwerbung* zulässig. Eigen- wie Fremdwerbung stehen indessen unter dem Vorbehalt, daß dadurch der von Absatz 1 verfolgte Unterrichtungszweck nicht beeinträchtigt wird. Insoweit wird die Vorschrift noch ergänzt durch § 33 Abs. 4 Satz 2. Im übrigen sind § 33 StVO sowie § 30 Abs. 1 und § 32 Abs. 3 StVZO zu beachten. Wegen der Werbung an Taxen und Mietwagen vgl. § 26 Anm. 5 und § 43 Anm. 2.

③ Schuldhafte Verstöße gegen § 20 sind nach § 45 Abs. 1 Nr. 5 Buchstabe c Ordnungswidrigkeiten.

§ 21 Verständigung mit dem Fahrzeugführer

Obusse und Kraftomnibusse des Linienverkehrs ① müssen deutliche hör- oder sichtbare Verständigungseinrichtungen ② haben

1. zur Erteilung von Fahr- und Halteaufträgen durch das Betriebspersonal,

2. bei Ein-Mann-Betrieb zur Mitteilung des Haltewunsches der Fahrgäste an den Fahrzeugführer.

In Kraftomnibussen, die überwiegend im Gelegenheitsverkehr ③ verwendet werden, sind diese Einrichtungen entbehrlich, wenn sichergestellt ist, daß die Verständigung des Fahrzeugführers in anderer Weise erfolgen kann ④.

① Der Vorschrift unterliegen Obusse sowie Kraftomnibusse, die im Linienverkehr nach § 42

PBefG, im Sonderlinienverkehr nach § 43 PBefG (Berufsverkehr, Schüler-, Markt- und Theaterfahrten) und bei Beförderungen nach § 1 Nr. 4 Buchstabe d und g der Freistellungs-Verordnung (vgl. § 1 Abs. 2) zum Einsatz gelangen. Für den anders gearteten Gelegenheitsverkehr (geschlossene Reisegruppen, keine Stehplätze, fehlende Haltestellen-Bedienung usw.) bedarf es *keiner besonderen* Verständigungseinrichtung.

② Die Verständigungseinrichtung hat zwei Adressaten: das Betriebspersonal (meistens der Fahrer) und der Fahrgast. In Linienbussen sind an den Innen- und Außentüren sowie an verschiedenen anderen leicht erreichbaren Stellen im Fahrzeuginnern zumeist *Drucktasten* eingebaut, über die i. d. R. die akustische *Verständigung* erfolgt; verbunden ist damit in der Regel ein optisches Zeichen, das dem Fahrgast mit den Worten „Bus hält", „Halt" oder „Stop" anzeigt, daß der Haltewunsch vom Betriebspersonal (Fahrer) aufgenommen worden ist.

③ Die mündliche Verständigungsform reicht aus für Kraftomnibusse, die in mehreren Verkehrsarten eingesetzt werden, sofern der Einsatz im Gelegenheitsverkehr überwiegt. Er wird dann als *„überwiegend"* anzusehen sein, wenn der Kraftomnibus schwerpunktmäßig für den Gelegenheitsverkehr verwendet, d. h. tatsächlich eingesetzt wird, und Linienverkehr nach §§ 42, 43 PBefG sowie Beförderungen nach § 1 Nr. 4 Buchstabe d und g der Freistellungs-Verordnung nur gelegentlich oder zwar regelmäßig, aber in geringerem Umfang versieht. Als Indiz dürfte die Behandlung nach dem KraftStG gelten: Ist das Fahrzeug nach § 3 Nr. 6 KraftStG von der Kraftfahrzeugsteuer befreit, wird es zu mehr als 50 v. H., d. h. „überwiegend" im Linienverkehr eingesetzt.

④ Schuldhafte Verstöße des Unternehmers gegen § 21 sind nach § 45 Abs. 1 Nr. 5 Buchstabe d Ordnungswidrigkeiten.

§ 22 Stehplätze

(1) Stehplätze ① sind nur zulässig ②, ③, wenn das Fahrzeug im Obusverkehr oder im Linienverkehr mit Kraftomnibussen eingesetzt wird und die Höhe des für Stehplätze vorgesehenen Innenraumes mindestens 1900 mm über dem Fußboden beträgt ④, ⑥.

(2) Bei einem Linienverkehr mit Kraftomnibussen, der nicht Orts- oder Nachbarortslinienverkehr ist, kann die Genehmigungsbehörde die Zulässigkeit von Stehplätzen ganz oder teilweise ausschließen ⑤.

① § 22, der Stehplätze nicht vorschreibt, sondern nur deren Zulässigkeit für den *Obus- und Linienverkehr mit Bussen* (also nicht für den Gelegenheitsverkehr mit Bussen nach den §§ 48, 49 PBefG, wo Stehplätze nach dem klaren Wortlaut von § 22 BOKraft von vornherein unzulässig sind) regelt, ist eine – auch für Beförderungen nach § 1 Nr. 4 Buchstabe d und g der Freistellungs-Verordnung geltende (vgl. § 1 Abs. 2) – Ausrüstungsvorschrift (vgl. die Überschrift des 3. Abschnitts), während die *Besetzung* von Kraftomnibussen *§ 34 a StVZO* regelt. Nach § 34 a Abs. 1 StVZO dürfen nicht mehr Personen befördert werden, als nach den Angaben im Fahrzeugschein Plätze ausgewiesen sind. Die Zahl der Sitz- und Stehplätze ist im Fahrzeugschein anzugeben und im Fahrzeuginnern an gut sichtbarer Stelle anzuschreiben (§ 34 a Abs. 3 und 6 StVZO). Die *zulässige Platzzahl errechnet* sich aus dem Gesamt- und Leergewicht sowie den zulässigen Achslasten des Fahrzeugs und einem Durchschnittsgewicht von 68 kg/Person. Diese Werte gelten jedoch nicht im Gelegenheitsverkehr nach § 46 PBefG. Zum Ganzen vgl. im einzelnen Anlage XIII zur StVZO sowie die „Stehplatzrichtlinien" des BMV (abgedruckt auf S. 125). Nach *§ 34 a Abs. 4 StVZO* kann abweichend von der nach Anlage XIII zur StVZO errechneten Platzzahl auch eine andere, auf die Einsatzart des Busses abgestimmte verminderte Platzzahl festgelegt werden. Auch dies bedingt eine Eintragung im Fahrzeugschein. Auch die Höhe der *Versicherungssumme* (Anlage zu § 4 Abs. 2 PflVersG) für Kraftomnibusse richtet sich nach der Zahl der zulässigen Plätze.

② Nach § 34 a Abs. 5 StVZO müssen für die Stehplätze in Kraftomnibussen geeignete *Haltevorrichtungen* vorhanden sein. Ihre Anbringung hat so zu erfolgen, daß sie auch von Kindern benutzt werden können. Im allgemeinen genügen Haltevorrichtungen dieser Anforderung, wenn sie an oder unmittelbar über den Sitzen angebracht sind (vgl. auch Ziff. 2.8.2 des Anforderungskatalogs für Kraftomnibusse und Kleinbusse, die zur Schülerbeförderung besonders eingesetzt sind, abgedruckt in VkBl. 1985, S. 200).

③ Die *zulässige Höchstgeschwindigkeit* außerhalb geschlossener Ortschaften beträgt für Kraftomnibusse 60 km/h, wenn für die Fahrgäste keine Sitzplätze mehr zur Verfügung stehen (§ 3 Abs. 3 Nr. 2 Buchstabe b StVO).

④ Das frühere Recht sah ein Mindestmaß von 1800 mm für die Höhe des für Durchgänge vorgesehenen Innenraums vor. Über das *Mindestmaß* von 1900 mm müssen Fahrzeuge nach § 47 Abs. 1 Nr. 2 seit 1. September 1985 verfügen, wenn sie von diesem Tage an erstmals in den Verkehr gekommen sind. Aus der Mindesthöhe von 1800 mm bzw. 1900 mm ergibt sich zugleich, daß Stehplätze im oberen Fahrgastraum von sog. Doppeldeckern und Eineinhalbdeckern wegen des dort niedrigeren Innenraums unzulässig sind.

⑤ Über Abs. 2 erhält die Genehmigungsbehörde die Möglichkeit, im sog. „Überlandlinienverkehr" das *Stehplatz-Angebot* der Unternehmen im Hinblick auf die – insbesondere durch die dort gefahrenen höheren Geschwindigkeiten – wesentlich größeren Gefahren für die Fahrgäste *einzuschränken*. Eine solche Einschränkung wird i. d. R. mit der Fahrplangenehmigung nach § 40 Abs. 2 PBefG für bestimmte bzw. für alle Kursfahrten einer Linie auszusprechen sein. § 34 a StVZO bleibt von dieser Vorschrift unberührt. Für den sog. „Fernlinienverkehr" mit seiner mehr touristischen Ausprägung dürfte Abs. 2 bedeutungslos bleiben, da die Unternehmen hier im allgemeinen keine Stehplätze anbieten. Bei Beförderungen nach § 1 Nr. 4 Buchstabe d und g der Freistellungs-Veränderung wird die Anwendung der Vorschrift u. U. finanzielle Probleme für den Auftraggeber derartiger Beförderungen aufwerfen: Je geringer die Kapazität der einzelnen Fahrzeuge, desto mehr Fahrzeuge müssen eingesetzt werden. Der Auftraggeber muß sich in einem solchen Fall entscheiden zwischen mehr Komfort und Sicherheit für die Fahrgäste und – jedenfalls bei Bezahlung aus öffentlichen Mitteln – dem Gebot der Wirtschaftlichkeit und Sparsamkeit beim Einsatz von Steuergeldern. Zum Begriff des Orts- und Nachbarorts*linien*verkehrs vgl. § 35 Anm. 1.

⑥ Schuldhafte Verstöße des Unternehmers gegen § 22 sind nach § 45 Abs. 1 Nr. 5 Buchstabe e Ordnungswidrigkeiten.

§ 23 Sitze im Gang

Sitze im Gang sind unzulässig ①, ②.

① Nach früherem Recht waren Sitze im Gang zulässig, sofern Berufsverkehr nach § 43 Nr. 1 PBefG oder – da die BOKraft früher für den der Freistellungs-Verordnung unterliegenden Verkehr nicht galt – freigestellter Schülerverkehr (§ 1 Nr. 4 Buchstabe d der Freistellungs-Verordnung) durchgeführt wurde und kein Fahrgastwechsel stattfand. Aus Sicherheitsgründen werden nunmehr Sitze im Gang generell untersagt; dementsprechend wird eine Ausnahmegenehmigung nach § 43 nur in sehr eng zu begrenzenden Einzelfällen in Betracht kommen können.

② Verstöße des Unternehmers gegen § 23 sind nach § 45 Abs. 1 Nr. 5 Buchstabe f Ordnungswidrigkeiten.

§ 24 Nichtraucherzonen

In den im Gelegenheitsverkehr eingesetzten Kraftomnibussen kann der Innenraum in Zonen für Raucher und Nichtraucher unterteilt werden. Fahrzeugzonen, in denen das Rauchen nicht gestattet ist, sind mit Sinnbildern gemäß Anlage 2 kenntlich zu machen ①, ②.

① Es gibt kein generelles Rauchverbot als Schutz vor dem sog. Passivrauchen (vgl. Anm. 3 zu § 8). Die Vorschrift dient dem Schutz der Nichtraucher vor Belästigungen durch das Rauchen anderer Fahrgäste. Kraftomnibusse des Gelegenheitsverkehrs verfügen heute durchweg über Belüftungs- oder Klimaanlagen, die einen raschen Luftaustausch im Fahrzeuginnern gewährleisten. Nichtraucherzonen lassen sich daher mit geringem Aufwand durch Unterteilung des Innenraums erreichen. Macht der Unternehmer von der Kann-Vorschrift Gebrauch, so gilt in der Nichtraucherzone für *Fahrgäste das Rauchverbot* nach § 14 Abs. 2 Nr. 8 (zur verfassungsrechtlichen Beurteilung des sog. „Passivrauchens" vgl. Anm. 7 zu § 14 m. w. N.). Dem Fahrzeugführer ist das Rauchen während der Beförderung von Fahrgästen nach § 8 Abs. 3 Nr. 2 i. V. m. Abs. 4 untersagt.

② Verstößt ein Fahrgast schuldhaft gegen das Rauchverbot, begeht er nach § 45 Abs. 2 Nr. 6 eine Ordnungswidrigkeit.

3. Taxen und Mietwagen

§ 25 Türen, Alarmanlage und Trennwand

(1) Taxen und Mietwagen müssen mindestens auf der rechten Längsseite zwei Türen haben ①.

(2) Taxen und Mietwagen müssen mit einer Alarmanlage versehen sein, die vom Sitz des Fahrzeugführers aus in Betrieb gesetzt werden kann. Die Alarmanlage muß die Hupe zum Tönen in Intervallen und die Scheinwerfer sowie die hinteren Fahrtrichtungsanzeiger zum Blinken bringen ②, ⑥.

(3) Taxen und Mietwagen können mit einer Trennwand ausgerüstet sein, die zum Schutz des Fahrzeugführers ausreichend kugelsicher ist. Die Trennwand soll entweder zwischen den Vorder- und Rücksitzen angebracht sein oder den Sitz des Fahrzeugführers von den Fahrgastplätzen abteilen; sie darf versenkbar oder so beschaffen sein, daß ein Teil seitlich verschoben werden kann ③.

(4) In Taxen und Mietwagen mit Trennwand müssen die für die Fahrgäste bestimmten Plätze mit Sicherheitsgurten ④ versehen sein ⑥. Auf einem Schild im Fahrzeug ist den Fahrgästen die Benutzung der Sicherheitsgurte zu empfehlen ⑥.

(5) Die Absätze 1, 2 und 4 gelten nicht für Krankenkraftwagen, die nach dem Fahrzeugschein als solche anerkannt sind ⑤.

① Nach früherem Recht mußten Taxen und Mietwagen sowohl auf der linken als auch auf der rechten Längsseite zwei Türen haben. Demnach war regelmäßig eine Ausnahmegenehmigung erforderlich für *Kleinbusse* mit nicht mehr als neun Fahrgastplätzen (einschließlich des Sitzes für den Fahrzeugführer), da diese i. d. R. lediglich auf der rechten Fahrzeugseite über zwei Türen verfügen. § 25 Abs. 1 schreibt zwei Türen zwingend nur noch für die rechte Längsseite vor und eröffnet für die erwähnten Kleinbusse nunmehr den uneingeschränkten Einsatz.

Einrichtungen zur Fernbedienung der rechten Fondtür durch den Fahrer zum Schutze gegen zu frühzeitiges Öffnen der Fondtür sind durch § 25 nicht verboten; jedoch müssen die Vorschriften der StVZO – z. B. § 35e Abs. 6 – be-

② Möglichkeiten zum *Schutze des Fahrers* sind
- die Alarmanlage nach § 25 Abs. 2,
- der Einbau einer Trennwand nach § 25 Abs. 3,
- die Betätigung der Notruftaste am Funkgerät.

Hingegen sind die Voraussetzungen des § 32 Abs. 1 Nr. 3 WaffG für die *Erteilung eines Waffenscheines* an Taxifahrer nach der Rechtsprechung des Bundesverwaltungsgerichts nicht ohne weiteres erfüllt (BVerwG Bd. 49 S. 1; ebenso BVerwG – I C 30.73 – vom 24. 6. 1975). Mit diesen Entscheidungen hat das BVerwG Urteile eines OVG, durch die eine Behörde zur Ausstellung von Waffenscheinen an Taxifahrer verpflichtet wurde, aufgehoben; dem OVG wurde insbesondere nochmals die Prüfung der Fragen aufgegeben, ob Taxifahrer wesentlich mehr als die Allgemeinheit gefährdet sind und ob Schußwaffen geeignet sind, diese Gefährdung zu mindern.

Der Bayerische Verwaltungsgerichtshof hat zu dieser Frage festgestellt, daß ein Taxifahrer nicht mehr als die Allgemeinheit durch Angriffe auf Leib und Leben gefährdet sei. Außerdem sei das Führen einer Schußwaffe nicht geeignet, eine möglicherweise höhere Gefährdung zu mindern (AZ. Vh B 24/79). Zur Frage der Gefährdung im Sinne des § 32 Abs. 1 Nr. 3 WaffG und der Eignung des Waffenbesitzers zur Minderung der Gefährdung vgl. auch Nr. 32-3 der Allgemeinen Verwaltungsvorschrift zum Waffengesetz vom 29. 11. 1979 (Beilage 40/79 zu Nr. 229a des Bundesanzeigers vom 7. 12.1979).

Es ist zweckmäßig, die in § 25 Abs. 2 erwähnte *Alarmanlage* so einzurichten, daß sie durch Handschaltung bedient werden kann (z. B. durch Bedienung am Armaturenbrett). Die Alarmanlage muß die Hupe zum Tönen in Intervallen und die Scheinwerfer und die hinteren Fahrtrichtungsanzeiger zum Blinken bringen. Mit dem Begriff „Scheinwerfer" ist der lichttechnische Begriff gemeint, wie ihn StVO und StVZO Verwenden (vgl. §§ 49a, 50 StVZO, 17 StVO). In Frage kommt also nur das Abblend- oder Fernlicht.

Die in § 25 Abs. 2 Satz 2 genannten Funktionen der Alarmanlage sind als Mindestfunktionen zu verstehen. Die Vorschrift läßt zu, daß mit der Alarmanlage noch weitere Wirkungen ausgelöst werden. Zum Beispiel ist denkbar, daß mit der Betätigung der Alarmanlage automatisch auch das Funkgerät auf „Senden" eingeschaltet oder die Treibstoffzufuhr im Fahrzeug gesperrt wird.

Die Pflicht zur Ausrüstung von Taxen und Mietwagen mit Alarmanlagen beruht auf Sicherheitserwägungen. Die Voraussetzungen für diese Ausrüstung sind also nicht mehr erfüllt, wenn das Fahrzeug nicht mehr als Taxi oder als Mietwagen eingesetzt wird und dies in der Genehmigungsurkunde – vgl. § 17 Abs. 2 Nr. 9 PBefG – berücksichtigt ist.

③ Absatz 3 ist eine *Kann-Vorschrift.* Es steht dem Unternehmer frei, ob er seine Taxen oder Mietwagen mit einer *Trennwand* ausrüsten läßt. Entscheidet er sich für eine Trennwand, so sind die „Richtlinien über die Ausführung und Anbringung von Trennwänden in Droschken und Mietwagen" vom 1. Juli 1969 (VkBl 1969, 372) zu beachten.

④ Personenkraftwagen müssen mit *Verankerungen* zum Anbringen von Dreipunkt*gurten* für die unmittelbar hinter der Windschutzscheibe befindlichen Sitze versehen und für diese Sitze auch mit Dreipunktgurten *ausgerüstet* sein; zur Ausrüstung der übrigen Sitze und zu den Ausnahmen vgl. § 35a Abs. 6 und 7 StVZO. Nach § 21a Abs. 1 Satz 1 StVO müssen Sicherheitsgurte für Vordersitze von Kraftfahrzeugen während der Fahrt *angelegt* sein; dies bedeutet, daß sich der auf dem Beifahrersitz befindliche Fahrgast anschnallen muß. Taxi- und Mietwagenfahrer selbst sind wegen der Gefahren, denen sie in Ausübung ihres Berufes ausgesetzt sind, durch § 21a Abs. 1 Satz 2 StVO von der Pflicht zur Anlegung des Gurtes befreit. Die von der Berufsgenossenschaft für Fahrzeughaltungen erlassene Unfallverhütungsvorschrift „Fahrzeuge" sieht allerdings in § 31 Abs. 1 vor, daß Taxi- und Mietwagenfahrer bei Leerfahrten Sicherheitsgurte anlegen müssen.

⑤ Krankenkraftwagen sind, je nach Ausrüstung, Rettungswagen (RTW) oder Krankentransportwagen (KTW); im einzelnen vgl. Normblatt DIN 75080 Blatt 1 und 2 bzw. Blatt 1 und 3. Personenbeförderungsrechtlich ist die Krankenbeförderung Mietwagenverkehr nach § 49 Abs. 4 PBefG. Dies gilt nicht für die in § 1 Nr. 2 und Nr. 4 Buchstabe g der Freistellungs-Verordnung genannten Beförderungen; freigestellt vom PBefG ist also insbesondere die Beförderung mit Krankenkraftwagen im Rahmen hoheitlicher Tätigkeit, z. B. durch die Bundeswehr und durch die Polizei (vgl. hierzu Fielitz-Meier-Montigel-Müller, Anm. zu § 1 Nr. 2 Freistellungs-Verordnung).

⑥ Schuldhafte Verstöße des Unternehmers gegen § 25 Abs. 2 und 4 sind nach § 45 Abs. 1 Nr. 5 Buchstabe g Ordnungswidrigkeiten.

§ 26 Kenntlichmachung

(1) Taxen müssen kenntlich gemacht sein

1. durch einen hell-elfenbein-farbigen Anstrich ①; als Farbton ist zu wählen RAL 1015 des Farbtonregisters RAL 840 HR des Ausschusses für Lieferbedingungen und Gütesicherung (RAL) beim Deutschen Normenausschuß ⑥,

2. durch ein auf dem Dach des Taxis quer zur Fahrtrichtung angebrachtes ②, von innen beleuchtbares, auf der Vorderseite und auf der Rückseite mit der Aufschrift „TAXI" versehenes Schild (Taxischild) nach Anlage 1 ③, ⑥.

(2) Nichtraucher-Taxen ④ müssen mit einem nach außen und innen wirkenden Sinnbild nach Anlage 2 kenntlich gemacht sein ⑥.

(3) Nach außen wirkende Werbung an Taxen und Mietwagen ⑤ sowie jede andere als die nach dieser Verordnung vorgeschriebene Kenntlichmachung oder Beschriftung ist unzulässig ⑥.

① Die rechtliche Ausgestaltung des Taxenverkehrs durch das PBefG, insbesondere die Auferlegung der sog. drei Grundpflichten, nämlich Betriebs-, Beförderungs- und Tarifpflicht, zeigt, daß Taxen zu den Verkehrsmitteln gehören, an denen ein öffentliches Verkehrsinteresse besteht. Aus der Betriebspflicht folgt die Notwendigkeit einer *einheitlichen äußerlichen Kenntlichmachung* der Taxen. Wegen der Vereinbarkeit der Vorschrift mit dem GG (Art. 12) vgl. § 28 Anm. 1. Das frühere Recht sah für Taxen zunächst einen *schwarzen Farbanstrich* vor. Durch die ,,Verordnung über eine allgemeine Ausnahme von dem Erfordernis des schwarzen Farbanstrichs für Taxen" vom 18. Dezember 1970 (BGBl I S. 1779) wurde auch die Farbe *„hell-elfenbein"* (RAL 1015) zugelassen, weil eine helle Farbgebung die Verkehrssicherheit im Betriebsablauf erhöht und zugleich das Taxi für den Benutzer besser erkennbar macht und damit zur Verbesserung bei Erfüllung der Betriebspflicht dient. Nunmehr löst die Farbe ,,hell-elfenbein" den schwarzen Farbanstrich generell ab. Die Vorschrift über den hellelfenbeinfarbigen Anstrich ist nach § 47 Abs. 1 Nr. 4 am 1. September 1980 in Kraft getreten. Allerdings läßt § 43 Ausnahmen von der Vorschrift über den Farbanstrich zu; die Genehmigungsbehörde hat bei ihrer Entscheidung jedoch zu prüfen, ob durch eine Ausnahme nicht die unterschiedliche Aufgabenstellung von Taxen- und Mietwagenverkehr und die Kenntlichmachung von Taxen in der Öffentlichkeit beeinträchtigt werden.

② Nach früherem Recht mußte das Taxischild mit dem Fahrzeugdach fest verbunden sein (vgl. auch VkBl 1960, 630). Absatz 1 Nr. 2 enthält dieses Erfordernis nicht mehr. Zulässig wird damit die Verwendung sog. Kofferbrücken mit Bajonettverschluß (vgl. auch VkBl 1975,597). Die *Befestigung* muß nach § 19 indessen so erfolgen, daß niemand gefährdet werden kann.

③ Besonderes Merkmal des Taxenverkehrs ist das Taxischild. Die in Anlage 1 vorgesehene *Standardisierung* des Taxischildes trägt diesem Gesichtspunkt verstärkt Rechnung. Die Übergangsfrist nach § 47 Abs. 1 Nr. 5 für Taxischilder, die nicht den Vorschriften der Anlage 1 entsprechen, ist am 1. September 1978 abgelaufen.

Nach § 26 Abs. 1 Nr. 2 i. V. mit Anlage 1 ist nur ein Taxischild mit der Aufschrift ,,Taxi" zulässig. Andere Aufschriften, wie z. B. ,,Mini-Taxi" oder ,,Taxi-Kleinbus", sind mit den erwähnten Vorschriften nicht vereinbar.

Das Schild „Taxi" darf im Mietwagenverkehr nicht verwendet werden (vgl. § 49 Abs. 4 S. 6 PBefG). Aber auch in anderen Verkehrsbereichen darf ein Schild mit der bloßen Aufschrift „Taxi" nicht benutzt werden. Es würde sich hierbei um irreführende Werbung nach § 3 UWG handeln. Unzulässig ist hiernach die Verwendung des Taxischildes auf dem Dachaufbau eines Lastkraftwagens oder auf dem Dach eines im Güternahverkehr eingesetzten Personenkraftwagens. Ein Taxiunternehmer könnte bei unberechtigtem Gebrauch des Wortes ,,Taxi" vom Verwender die Unterlassung des Weitergebrauchs verlangen. Nicht irreführend i. S. des UWG ist hingegen eine Aufschrift ,,Taxi" i. V. mit dem in gleicher Größe geschriebenen Wort ,,Lasten" an Front-, Heck- oder Seitenfläche (OLG Stuttgart, AZ 2 U 87/78).

④ Abs. 2 stellt dem Unternehmer anheim, sein Fahrzeug als *Nichtraucher-Taxi* auszustatten und durch das in Anlage 2 vorgeschriebene Sinnbild zu kennzeichnen. Das Sinnbild ist dem im europäischen Eisenbahnverkehr eingeführten Symbol der Nichtraucherabteile nachgebildet. In Anlehnung an die Regelung bei den Eisenbahnen sollte ein *Sinnbild* mit den Maßen 74 x 74 mm oder 75 x 75 mm verwendet werden. Es sollte an den hinteren Seitenscheiben rechts und links angebracht werden, da das Ankleben von Plaketten an der Windschutzscheibe aus Gründen der Verkehrssicherheit unerwünscht ist. Eine rechtsverbindliche Vorschrift über die Maße und die Stelle der Anbringung des Sinnbildes enthält die BOKraft allerdings *nicht.* Für Fahrgäste besteht in Nichtraucher-Taxen nach § 14 Abs. 2 Nr. 8 ein absolutes Rauchverbot; verstößt ein Fahrgast trotz Ermahnung gegen dieses Verbot, kann er nach § 14 Abs. 4 von der Beförderung ausgeschlossen werden; ein schuldhafter Verstoß ist außerdem nach § 45 Abs. 2 Nr. 6 eine Ordnungswidrigkeit. Die diesbezüglichen Verhaltenspflichten des Taxifahrers sind in § 8 Abs. 5 geregelt.

⑤ Abs. 3 entspricht dem von der Rechtsprechung bestätigten früheren Recht, das zur Wahrung der Chancengleichheit aller Unternehmer sowohl die ***Eigen- wie die Fremdwerbung*** verbot. Das Werbeverbot gilt für den Taxenverkehr (vgl. BVerwG DPV 1966, 200) und den Mietwagenverkehr (vgl. BGH DPV 1972, 214; BGH-Urteil vom 6.10.1972 I ZR 138/71; VG Würzburg in DPV 1985, Heft 5 Seite 24). Das Werbeverbot beruht auf einer i. S. von Art. 80 Abs. 1 Satz 2 GG hinreichend bestimmten gesetzlichen Ermächtigung (KG VRS 67, 278, 280). Das Werbeverbot gemäß § 26 Abs. 3 ist mit Artikel 3, 12 Abs. 1 und 14 GG vereinbar (BVerwG VRS 67, 306 und Urteil des VGH Baden-Württemberg v. 10. 3. 1977

– V 1971/76 –; in diesem Urteil ist das Verbot der Verwendung eines Erkennungssymbols – „roter Plastikwürfel“ – der Mitglieder einer Taxiunternehmer-Genossenschaft bestätigt worden). Das Werbeverbot erfüllt vor allem *Ordnungsfunktionen* auf der Ermächtigungsgrundlage des § 57 Abs. 1 Nr. 2 Buchstabe b PBefG. Das Werbeverbot dient der leichten Erkennbarkeit der Taxen im Straßenverkehr und der Vermeidung von Störungen des Betriebsablaufs auf Taxenständen; es gewährleistet ferner, daß die Unterscheidung zwischen Taxen und Mietwagen für den Fahrgast nicht unangemessen erschwert und die Einheitlichkeit der Taxitarife nicht in Frage gestellt werden. Im übrigen *können* die zuständigen Landesbehörden durch Allgemeinverfügung nach § 43 Abs. 1 Satz 2 oder durch Verwaltungsakt nach § 43 Abs. 1 Satz 1 Ausnahmen vom Werbeverbot genehmigen. § 26 Abs. 3 BOKraft unterscheidet sich also von der Vorschrift des § 33 Abs. 1 Satz 3 StVO (Verbot von reinen Werbefahrten), die durch Beschluß des BVerfG wegen Verstoßes gegen Artikel 12 Abs. 1 GG für nichtig erklärt worden ist (Entscheidung vom 10. 12. 1975 – 1BvR 118/71; vgl. BGBl I S. 721; VkBl 1976, 387). Geht man mit der hier vertretenen Auffassung davon aus, daß das Werbeverbot vor allem Ordnungsfunktionen erfüllt, so ist z. B. die Verwendung einer Aufschrift oder eines Schildes „Krankenfahrt“ am Taxi unzulässig, sofern keine Ausnahme nach § 43 genehmigt worden ist. Dies gilt auch für die Anbringung eines Aufklebers „Atomkraft – nein danke“ (KG VRS 67, 278).

Die erwähnte Ordnungsfunktion des § 26 Abs. 3 dürfte in dem Urteil des VG Freiburg v. 14. 5. 1980 (DAR 1981, 30) verkannt sein. Das VG Freiburg vertritt die Ansicht, daß § 26 Abs. 3 BOKraft eine „Parallelvorschrift“ zu § 33 Abs. 1 S. 3 StVO darstelle und eine Werbebeschränkung nur insoweit verfassungskonform sei, als dies aus Gründen der Sicherheit des Straßenverkehrs geboten sei; nur in diesem Rahmen seien auch Widerrufsvorbehalt und Befristung bei der Erteilung von Ausnahmegenehmigungen zulässig.

Auf der Rechtsgrundlage des § 43 kann *Fremdwerbung* an Taxen durch Einzelausnahmegenehmigung oder durch Allgemeinverfügung genehmigt werden. Diese *Ausnahmegenehmigungen* werden jedoch aus Ordnungsgründen mit Auflagen nach § 43 Abs. 3 und mit klarstellenden Hinweisen zu versehen sein (Beispiel: „Das Recht des Fahrgastes auf freie Wahl des Taxis ist zu wahren; auf Verlangen des Bestellers ist darüber Auskunft zu erteilen, ob das Fahrzeug Werbung führt“). In der Ausnahmegenehmigung kann auch die Art der Anbringung der Werbung bestimmt werden (z. B. Anbringung an Dachbügeln oder Standern oder an den Seitenflächen der Fahrzeuge durch Beschriftung, Aufdruck, Klebe- oder Magnetfolien). Die Genehmigung kann auch unter dem Vorbehalt des Widerrufs erteilt werden (vgl. § 43 Abs. 3 Satz 1 und BVerwG VRS 67, 306).

§ 43 Abs. 1 Satz 2 und § 26 Abs. 3 unterscheiden nicht hinsichtlich des Inhalts der Werbung; als genehmigungsfähige Fremdwerbung kommen mithin z. B. Wirtschaftswerbung oder im Wahlkampf auch politische Werbung in Betracht. Die Ausnahmegenehmigung nach § 43 Abs. 1 i. V. m. § 26 Abs. 3 befreit allerdings nicht von der Einhaltung sonstiger, die Werbung einschränkender oder ausschließender Vorschriften (z. B. § 33 StVO, § 30 Abs. 1 und § 32 Abs. 3 StVZO). Das Verwaltungsgericht Berlin hat in einem Urteil vom 21. 2.1979 – VG 4 A 130/44 – einem Taxiunternehmer einen Rechtsanspruch auf Erteilung einer Ausnahmegenehmigung zur Anbringung einer handtellergroßen Plakette am Heckfenster mit dem Hinweis auf eine politische Partei zugebilligt. Das VG Berlin hat zur Begründung im wesentlichen ausgeführt, daß die Plakette den Schutzzweck des § 26 Abs. 3 nicht oder nur unwesentlich beeinträchtigen könne; unter Berücksichtigung der Bedeutung des Grundrechts auf freie politische Meinungsverbreitung nach Art. 5 GG sei nur die Erteilung der beantragten Ausnahmegenehmigung nach § 43 Abs. 1 S. 1 frei von Ermessungsfehlern.

Ausnahmegenehmigungen vom Verbot der *Eigenwerbung* werden aus Ordnungsgründen nur unter engen Voraussetzungen in Betracht gezogen werden können, z. B. für die

– Kennzeichnung von Rettungswagen oder Krankentransportwagen mit der Unternehmeranschrift,

– Kennzeichnung von Taxen mit dem Sinnbild nach Anlage 5 zur BOKraft, wenn Taxen mit Schwenksitzen zur Erleichterung der Beförderung behinderter Personen ausgerüstet sind.

⑥ Schuldhafte Verstöße des Unternehmers gegen § 26 Abs. 1 und 3 sind nach § 45 Abs. 1 Nr. 5 Buchstabe h bis j Ordnungswidrigkeiten.

funktion wie Absatz 1, ist jedoch ausschließlich für Fahrgäste bestimmt.

③ Schuldhafte Verstöße des Unternehmers gegen § 27 Abs. 1 sind nach § 45 Abs. 1 Nr. 5 Buchstabe k Ordnungswidrigkeiten.

§ 27 Ordnungsnummer, Unternehmeranschrift

(1) Bei Taxen ist an der rechten unteren Ecke der Heckscheibe ein nach außen und innen wirkendes Schild nach Anlage 3 mit der Ordnungsnummer ①, die die Genehmigungsbehörde erteilt hat, anzubringen ③.

(2) Bei Taxen ist im Wageninnern an einer für den Fahrgast gut sichtbaren Stelle ein Schild ② mit Namen und Betriebssitz des Unternehmers anzubringen.

① Anders als Obusse und Kraftomnibusse dürfen Taxen keine Außenbeschriftungen tragen. Der Name des Unternehmers muß aus verschiedenen Gründen indessen leicht und schnell feststellbar sein, so z. B., wenn mit dem Taxi die Sicherheit und Ordnung des Verkehrs gefährdet worden ist oder Fahrgäste Ansprüche aus dem Beförderungsvertrag geltend machen wollen. Diese *Unterrichtungsfunktion* soll das Ordnungsnummernschild erfüllen. In einer Reihe von Bundesländern ist das Führen einer Ordnungsnummer bislang schon üblich gewesen; insoweit bringt die in Anlage 3 geregelte Abmessung und Farbgebung eine bundeseinheitliche Ausgestaltung. Anlage 3 enthält eine vierstelllige Ordnungsnummer; jedoch schließen § 27 und die Anlage 3 die Verwendung ein-, zwei- und dreistelliger Ordnungsnummern nicht aus.

Unternehmer mit mehreren Taxen erhalten für jedes Fahrzeug eine besondere Ordnungsnummer; das kann auch in der Form erfolgen, daß die Fahrzeuge durch Unternummern (z. B. 200/1, 200/2, 200/3) gekennzeichnet werden.

② Abs. 2, der im wesentlichen früheres Recht übernimmt, hat eine *ähnliche* Unterrichtungs-

§ 28 Fahrpreisanzeiger

(1) Taxen müssen mit einem beleuchtbaren Fahrpreisanzeiger ① ausgerüstet sein ②, ⑥.

Die Vorschriften des Eichrechts finden Anwendung ③.

(2) Der Fahrpreisanzeiger muß anzeigen ④

1. das Beförderungsentgelt, getrennt nach Fahrpreis und Zuschlägen,

2. die gegebenenfalls anzuwendende Tarifstufe.

Die Anzeige muß leicht ablesbar und bei Dunkelheit beleuchtet sein ⑤, ⑥.

① **Fahrpreisanzeiger (Taxameter)** sind Meßgeräte, die unter Berücksichtigung der Kenndaten des Fahrzeugs, in das sie eingebaut sind, und der Tarife, auf die sie eingestellt sind, selbsttätig die von den Benutzern der öffentlichen, als Taxis bezeichneten Fahrzeuge zu zahlenden Geldbeträge addieren und laufend anzeigen, und zwar in Abhängigkeit von der zurückgelegten Wegstrecke und unterhalb einer bestimmten Geschwindigkeit in Abhängigkeit von der Zeit, jedoch ohne Berücksichtigung der verschiedenen Zuschläge, die nach örtlichen Regelungen erhoben werden dürfen. Es muß jedoch möglich sein, den Fahrpreisanzeiger mit einer Anzeigeeinrichtung für Zuschläge auszurüsten, die von der Fahrpreisanzeige unabhängig und mit automatischer Nullrückstellung in der Stellung „Frei" ausgestattet ist (vgl. Anlage 18, Abschnitt 2, Nummern 1.1 und 3.3.7 zur Eichordnung i. d. F. der Änderungsverordnung vom 9. 8. 1978 (BGBl I S. 1266).

Die Ausrüstung des Taxis mit einem Fahrpreisanzeiger ergibt sich notwendigerweise aus der *gesetzlichen Verpflichtung* nach § 51 Abs. 1

i. V. m. § 39 Abs. 3 PBefG (vgl. §37 Anm. 1), feste Beförderungsentgelte einzuhalten. Das ***Gebot der Ausrüstung*** verstößt nicht gegen Art. 2, 12 GG (BVerfG Bd. 7 S. 377; Urteil des VGH Baden-Württemberg vom 4. 8. 1960 – 1 S 488/59 –). Der Fahrpreisanzeiger ist ein an die Verkehrsform des Taxiverkehrs gebundener Ausrüstungsgegenstand. Das Gerät ist daher zu entfernen, sobald das Fahrzeug nicht mehr als Taxi eingesetzt wird und dies in der Genehmigungsurkunde – vgl. § 17 Abs. 2 Nr. 9 PBefG – berücksichtigt ist.

Die Ausrüstungsvorschrift des § 28 bezieht sich auf *Taxen. **Mietwagen*** dürfen hingegen nicht mit Fahrpreisanzeigern ausgerüstet sein, sofern es sich nicht um Fahrzeuge mit sog. Gemischtkonzession im Sinne von § 31 handelt.

② Der Fahrpreisanzeiger muß nach § 19 so eingebaut sein, daß sich Taxifahrer (Fahrzeugführer) und Fahrgäste nicht verletzen können.

③ Die ***Eichpflicht*** für Fahrpreisanzeiger begründet § 1 Abs. 1 Nr. 3 des Eichgesetzes. Absatz 1 Satz 2 stellt dies noch einmal klar und hat nur deklaratorische Bedeutung.

Die Gültigkeitsdauer der Eichung beträgt für Fahrpreisanzeiger ein Jahr; vgl. § 2 Abs. 1 Nr. 1 Buchstabe b der Eichgültigkeits-Verordnung i. d. F. der Bekanntmachung vom 5. 8. 1976 (BGBl I S. 2082). Jede Taxe muß also mindestens einmal im Jahr dem Eichamt vorgeführt werden.

④ Fahrpreisanzeiger werden mechanisch mit Drehschalter oder elektrisch mit Druckknopf eingestellt. Das ***Anzeigefeld*** weist aus: Fahrpreis, Zuschlag, Tarifstufe, Kontrollzähler für Fahrpreis, Zuschlag, Besetzt-km, Gesamt-km, Touren.

⑤ Üblich ist ***Flutlicht*** durch zwei Glühlampen DIN 72601, 2 Watt, 6 oder 12 Volt (je nach Betriebsspannung des Taxis).

⑥ Schuldhafte Verstöße des Unternehmers gegen § 28 sind nach § 45 Abs. 1 Nr. 5 Buchstabe l Ordnungswidrigkeiten. Ordnungswidrig ist allerdings nicht schon die mangelhafte Ausrüstung, sondern erst die Verwendung eines mangelhaft ausgerüsteten Taxis im Straßenverkehr. Dies ergibt sich aus den Worten „ein Kraftfahrzeug ... einsetzen" in § 45 Abs. 1 Nr. 5 Buchstabe l (vgl. OLG Zweibrücken, Verkehrsrechtliche Mitteilungen 1978 S. 69 = VRS 55, 233).

§ 29 Gepäck

Taxen müssen auch bei vollständiger Besetzung im Rahmen ihres zulässigen Gesamtgewichts mindestens 50 kg Gepäck befördern können ①, ②.

① Schon nach früherem Recht mußten Taxen bis zu 50 kg Gepäck mitnehmen können. Klargestellt wird nunmehr, daß nur solche Fahrzeuge als Taxen verwendet werden dürfen, die im Rahmen des zulässigen Gesamtgewichts eine vollständige Besetzung sowie eine Gepäcklast von mindestens 50 kg befördern können. Die Besetzungsvorschrift des § 34a StVZO und die dort für Kinder und Erwachsene festgelegten Durchschnittsgewichte gelten nur für den Kraftomnibusverkehr; sie haben für den Taxiverkehr keine Bedeutung. Jedoch darf ein Taxi nicht in Betrieb genommen werden, wenn das zulässige Gesamtgewicht nach Angabe der Betriebserlaubnis überschritten wird. Unbeschadet dieser Pflicht sollte der amtlich anerkannte Sachverständige oder Prüfer für den Kraftfahrzeugverkehr den Fahrzeughalter bei der Abnahme eines Taxis nach § 42 BOKraft i. V. mit § 29 StVZO auf mögliche Gewichtsüberschreitungen hinweisen.

② Die Frage, ob und in welcher Höhe für die Beförderung von Gepäck ein Entgelt gefordert werden darf, ist in der örtlichen Taxitarifverordnung geregelt. Nach § 10 sind die Tarifvorschriften während der Fahrt mitzuführen und Fahrgästen auf Verlangen vorzuzeigen.

§ 30 Wegstreckenzähler

(1) In Mietwagen ist ein leicht ablesbarer Wegstreckenzähler anzubringen ①, ④. Die

Vorschriften des Eichrechts finden Anwendung ②.

(2) Absatz 1 gilt auch für Mietomnibusse, wenn das Beförderungsentgelt nach den Angaben eines Wegstreckenzählers ermittelt wird ③, ④.

① Im *Mietwagenverkehr* (§ 49 Abs. 4 PBefG) wird das Beförderungsentgelt überwiegend nach der zurückgelegten Strecke und einem Kilometerpreis berechnet, da hier die sog. Tarifpflicht nicht gilt. Gleichwohl muß für den Fahrgast die Möglichkeit bestehen, das voraussichtlich anfallende Beförderungsentgelt bei der Preisabsprache schätzen und am Ende der Fahrt überprüfen zu können. Absatz 1 schreibt deshalb als *Kontrollgerät* den Wegstreckenzähler vor. *Wegstreckenzähler* sind Meßgeräte, die die vom Kraftfahrzeug zurückgelegte, durch Abrollen von Fahrzeugrädern bestimmten Umfangs gemessene Wegstrecke anzeigen. Im Mietwagenverkehr nach § 49 Abs. 4 PBefG sind nur Wegstreckenzähler mit zwei Zählwerken zulässig, und zwar mit

– einem Rollenzählwerk mit Abschalt- und Nullstelleinrichtung für die Anzeige einzelner Wegstrecken und

– einem Zählwerk ohne Nullstelleinrichtung für die Anzeige der insgesamt zurückgelegten Wegstrecke (vgl. Anlage 18, Abschnitt 1 zur Eichordnung vom 15. 1. 1975 – BGBl I S. 233).

Sofern mit einem Fahrzeug Mietwagen- und Taxenverkehr betrieben werden darf (§ 46 Abs. 3 PBefG), müssen sowohl Wegstreckenzähler als auch Fahrpreisanzeiger geführt werden (vgl. § 31 Abs. 1); wird jedoch das Fahrzeug mit sog. Gemischtkonzession nur in geringem Umfang für den Mietwagenverkehr verwendet, kann die Genehmigungsbehörde gestatten, daß das Fahrzeug *nur* mit einem Fahrpreisanzeiger ausgerüstet wird (vgl. § 31 Abs. 2).

② Die *Eichpflicht* für Wegstreckenzähler begründen § 1 Abs. 1 Nr. 1 i. V. m. § 2 Abs. 1 Nr. 2 des Eichgesetzes. Absatz 1 Satz 2 stellt dies noch einmal klar und hat nur deklaratorische Bedeutung.

③ Im Verkehr mit *Mietomnibussen* (§ 49 Abs. 1 bis 3 PBefG) wird das Beförderungsentgelt z. T. ebenfalls nach den Angaben des Wegstreckenzählers ermittelt. In diesen Fällen ist nach § 30 Abs. 2 ein geeichter Wegstreckenzähler erforderlich. In der Regel wird jedoch das Beförderungsentgelt im Mietomnibusverkehr als *Pauschalpreis* vereinbart. In solchen Fällen brauchen in Mietomnibussen keine geeichten Wegstreckenzähler vorhanden zu sein; vgl. § 1 Nr. 15 Buchstabe d der Eichpflicht-Ausnahmeverordnung vom 15. 12. 1982 (BGBl I S. 1745). Nach früherem Eichrecht waren ungeeichte Wegstreckenzähler mit folgender Aufschrift zu versehen: „Wegstreckenzähler nicht geeicht, darf zur Berechnung des Beförderungsentgelts nicht verwendet werden“; diese Aufschrift ist nach der Eichpflicht-Ausnahmeverordnung in der jetzt gültigen Fassung nicht mehr erforderlich. Praktische Erwägungen sprechen dafür, Mietomnibusse über die Fälle des § 30 Abs. 2 hinaus stets mit einem geeichten Wegstreckenzähler auszurüsten.

Auch Wegstreckenzähler in *Kraftomnibussen des Linienverkehrs, des Ausflugsfahrten- und Ferienzielreiseverkehrs sowie des Freistellungsverkehrs* sind nach § 1 Nr. 15 Buchstaben a – c der Eichpflicht-Ausnahmeverordnung von der Eichpflicht ausgenommen. Eine Eichung ist im Linienverkehr entbehrlich, weil hier behördlich genehmigte Tarife gelten. Im Ferienzielreiseverkehr wird immer, bei Ausflugsfahrten und im Freistellungsverkehr zumeist ein Gesamtentgelt vereinbart; da eine Berechnung des Beförderungsentgelts nach der Anzeige des Wegstreckenzählers grundsätzlich nicht erfolgt, ist eine Eichung nicht erforderlich.

④ Schuldhafte Verstöße des Unternehmers gegen § 30 sind nach § 45 Abs. 1 Nr. 5 Buchstabe m Ordnungswidrigkeiten. Ordnungswidrig ist allerdings nicht schon die mangelhafte Ausrüstung, sondern erst die Verwendung eines mangelhaft ausgerüsteten Mietwagens im Mietwagenverkehr. Dies ergibt sich aus den Worten „ein Kraftfahrzeug ... einsetzen“ in § 45 Abs. 1 Nr. 5 Buchstabe m (vgl. OLG Zweibrücken, Verkehrsrechtliche Mitteilungen 1978 S. 69 = VRS 55, 233).

§ 31 Fahrzeuge mit einer Genehmigung für den Taxen- und Mietwagenverkehr

(1) Für Fahrzeuge, die für den Taxen- und Mietwagenverkehr genehmigt sind, gelten

die §§ 25 bis 30. Wird Mietwagenverkehr ausgeführt, dürfen das Taxischild nach § 26 Abs. 1 Nr. 2 und die Ordnungsnummer nach § 27 Abs. 1 nicht gezeigt werden ①, ②.

(2) Wird ein Fahrzeug nur in geringem Umfang für den Mietwagenverkehr verwendet, kann die Genehmigungsbehörde gestatten, daß das Fahrzeug nur mit einem Fahrpreisanzeiger ausgerüstet wird; in diesem Falle hat der Fahrzeugführer bei Durchführung von Mietwagenverkehr den Fahrgast auf das Fehlen eines besonderen Wegstreckenzählers und die Art der Berechnung des Beförderungsentgelts hinzuweisen ①, ②.

① Nach § 46 Abs. 3 PBefG kann in Orten bis zu 50 000 Einwohnern für denselben Personenkraftwagen eine Genehmigung sowohl für den Taxen- als auch für den Mietwagenverkehr erteilt werden. § 31 Abs. 1 verlangt, daß solche Personenkraftwagen den Anforderungen genügen müssen, welche die BOKraft sowohl für Taxen als auch für Mietwagen vorsieht. Im wesentlichen sind das der Farbanstrich hellelfenbein, das Taxischild, das Ordnungsnummernschild, der Fahrpreisanzeiger und der Wegstreckenzähler. Die für das Taxi typischen Erkennungsmerkmale Taxischild und Ordnungsnummernschild dürfen allerdings nicht verwendet, d. h. gezeigt werden, wenn Mietwagenverkehr ausgeführt wird. Auf diese Weise wird sichergestellt, daß der Fahrgast auch durch die für die jeweilige Verkehrsform typische äußere Kenntlichmachung des Fahrzeugs zu erkennen vermag, ob es sich um ein Taxi oder einen Mietwagen handelt.

Eine wichtige Erleichterung für Fahrzeuge mit Gemischtkonzession, die *nur in geringem Umfang für den Mietwagenverkehr* benutzt werden, bringt die durch die Änderungsverordnung zur BOKraft neu eingefügte Vorschrift des § 31 Abs. 2; in diesen Fällen kann die Genehmigungsbehörde gestatten, daß das Fahrzeug *nur* mit einem Fahrpreisanzeiger ausgerüstet wird. Wegen der schlechten Ablesbarkeit der Kilometeranzeige auf dem Fahrpreisanzeiger hat jedoch der Fahrer den Fahrgast auf das Fehlen eines besonderen Wegstreckenzählers und die Art der Berechnung des Beförderungsentgelts hinzuweisen.

② Schuldhafte Verstöße des Unternehmers gegen § 31 sind nach § 45 Abs. 1 Nr. 5 Buchstabe n Ordnungswidrigkeiten. Unterläßt der Fahrzeugführer schuldhaft den Hinweis nach § 31 Abs. 2, handelt er ebenfalls ordnungswidrig; vgl. § 45 Abs. 2 Nr. 5 Buchstabe b.

Sondervorschriften

1. Obusverkehr und Linienverkehr mit Kraftfahrzeugen

§ 32 Haltestellen

(1) Bei der Bestimmung über die Anbringung der Haltestellenzeichen nach § 45 Abs. 3 StVO ist dem genehmigten Fahrplan entsprechend den Erfordernissen des Betriebes und des Verkehrs Rechnung zu tragen ①, ②, ③, ④.

(2) Der Unternehmer hat neben den Angaben nach § 40 Abs. 4 PBefG ⑤, ⑥, ⑨,

1. **an der Haltestelle die Liniennummer sowie den Namen des Unternehmers anzubringen; anstelle des Namens des Unternehmers kann bei Verkehrsverbünden und Verkehrsgemeinschaften deren Bezeichnung treten,**
2. **im Orts- und Nachbarortslinienverkehr ⑦ an der Haltestelle deren Bezeichnung auf einem Zusatzschild deutlich sichtbar anzugeben,**
3. **an verkehrsreichen Haltestellen des Ortslinienverkehrs Behälter zum Abwerfen benutzter Fahrscheine anzubringen ⑧.**

① Die Haltestellen für den Obusverkehr und für den Linienverkehr mit Kraftfahrzeugen sind – außer in § 32 – vor allem in § 40 PBefG, in § 5b Abs. 2 Buchstabe b StVG und in §§ 41 und 45 Abs. 3 StVO angesprochen.

a) Nach § 40 Abs. 1 PBefG muß der ***Fahrplan*** – außer Linienführung, Ausgangs- und Endpunkt sowie Fahrzeiten – auch die Haltestellen enthalten. Fahrplan und Fahrplanänderungen bedürfen der Zustimmung der Genehmigungsbehörde (§ 40 Abs. 2 und § 11 PBefG). Die ***Genehmigungsbehörde*** prüft den vorgelegten Fahrplan vor allem im Hinblick auf die Vereinbarkeit mit der Genehmigung und mit den öffentlichen Verkehrsinteressen (§ 9 Abs. 1 und § 13 Abs. 2 PBefG). Die Genehmigungsbehörde entscheidet also unter dem Gesichtspunkt des öffentlichen Verkehrsinteresses grundsätzlich über den Ort der Haltestelle.

§ 40 PBefG gilt für den Straßenbahnverkehr, den Obusverkehr und den Linienverkehr mit Kraftfahrzeugen, soweit die Genehmigungsbehörde bei den Sonderformen des Linienverkehrs nicht auf die Einhaltung der Vorschrift verzichtet hat (vgl. § 41 Abs. 3, § 45 Abs. 3 und 4 PBefG).

b) Die ***Straßenverkehrsbehörden*** (§ 44 Abs. 1 StVO) sind zuständig, für die Aufrechterhaltung der Sicherheit und Ordnung auf öffentlichen Straßen und Plätzen zu sorgen. Unter dem Gesichtspunkt von Sicherheit und Ordnung bestimmen die Straßenverkehrsbehörden auch, wo Verkehrszeichen anzubringen sind (§ 45 Abs. 3 StVO). Dies gilt auch bezüglich des ***Haltestellenzeichens*** – Zeichen 224 der StVO; vgl. S. 110 –, das als Vorschriftzeichen ein Verkehrszeichen im Sinne von § 39 Abs. 1 StVO ist. Nach § 12 Abs. 3 Nr. 4 StVO besteht bis zu je 15 Meter vor und hinter Haltestellenzeichen ***Parkverbot.*** Das Parkverbot kann durch die Grenzmarkierung und Zeichen 299 der StVO (vgl. S. 113) bezeichnet, verlängert oder verkürzt werden.

c) Das ***Verhältnis der Vorschriften des § 40 PBefG, des § 45 Abs. 3 StVO und des § 32*** ist dahingehend zu sehen, daß die Genehmigungsbehörde ***grundsätzlich über den Ort*** der Haltestelle, die Straßenverkehrsbehörde über die ***konkrete Stelle der Anbringung*** des Haltestellenzeichens bestimmt (ebenso Urteil des OVG Münster vom 6. 2. 1979 – XII A 276/76). § 32 hat den Zweck, die bei der Einrichtung von Haltestellen nicht immer übereinstimmenden Interessen der Personenbeförderung und der Straßenverkehrsordnung zu ***koordinieren.*** § 32 Abs. 1 sieht ausdrücklich vor, daß die Straßenverkehrsbehörde bei der Bestimmung über die Anbringung des Haltestellenzeichens den Erfordernissen des Betriebes und des Verkehrs Rechnung trägt. Im Hinblick auf die allgemeine Aufgabenstellung der Straßenverkehrsbehörden, für Sicherheit und Ordnung auf öffentlichen Straßen und Plätzen zu sorgen, kommt der besonderen Erwähnung der betrieblichen und verkehrlichen Erfordernisse in § 32 Abs. 1 personenbeförderungsrechtliche Bedeutung zu; die Straßenverkehrsbehörde hat also bei der Bestimmung über die Anbringung des Haltestellenzeichens auch die betrieblichen und verkehrlichen Belange des Linienverkehrs zu berücksichtigen; vgl. Urteil des OVG Lüneburg vom 14. 4. 1976 – IV OVG A 153/75 –, abgedruckt in VÖV-Nachrichten Nr. 10/76, S. 87.

Die Rechtsprechung hat sich in jüngerer Zeit mehrfach mit der Frage eines Anspruchs auf ***Aufhebung von Haltestellen*** des Omnibuslinienverkehrs befaßt; vgl. Urteil des VG Bremen vom 1. Juli 1976, VRS 52, 398, Urteil des VG Hannover vom 12. Sept. 1974 – VI A 82/73 – und Urteil des OVG Münster vom 15. Nov. 1984 – 19 A 664/84 (vgl. Nahverkehrs-Praxis 1985, 18). In diesen Fällen sind die Klagen von Anliegern auf Aufhebung von Haltestellen abgewiesen worden. In den Urteilen wird zutreffend ausgeführt, daß die Festsetzung von Haltestellen eine Ermessensentscheidung ist, bei der den Erfordernissen des Linienverkehrs Rechnung zu tragen ist. Der Anlieger könnte sich gegen die Festsetzung der Haltestelle nur dann mit Erfolg wenden, wenn die Entscheidung ermessensfehlerhaft ergangen wäre; ein Beispielsfall liegt dem Urteil des OVG Münster vom 6. 2. 1979, VRS 57, 396, zugrunde. Zum (Zivil-) Rechtsweg für die Immissionsabwehrklage vgl. BGHZ in DVBl. 84, 472.

Die Beseitigung einer Haltestelle kann nicht schon deshalb verlangt werden, weil nicht vermeidbare Geräusch- und Abgasbeeinträchtigungen den Anlieger einer Straße stören; anders kann es sein, wenn eine Haltestelle so eingerichtet wird, daß eine Grundstückseinfahrt regelmäßig – jedenfalls teilweise – verstellt wird und hierdurch das Anliegerrecht beeinträchtigt wird; vgl. Urteil des Bayer. VGH vom 1. 2. 1978, VRS 56,72.

Die Rechtsprechung zur Errichtung von ***Taxistandplätzen*** stimmt mit der Rechtsprechung zur Errichtung und Aufhebung von Haltestellen des Linienverkehrs überein. Auch bei der Entscheidung über die Errichtung eines Taxistandplatzes handelt es sich um eine Ermessensentscheidung. Sachgerechte Erwägungen sind dabei, daß der Standplatz verkehrsgünstig gelegen ist und daß der fließende Verkehr nicht behindert wird. Anlieger haben, solange sie nicht übermäßig beeinträchtigt werden, keinen Anspruch auf eine Verkehrsregelung zu ihren Gunsten; vgl. Urteil des Bayer. VGH vom 15. 3. 1978 VRS 56, 74.

d) Wie in Anm. 1b ausgeführt wurde, sind Haltestellen Verkehrszeichen und zwar Vorschriftszeichen nach § 41 StVO Zeichen 224; das früher für Linienbusse vorgeschriebene Zeichen 226 (Haltestellenzeichen mit sog. Arm) hat noch bis zum 31.12.1993 die Bedeutung des Zeichens 224 (vgl. Art. 1 Nr. 6 der Sechsten Änderungsverordnung zur StVO vom 21.7.1983, BGBl. I S. 949). Diese Vorschriftszeichen bewirken Verbote und Gebote. So verbietet das Haltestellenzeichen nach § 12 Abs. 3 Nr. 4 StVO, bis zu 15 m vor und hinter ihm zu parken; nach § 20 Abs. 1 StVO legt es dem Kraftfahrer die Verpflichtung auf, an haltenden öffentlichen Verkehrsmitteln nur in mäßiger Geschwindigkeit und nur in einem solchen Abstand vorbeizufahren, daß eine Gefährdung von Fußgängern ausgeschlossen ist. Fußgänger dürfen auch nicht behindert werden; wenn nötig muß der Fahrzeugführer warten. Bei einem ***Haltestellenzeichen*** handelt es sich somit um eine verkehrsregelnde Maßnahme durch ***Verwaltungsakt*** in der Form einer Allgemeinverfügung (Urteil des OVG Münster vom 6.2.1979, VRS 57, 396; vgl. auch BVerwG E 27, 181; a. A. Urteil des Bayer. VGH vom 1.2.1978, VRS 56, 72: Realakt).

② Die Einrichtung von Haltestellen, die von mehreren Linien eines Unternehmens bzw. von mehreren Unternehmen angefahren werden ***(„Doppelhaltestellen“),*** ist in § 32 nicht besonders geregelt. Bei Doppelhaltestellen desselben Unternehmens werden sich keine Schwierigkeiten ergeben; es braucht lediglich ein einziges Haltestellenzeichen angebracht zu werden, an dem die verschiedenen Liniennummern angegeben sind. Bei Doppelhaltestellen verschiedener Unternehmen können getrennte Haltestellenzeichen angebracht werden; die bei Verkehrs- und Tarifgemeinschaften häufig anzutreffende Angabe der Namen und Liniennummern der verschiedenen Unternehmen an einem einzigen Haltestellenzeichen ist mit dem Wortlaut des § 32 jedoch ebenfalls vereinbar.

Vom Fall der Doppelhaltestelle ist die Frage der Einrichtung der Haltestellen beim Befahren einer Straße in zwei Richtungen zu unterscheiden. In letzterem Falle genügt es nicht, nur auf der einen Straßenseite ein Haltestellenzeichen aufzustellen (OLG Celle VRS 15, 306); dies gilt in gleicher Weise für Orts-, Nachbarorts- und Überlandlinienverkehr.

③ Zur ***Beschaffung, Anbringung, Unterhaltung*** und ***Entfernung*** der Verkehrszeichen, damit auch ***des Haltestellenzeichens*** ist nach § 45 Abs. 5 StVO der Straßenbaulastträger verpflichtet. Die Kosten hierfür trägt jedoch der Unternehmer im Sinne des Personenbeförderungsgesetzes (§ 5b Abs. 2 Buchstabe b StVG). Im Hinblick darauf dürften Vereinbarungen zwischen Verkehrsunternehmen und Baulastträger unbedenklich sein, wonach das Unternehmen selbst die Haltestellenzeichen beschafft, anbringt, unterhält und entfernt (Krämer, DPV 1973, 110).

Die durch die Einrichtung besonderer ***Haltestellenbuchten*** an Bundesfernstraßen entstehenden Mehrkosten sind dem Träger der Straßenbaulast vom Unternehmer im Sinne des PBefG nicht zu vergüten (§ 7a Satz 2 FStrG). Entgegen dem früheren Recht fehlt eine ausdrückliche Einschränkung auf Haltestellenbuchten im Zuge von ***Bundesstraßen;*** jedoch kommt der Frage der Kostenlast für Haltestellen an ***Bundesautobahnen*** keine große praktische Bedeutung mehr zu, da aus Gründen der Verkehrssicherheit an Autobahnen keine neuen Haltestellenbuchten mehr eingerichtet werden und die bestehenden sobald als möglich aufzuheben sind (vgl. Nr. 22, 29, 37 der Richtlinien für die Regelung der Rechtsverhältnisse bei der Benutzung von Bundesfernstraßen in der Baulast des Bundes durch Straßenbahnen, Obusse und Kraftfahrzeuge im Linienverkehr, VkBl. 1962, 22).

Die Benutzung von Haltestellen, auch in besonderen Haltestellenbuchten, gilt grundsätzlich als ***Gemeingebrauch*** (vgl. Marschall-Schroeter-Kastner, Bundesfernstraßengesetz, 4. Auflage, 1977, § 8 FStrG Anm. 13; Kodal, Straßenrecht, 3. Auflage, 1978, S. 131, 427). Die von einer Haltestelle ausgehenden Immissionen sind Auswirkungen des Gemeingebrauches. Der Anlieger kann die Einschränkung des Gemeingebrauches an der Straße vor seinem Grundstück nicht verlangen; vgl. Urteil des VG Bremen vom

1. 7. 1976 – III A 324/75 – abgedruckt in VÖV-Nachrichten 1/77, S. 9. Zur Gebührenpflicht bei Benutzung eines städtischen Omnibushahnhofs vgl. BGH NJW 1965, 387.

Die Eigentümer von Grundstücken und Gebäuden sind nach § 45 Abs. 1 i. V. m. § 35 PBefG verpflichtet, die *Anbringung von Haltestellenzeichen zu dulden.*

④ Mit der Einrichtung von Haltestellen wird ein erhöhter Verkehr eröffnet, der erhöhte *Verkehrssicherungspflichten* begründet (Kodal, a. a. O., S. 1034). An Haltestellen des Omnibuslinienverkehrs ist das Unternehmen im Sinne des Personenbeförderungsgesetzes insoweit *streupflichtig,* als es an den Haltestellen einen besonderen zusätzlichen Verkehr eröffnet und aufrechterhält, ohne den normalerweise keine Pflicht zum Streuen gegeben gewesen wäre (vgl. Mecke de Swebussin, DPV 1958, 32; BGH NJW 1953, 1506). Die etwaige Streupflicht des Anliegers entfällt allerdings nicht deshalb, weil der Omnibusunternehmer durch Benutzung einer Haltestelle die gefährliche Glätte verursacht oder vergrößert hat und deshalb möglicherweise ebenfalls zur Beseitigung der von ihm verursachten Glätte verpflichtet ist (BGH DVBl 1967, S. 913; vgl. aber auch LG Hagen VersR 1972, S. 164).

Dem Omnibusunternehmer obliegt *keine Pflicht zur Beleuchtung von Haltestellen an öffentlichen Straßen.* Außerhalb geschlossener Ortslagen besteht grundsätzlich keine Veranlassung für eine allgemeine Straßenbeleuchtung. Innerhalb der geschlossenen Ortslage ist Träger der allgemeinen Straßenbeleuchtung die Gemeinde (zur Beleuchtungspflicht von Straßen vgl. Kodal, a. a. O., S. 1069ff.). Eine Übertragung der Beleuchtungspflicht, z. B. auf Anlieger oder auf Unternehmer, die Haltestellen im Rahmen des Gemeingebrauchs benutzen, ist nicht vorgesehen. Im Hinblick auf die selbständige öffentliche Aufgabe der Gemeinden, die Straßen in geschlossener Ortslage im Rahmen der örtlichen Bedürfnisse zu beleuchten, besteht grundsätzlich keine Verpflichtung des Omnibusunternehmers, Haltestellen an öffentlichen Straßen zu beleuchten. Dies schließt allerdings eine Pflicht zur Beleuchtung von besonderen Verkehrsanlagen an Haltestellen, z. B. von Umsteigeeinrichtungen, aufgrund der allgemeinen Verkehrssicherungspflicht nicht aus; eine Beleuchtungspflicht des Unternehmers kann dann in Betracht kommen, wenn die besondere Verkehrsanlage Gefahren bringt, die der Fahrgast bei Dunkelheit auch bei Anwendung der im Verkehr erforderlichen Sorgfalt nicht rechtzeitig wahrzunehmen vermag.

⑤ Nach § 40 Abs. 4 Satz 3 PBefG sind an den Haltestellen lediglich die Abfahrtszeiten anzugeben. Dies gilt auch für überdachte Haltestellen. Demgegenüber sind in den für den Aufenthalt der Fahrgäste bestimmten Räumen (Wartehallen, Bahnhöfe) die gültigen Fahrpläne anzubringen (§ 40 Abs. 4 Satz 2 PBefG).

⑥ Die Vorschriften des § 32 BOKraft und des § 40 Abs. 4 PBefG sind *Mindestvorschriften.* Sie schließen eine weitergehende Unterrichtung der Fahrgäste durch den Unternehmer nicht aus. Eine verständliche und umfassende Unterrichtung an der Haltestelle erleichtert die Benutzung des öffentlichen Straßenpersonenverkehrs. Als *zusätzliche Informationen* kommen z. B. in Betracht

– Hinweise auf Umsteige- und Anschlußmöglichkeiten,

– Aushang der Fahrpläne außer in Bahnhöfen und Wartehallen auch an sonstigen Haltestellen,

– Tarifinformationen, wie z. B. Angaben über Tarifzonen.

Die Benutzung des öffentlichen Straßenpersonenverkehrs wird außer durch eine befriedigende Information der Fahrgäste auch durch eine angemessene *Ausstattung der Haltestellen* erleichtert. Hierbei ist z. B. zu denken an die Errichtung von Wartehallen oder an die Anbringung von Sitzbänken und Beleuchtungseinrichtungen an Haltestellen. Allerdings besteht für die Unternehmer keine gesetzliche Pflicht, an Haltestellen Wartehallen oder Überdachungen zu errichten.

Zur Wahl, Anlage und Ausstattung von Haltestellen bestehen umfangreiche Untersuchungen und Empfehlungen, vgl. zum Beispiel

– SNV: „Vergleichende Untersuchungen über bestehende und künftige Nahverkehrstechniken", Anhang VIII, S. 236ff.,

– Forschungsgesellschaft für das Straßenwesen e.V.: „Merkblatt für die Platzwahl und Ausbildung von Haltestellen für Omnibuslinien an öffentlichen Straßen" und „Richtlinien für die Anlage von Straßen", Teil Anlagen des öffentlichen

Personennahverkehrs (RAS-Ö); Abschnitt 2: Omnibus und Obus, Ausgabe 1979,

– ,,Empfehlungen für die Gestaltung der Fahrgastinformation an Straßenbahn- und Bushaltestellen'', VÖV-Schrift 1.62.2a,

– ,,Bus-Verkehrssystem Fahrzeug/Fahrweg/Betrieb'', Handbuch 1979, Alba-Buchverlag.

Zur Wahl, Kennzeichnung und Ausstattung von *Haltestellen von Schulbussen* vgl. Anm. 2 zu § 36.

⑦ Zu den Begriffen ,,Orts- und Nachbarortslinienverkehr'' vgl. Anm. 1 zu § 35.

⑧ Das LG Hagen hat in einem Urteil vom 19. 3. 1970 (VersR 1972, S. 164) zu der mit § 32 Abs. 2 Nr. 3 inhaltsgleichen Vorschrift des § 32 Abs. 2 BOKraft 1960 ausgeführt, daß diese Vorschrift ein Schutzgesetz im Sinne von § 823 Abs. 2 BGB ist; unterläßt der Unternehmer die Anbringung des Behälters entgegen § 32 Abs. 2, kann er sich schadensersatzpflichtig machen.

⑨ Verstöße gegen § 32 sind *keine Ordnungswidrigkeiten* im Sinne von § 45; Maßnahmen im Verwaltungszwangsverfahren (z. B. Ersatzvornahme) bleiben unberührt.

§ 33 Kennzeichnung und Beschilderung

(1) Jedes Fahrzeug ist an der Stirnseite mit einem Zielschild und an der rechten Längsseite mit einem Streckenschild zu kennzeichnen. An der Rückseite ist die Liniennummer zu führen ①, ⑥, ⑦.

(2) Im Zielschild sind mindestens der Endpunkt der Linie (Zielort, Zielhaltestelle) und die Liniennummer anzugeben ②. Das Streckenschild soll Liniennummer, Ausgangs- und Endpunkt der Linie sowie wichtige Angaben über den Fahrweg enthalten ③. Bestehen zwischen Ausgangs- und Endpunkt der Linie verschiedene Streckenführungen, so ist der Fahrweg im Ziel- und Streckenschild in geeigneter Weise kenntlich zu machen ⑥, ⑦.

(3) Zielschild, Streckenschild und Liniennummer müssen auch bei Dunkelheit erkennbar sein. Farbiges Licht darf als Unterscheidungszeichen für Linien nicht verwendet werden ④, ⑦.

(4) Fahrzeuge, die für Schülerbeförderungen besonders eingesetzt sind, müssen an Stirn- und Rückseite mit einem Schild nach Anlage 4 kenntlich gemacht sein; an der Stirnseite genügt auch eine Kennzeichnung im Zielschilderkasten mit dem Sinnbild nach Anlage 4 und einem Zusatzschild in der Farbgebung des Bilduntergrundes mit der Aufschrift „Schulbus". Die Wirkung des Schildes darf durch andere Aufschriften oder Bildzeichen nicht beeinträchtigt werden. Bei anderen Fahrten darf das Schild nicht gezeigt werden. Absatz 1 findet keine Anwendung ⑤, ⑦.

(5) Für Fahrzeuge, die nach ihrer Bauart und Ausrüstung zur Beförderung von nicht mehr als sechs Personen (einschließlich Fahrzeugführer) geeignet und bestimmt sind, gilt Absatz 4 nicht.

① Das Schild auf der *Rückseite* darf außer der Liniennummer keine weiteren Angaben enthalten. Eine anderweitige Kennzeichnung bedarf einer Ausnahmegenehmigung nach § 43.

② Aus dem Wort ,,mindestens'' ergibt sich, daß im Zielschild auf der *Stirnseite* auch noch weitere Haltestelle angegeben werden dürfen (vgl. auch § 33 Abs. 2 Satz 3).

③ Das Streckenschild auf der rechten *Längsseite* soll Liniennummer, Linienausgangs- und -endpunkt sowie ,,wichtige Angaben über den Fahrweg'' enthalten. Es brauchen also nicht sämtliche Haltestellen angegeben zu werden.

④ Absatz 3 schreibt die Beleuchtung des Ziel- und Streckenschildes sowie der Liniennummer nicht zwingend vor. Maßgeblich ist, ob die Beschriftung auch bei Dunkelheit *erkennbar* ist. Damit bleiben außer der direkten Beleuchtung auch die sog. Hinterleuchtung oder die Verwendung sonstigen geeigneten Materials möglich, sofern sie ausreichende Erkennbarkeit gewährleisten.

Das Verbot, farbiges Licht als Unterscheidungszeichen für Linien zu verwenden, soll Verwechslungen mit verkehrsregelnden Lichtzeichen verhindern.

⑤ Aus Gründen der Verkehrssicherheit sind Fahrzeuge, die für Schülerbeförderungen besonders eingesetzt sind, durch ein ***Schulbusschild*** gemäß Anlage 4 besonders zu kennzeichnen (diesbezüglich bestand bisher lediglich eine Empfehlung; vgl. VkBl. 1972, 424).

a) Die nunmehr eingeführte Kennzeichnungspflicht gilt

■ für den ***Schülerverkehr,*** der als Sonderform des Linienverkehrs ***nach § 43 Nr. 2 PBefG*** durchgeführt wird (vgl. § 36 und dort Anm. 1),

■ für den ***freigestellten Schülerverkehr*** nach § 1 Nr. 4 Buchstabe d der Freistellungs-Verordnung (vgl. § 1 Abs. 2; zum Begriff vgl. dort Anm. 4),

■ für freigestellte Beförderungen von ***körperlich, geistig oder seelisch behinderten Personen*** nach § 1 Nr. 4 Buchstabe g der Freistellungs-Verordnung (vgl. § 1 Abs. 2), ohne daß hierbei zwischen behinderten ***Jugendlichen*** und behinderten ***Erwachsenen*** unterschieden wird.

Die Kennzeichnungspflicht kann jedoch in besonders gelagerten Fällen auch im ***Linienverkehr nach § 42 PBefG*** gelten (a. A. Hoff, V+T 1977, S. 367). Wortlaut und Sinn des § 33 Abs. 4 sprechen für diese Auslegung. In § 33 Abs. 4 ist – abweichend von der sonstigen Darstellung des Schülerverkehrs in der Verordnung, vgl. § 1 Abs. 2, § 26 – erkennbar ***nicht auf die Verkehrsform, sondern auf den Fahrzeugeinsatz abgestellt.*** § 33 Abs. 4 enthält daher auch keine Verweisung auf § 43 Nr. 2 PBefG (der freigestellte Schülerverkehr bedurfte hier im Hinblick auf § 1 Abs. 2 keiner Erwähnung). Schließlich weisen auch die Überschrift vor §§ 32ff. („Obusverkehr und Linienverkehr mit Kraftfahrzeugen") und der systematische Standort der Pflicht zur Kennzeichnung mit dem Schulbusschild (in § 33, nicht in § 36 und § 1 Abs. 2) darauf hin, daß § 33 Abs. 4 auch im Linienverkehr nach § 42 PBefG Bedeutung erlangen kann. Diese Auslegung entspricht auch Sinn und Zweck der Vorschrift, Leben und Gesundheit der Schüler zu schützen. Eine Kennzeichnung im Linienverkehr nach § 42 PBefG wird allerdings nur in besonders gelagerten Fällen in Betracht kommen. § 33 Abs. 4 stellt darauf ab, ob die Fahrzeuge für die Schülerbeförderung besonders eingesetzt sind. Dies bedeutet, daß der ***Einsatzzweck von vornherein,*** i. d. R. also schon im Betriebshof, auf den Schülerverkehr ausgerichtet ist. Diese Voraussetzung kann zum Beispiel erfüllt sein, wenn

– Fahrten des Linienverkehrs nach § 42 PBefG nach dem Fahrplan lediglich an Schultagen durchgeführt werden,

– Verstärkungsbusse des Linienverkehrs nach § 42 PBefG ausschließlich für die Schülerbeförderung eingesetzt werden.

§ 33 Abs. 4 stellt – wie erwähnt – nicht auf die Verkehrsform ab, sondern darauf, ob Fahrzeuge für die Schülerbeförderung besonders eingesetzt sind. Hiernach ist die Kennzeichnung mit dem Schulbusschild vor allem bei der Beförderung von Schülern ***von und zur Schule*** erforderlich. Fahrzeuge sind für die Schülerbeförderung aber auch dann besonders eingesetzt, wenn Schüler vom und zum Unterricht auf ***Sportplätzen,*** in ***Turnhallen, Schwimmbädern oder Museen*** zu befördern sind (vgl. auch Anm. 4 zu § 1).

b) ***Verkehrsdienste von und zu Kindergärten*** sind i. d. R. nach § 43 Nr. 2 PBefG genehmigt und damit verkehrsrechtlich den Schülerfahrten gleichgestellt. In diesen Fällen gelten daher ebenfalls das Recht und die Pflicht zur Kennzeichnung der Fahrzeuge mit dem Schulbusschild nach § 33 Abs. 4.

c) Weitere Vorschriften zur Erhöhung der Sicherheit des Schulbusverkehrs sind am 1. 1. 1976 in Kraft getreten:

■ Umwandlung des Rechts in eine Pflicht des Führers eines Schulbusses, das ***Warnblinklicht*** während des Ein- und Aussteigens von Kindern einzuschalten (vgl. § 16 Abs. 2 StVO);

■ Gleichstellung der Schulbusse mit Omnibussen des Linienverkehrs im Rahmen des § 20 Abs. 1 StVO; d. h. auch an gekennzeichneten Schulbussen, die halten und Warnblinklicht eingeschaltet haben, darf nur mit mäßiger Geschwindigkeit und in einem solchen Abstand vorbeigefahren werden, daß eine Gefährdung oder Behinderung der Schulkinder ausgeschlossen ist; wenn nötig, muß der Fahrzeugführer warten.

d) Die Frage, ***wann*** das Schulbusschild anzubringen und wieder zu entfernen ist (im Betriebshof oder an der ersten bzw. letzten Haltestelle), ist ebenfalls aus § 33 Abs. 4 zu beantworten. Maßgeblich ist, ob das Fahrzeug für die Schülerbeförderung besonders eingesetzt ist. Die Kennzeichnungspflicht gilt also während des Einsatzes für den Schülerverkehr. Hierzu gehört die Zeit der eigentlichen Beförderung der Schüler. Die Praxis rechnet hierzu außerdem auch die Fahrt vom Betriebshof zur ersten Haltestelle des Schülerverkehrs und die Rückfahrt von der letzten Haltestelle des Schülerverkehrs zum Betriebshof. Bei anderen Fahrten darf das Schulbusschild nach § 33 Abs. 4 Satz 3 nicht gezeigt werden.

e) Die BOKraft enthält keine über § 33 Abs. 4 Satz 1 hinausgehenden Einzelvorschriften, *wie und wo* das Schulbusschild am Fahrzeug zu befestigen ist. Dies bedeutet, daß das Schild an der Karosserie oder an der Heckscheibe von innen befestigt sein kann; auch an der Windschutzscheibe ist die Befestigung von innen möglich, sofern hierdurch die Sicht nicht beeinträchtigt wird (§ 35b Abs. 2 Satz 1 StVZO). Üblich ist die Verwendung von Magnetschildern, auf die Karosserie aufschraubbaren Schildern sowie von Heckfensterschildern in Rollo-Form.

Ziel des § 33 Abs. 4 in Verbindung mit Anlage 4 zur BOKraft ist die Kenntlichmachung des Schulbusses im Sinne einer eindeutigen Kennzeichnung. Hiermit ist nicht vereinbar, wenn Schulbusschilder an solch ungünstiger Stelle angebracht werden oder so verschmutzt sind, daß sie nicht oder nur schwer erkennbar sind.

Nach § 33 Abs. 4 Satz 2 darf die Wirkung des Schildes durch andere Aufschriften oder Bildzeichen – z. B. Eigen- oder Fremdwerbung – nicht beeinträchtigt werden.

Nach § 33 Abs. 4 Satz 4 findet im Schulbusverkehr die Vorschrift des Absatzes 1 über die Kennzeichnung der im Linienverkehr eingesetzten Fahrzeuge an Stirn-, Längs- und Rückseite keine Anwendung. Hieraus ergibt sich, daß der *Verkehrsunternehmer und der Fahrer nicht verpflichtet sind, den im Schulbusverkehr eingesetzten Kraftomnibus zusätzlich noch als Linienbus zu kennzeichnen;* d. h. der Schulbus muß nicht mit Ziel- und Streckenschild sowie mit einer Liniennummer auf der Rückseite gemäß § 33 Abs. 1 bis 3 kenntlich gemacht sein. § 33 Abs. 4 Satz 4 dürfte jedoch andererseits eine zusätzliche Kennzeichnung des Schulbusses *nicht verbieten,* wenn das Schulbusschild allein als Kennzeichnung nicht ausreicht, z. B. wenn zur Unterscheidung der verschiedenen Schulbusse an der Haltestelle zusätzliche besondere Kennzeichnungen sinnvoll sind.

⑥ § 33 Abs. 1 und Abs. 2 Satz 1 und 3 treten am 1. 9. 1981 in Kraft (§ 47 Abs. 1 Nr. 7).

⑦ Schuldhafte Verstöße des Unternehmers und des Fahrzeugführers gegen § 33 Abs. 1, Abs. 2 Satz 1 und 3, Abs. 3 und 4 sind nach § 45 Abs. 1 Nr. 5 Buchstabe o und Abs. 2 Nr. 5 Buchstabe c Ordnungswidrigkeiten.

§ 34 Sitzplätze für behinderte und andere sitzplatzbedürftige Personen

Der Unternehmer hat Sitzplätze für Schwerbehinderte ①, in der Gehfähigkeit Beeinträchtigte, ältere oder gebrechliche Personen, werdende Mütter und für Fahrgäste mit kleinen Kindern vorzusehen ②. Diese Sitzplätze sind durch das Sinnbild nach Anlage 5 an gut sichtbarer Stelle kenntlich zu machen ③, ④.

① *Schwerbehinderte* sind Personen, die körperlich, geistig oder seelisch behindert und infolge ihrer Behinderung in ihrer Erwerbsfähigkeit nicht nur vorübergehend um wenigstens 50 vom Hundert gemindert sind, sofern sie rechtmäßig im Geltungsbereich des Schwerbehindertengesetzes wohnen, sich aufhalten oder eine Beschäftigung als Arbeitnehmer ausüben *(§ 1 des Schwerbehindertengesetzes* in der Fassung der Bekanntmachung vom 8. 10. 1979 (BGBl I S. 1649); unter den Voraussetzungen des § 2 dieses Gesetzes können Personen mit mindestens 30%iger Behinderung gleichgestellt werden.

Durch die Verordnung zur Änderung personenbeförderungsrechtlicher Vorschriften vom 13. Mai 1981 (BGBl I S. 428) sind über eine Änderung des § 34 in der Gehfähigkeit Beeinträchtigte, ältere oder gebrechliche Personen, werdende Mütter und Fahrgäste in die Schutzvorschrift des § 34 einbezogen worden. Die Sitzplatz-Reservierungsvorschrift gilt nunmehr auch für die zuletzt genannten schutzbedürftigen Personenkreise.

② Die Benutzung öffentlicher Verkehrsmittel ist für Schwerbehinderte und andere sitzplatzbedürftige Personen mit erhöhten Gefahren verbunden. Wie im Straßenbahnverkehr (§ 55 Abs. 4 BOStrab) sind daher für Schwerbehinderte und andere sitzplatzbedürftige Personen auch im Obusverkehr und im Kraftfahrzeug-Linienverkehr besonders gekennzeichnete Sitzplätze vorzusehen; diese Plätze befinden sich zumeist neben dem Einstieg. § 34 richtet sich an den *Unternehmer.* Die entsprechenden Verhaltenspflichten der *Fahrgäste* sind in § 5 Abs. 2 Satz 2 der Verordnung über die Allgemeinen Beförderungsbedingungen für den Straßenbahn- und Obusverkehr sowie den Linienverkehr mit Kraftfahrzeugen vom 27. Februar 1970 (BGBl I S. 230) geregelt (abgedruckt auf Seite 99). Hiernach sind die Fahrgäste verpflichtet, Sitzplätze für Schwerbehinderte, in der Gehfähigkeit Beeinträchtigte, ältere oder gebrechlichere Personen, werdende Mütter und für Fahrgäste mit kleinen Kindern freizugeben. Diese Pflicht bezieht sich zunächst auf die nach § 34 besonders gekennzeichneten Sitzplätze; bei Bedarf müssen jedoch auch nicht besonders kenntlich gemachte Sitzplätze für den erwähnten Personenkreis freigegeben werden.

③ Die Sitzplätze für behinderte und andere sitzplatzbedürftige Personen sind *einheitlich* durch das *Sinnbild* nach Anlage 5 zu kennzeichnen. Das Sinnbild ist schwarz auf weißem Grund. Für das Sinnbild sind keine bestimmten Abmessungen vorgeschrieben. Die früher ebenfalls zugelassenen Schilder mit dem Text „Sitzplatz für Schwerbehinderte" durften noch bis zum 1.5.1982 weiterverwendet werden (vgl. Artikel 6 der Verordnung zur Änderung personenbeförderungsrechtlicher Vorschriften vom 13. Mai 1981 (BGBl I S. 428). Die Vorschrift gilt – vgl. die Überschrift vor §§ 32 ff. – für den *Omnibusverkehr und für den Linienverkehr mit Kraftfahrzeugen.* Jedoch ist die Kenntlichmachung gemäß § 34 den erwähnten Verkehrsformen nicht ausschließlich vorbehalten. Der Unternehmer kann auch Sitzplätze für Schwerbehinderte in *Kraftomnibussen des Gelegenheitsverkehrs* entsprechend § 34 kenntlich machen. Für den Taxen- und Mietwagenverkehr hingegen ist § 26 Abs. 3 zu beachten; jedoch bestehen z.B. keine Bedenken, wenn Genehmigungsbehörden die Kenntlichmachung von *Taxen* mit dem Sinnbild nach Anlage 5 gemäß § 43 genehmigen, sofern diese Taxen mit einem Schwenksitz zur Erleichterung der Beförderung behinderter Personen ausgerüstet sind.

④ Der schuldhafte Verstoß gegen § 34 ist nach § 45 Abs. 1 Nr. 5 Buchstabe p eine Ordnungswidrigkeit.

§ 35 Übersicht über Linienverlauf und Haltestellen

In Fahrzeugen, die im Orts- oder Nachbarortslinienverkehr ① eingesetzt sind, soll an gut sichtbarer Stelle eine Übersicht über den Linienverlauf und über die Haltestellen angebracht sein ②.

① Die nicht bußgeldbewehrte Vorschrift soll – wie auch § 8 Abs. 2, §§ 20, 32 Abs. 2 sowie § 33 – einen zügigen Betriebsablauf gewährleisten. Sie ist auf den Orts- und Nachbarortslinienverkehr beschränkt, da hier die geordnete Abwicklung des umfangreichen Ein- und Aussteigeverkehrs in besonderem Maße eine genaue Information des Fahrgastes über die Linie voraussetzt.

Der Begriff des Orts- und Nachbarortslinienverkehrs wird auch in § 13 Abs. 2 Nr. 2 Buchstabe c PBefG verwendet. *Ortslinienverkehr* ist der Verkehr innerhalb der Grenzen einer Gemeinde. Dies schließt nicht aus, daß die Fahrstrecke dazwischen auch über Gebiete außerhalb der Gemeinde führt. Hingegen dürfte unter Ortslinienverkehr im Sinne von § 35 *nicht* der Innerortsverkehr im Rahmen einer Überlandlinie fallen, da dies entgegen dem Zweck der Vorschrift zu einer erheblichen Ausweitung des Anwendungsbereichs der Vorschrift führen würde.

Der *Nachbarortslinienverkehr* kann – wie in § 13 Abs. 2 Nr. 2 Buchstabe c Satz 4 PBefG – verstanden werden als Verkehr zwischen Nachbarorten oder Teilen von ihnen, wenn diese wirtschaftlich und verkehrsmäßig so miteinander verbunden sind, daß der Verkehr nach der Tarifgestaltung und nach gegenwärtiger oder in naher Zukunft zu erwartender Häufigkeit einem Ortslinienverkehr vergleichbar ist.

② Aus der Verwendung des Wortes *„Übersicht"* ergibt sich, daß dem Unternehmer nicht obliegt, sämtliche Haltestellen der Linie aufzuzeigen. Der Fahrgast soll sich lediglich einen Überblick verschaffen können. Hierzu gehört die Angabe der wichtigen Haltestellen auf der Übersicht.

§ 36 Ausnahmen für Sonderformen des Linienverkehrs

Die §§ 32, 33 Abs. 1 bis 3 und § 35 gelten nicht für die Sonderformen des Linienverkehrs (§ 43 PBefG) ①, ②.

① Anders als beim öffentlichen Linienverkehr nach § 42 PBefG mit dem ihm eigenen Grundsatz der Fahrgastfreiheit richtet sich der Betriebsablauf bei den Sonderformen des Linienverkehrs (§ 43 PBefG) nach den Bedürfnissen bestimmter Beteiligter. Die Vorschriften über die Haltestellen, die Kennzeichnung und Beschilderung der Fahrzeuge sowie die Übersicht über Linienverlauf und Haltestellen gelten daher nicht für die Sonderformen des Linienverkehrs. Etwas anderes gilt lediglich für die Vorschrift des § 33 Abs. 4 und 5, die in § 36 nicht erwähnt ist. Dies bedeutet, daß auch Fahrzeuge im *Schülerverkehr nach § 43 Nr. 2 PBefG* mit dem *Schulbusschild* nach Maßgabe des § 33 Abs. 4 und 5 gekennzeichnet sein müssen. In diesem Zusammenhang ist zu erwähnen, daß nach § 1 Abs. 2 auch Fahrzeuge im freigestellten Schülerverkehr nach § 1 Nr. 4 Buchstabe d Freistellungs-Verordnung mit dem Schulbusschild zu kennzeichnen sind (vgl. Anm. 5 zu § 33).

② a) § 36 bedeutet nicht, daß *Fahrzeuge des Sonderlinienverkehrs* die durch das Zeichen 224 der StVO gekennzeichneten *Haltestellen nicht benutzen* dürften. Das Zeichen 224 gilt für Linienbusse; Linienverkehr sind aber auch die in § 43 PBefG erwähnten Sonderformen des Linienverkehrs. Im übrigen ergibt sich aus § 45 Abs. 4 Satz 1 i. V. m. § 40 Abs. 1 PBefG, daß auch zum Sonderlinienverkehr grundsätzlich Haltestellen gehören, an denen die Fahrgäste aus- und einsteigen können. Der Hinweis in § 36 auf § 32 bedeutet lediglich, daß bei Mitbenutzung von Haltestellen des Linienverkehrs nach § 42 PBefG durch Sonderformen des Linienverkehrs bzw. bei Einrichtung von Haltestellen für Sonderformen des Linienverkehrs die Pflichten nach § 32, insbesondere die in § 32 Abs. 2 Nr. 1 und 2 geregelten Kennzeichnungspflichten entfallen.

Auch gegen die Benutzung der Haltestellen des Linienverkehrs durch *Fahrzeuge des freigestellten Schülerverkehrs* nach § 1 Nr. 4 Buchstabe d der Freistellungs-Verordnung dürften keine Bedenken bestehen. Der freigestellte Schülerverkehr entspricht seinem Wesen nach dem Linienverkehr und ist lediglich mit Rücksicht auf die Bedürfnisse der Mittelpunktschulen und im Hinblick auf den seinerzeitig im Verhältnis zum Gesamtverkehr geringen Umfang auf der Grundlage des § 58 Abs. 1 Nr. 1 PBefG von den Vorschriften des Personenbeförderungsgesetzes freigestellt worden. Auch die steuerrechtliche Behandlung des freigestellten Schülerverkehrs bis zum 30. 6. 1983 zeigt, daß er seinem Wesen nach Linienverkehr ist (vgl. Art. 2 des Verkehrsfinanzgesetzes 1971 vom 28. Februar 1972 – BGBl. I 1972 S. 201 –, zuletzt geändert durch Art. 3 des Subventionsabbaugesetzes vom 26. 6. 1981 (BGBl. I S. 537).

Die Verwaltungsvorschrift zu § 20 Abs. 1a StVO sieht im Hinblick darauf vor, daß für den Schulbusverkehr die Mitbenutzung der Haltestellen öffentlicher Verkehrsmittel anzustreben ist. Diese Verwaltungsvorschrift hat folgenden Wortlaut:

„I. Vor der Festlegung von Haltestellen von Schulbussen sind von der Straßenverkehrsbehörde neben Polizei und Straßenbaubehörde auch Schule, Schulträger und Schulbusunternehmer zu hören. Dabei ist darauf zu achten, daß die Schulbusse möglichst – ggf. unter Hinnahme eines Umwegs – so halten, daß die Kinder die Fahrbahn nicht überqueren müssen.

II. Es ist vorzusehen, daß Schulbusse nur rechts halten. Die Mitbenutzung der Haltestellen öffentlicher Verkehrsmittel ist anzustreben."

Von der Frage der Benutzung der Haltestellen des Linienverkehrs durch Schulbusse ist die Frage der *Kennzeichnung der Haltestellen von Schulbussen* zu unterscheiden. Erfahrungsgemäß sollte die Kennzeichnung von Haltestellen des Schulbusverkehrs *möglichst einheitlich* sein. Dem dient die Neufassung der Erläuterungen in § 41 Abs. 2 StVO zu Zeichen 224. Hiernach kennzeichnet das Zeichen 224 mit dem Zusatzschild „Schulbus (Angabe der tageszeitlichen Benutzung)" eine Schulbushaltestelle. Der Bundesminister für Verkehr hat die für die Kennzeichnung der Schulbushaltestellen erforderliche Schilderkombination durch Verlautbarung vom 29. 7. 1980 (VkBl. 1980, S. 526) bekannt gemacht.

Die Neufassung der Erläuterungen in § 41 Abs. 2 StVO zu Zeichen 224 enthält jedoch ***keine Rechtspflicht,*** sämtliche Schulbushaltestellen in der genannten Weise zu kennzeichnen; sie besagt nur, daß die Kennzeichnung in der erwähnten Weise erfolgen sollte, sofern eine Kennzeichnung der Schulbushaltestelle erforderlich sein sollte (so zutreffend Fromm, V + T 1980 S. 418, 420; vgl. auch die Amtliche Begründung zur Neufassung der Vorschrift in VkBl. 1980 S. 511, 518).

b) Für die *richtige Auswahl und Einrichtung der Haltestellen im Schulbusverkehr* ist nach Auffassung der Rechtsprechung der Schulträger verantwortlich (vgl. BGH DVBl 1977, S. 283, OLG Koblenz NJW 1977, S. 60). In dem erwähnten Urteil des BGH wird zu den Pflichten des Schulträgers und der Schulverwaltung u. a. folgendes ausgeführt: „In dem Erlaß (des beklagten Landes) ist hiernach rechtlich zutreffend von einer Verantwortlichkeit des Schulträgers für die richtige Auswahl und Einrichtung der Haltestellen im Schulbusverkehr ausgegangen worden, insbesondere für solche Haltestellen, die nur dem Schulbusverkehr dienen, wie es bei der Haltestelle in der Nähe der O.-Schule der Fall war. Die Benutzung der Schulbusse dient dem Schutz insbesondere der jüngeren Schüler vor den Gefahren des allgemeinen Straßenverkehrs auf dem Schulweg, den sie aufgrund der gesetzlichen Schulpflicht zurücklegen müssen. Die Schulbusse sollen insbesondere auch eine Beförderung der Kinder zu den Schulveranstaltungen sicherstellen, weil öffentliche Verkehrsmittel häufig dafür nicht oder nicht ausreichend zur Verfügung stehen. Den Schülern wird deshalb oftmals die Benutzung der Schulbusse angeraten, wie es auch hier der Fall gewesen ist.

Die richtige Auswahl und möglichst gefahrlose Einrichtung der Haltestellen für den Schülerverkehr stellt danach eine von dem Schulträger gegenüber den Schülern zu erfüllende Amtspflicht dar. Die Einhaltung dieser Verpflichtung hat, falls der Träger der Schule und der der Schulverwaltung nicht identisch sind, die Schulverwaltung zu überwachen. Diese hat nicht nur die schulisch-organisatorischen Grundlagen für den Schülerverkehr zu schaffen, wovon in dem genannten Runderlaß als selbstverständlich ausgegangen wird. Sie muß vielmehr, wenn die Haltestellen den im Interesse der Schüler zu stellenden Anforderungen nicht genügen, die Beseitigung solcher Gefahrenherde veranlassen. Erforderlichenfalls muß sie auch eigenes Personal, insbesondere Lehrkräfte, an den Haltestellen zum Schutz der Schüler einsetzen, also auch in dieser Hinsicht selbst tätig werden."

c) Es gibt umfangreiche Bemühungen, die mit dem wachsenden Schulbusverkehr verbundenen Gefahren, insbesondere auch an den Haltestellen von Schulbussen, zu mindern; vgl. zum Beispiel

– „Schulwegsicherheit in der Praxis", herausgegeben vom ADAC, 1978,
– „Der Schulbus", Schriftenreihe Straßenverkehr des ADAC, Heft 20,
– „Richtlinien für die Beförderung von Schülern mit Schulbussen" der Bundesarbeitsgemeinschaft der Unfallversicherungsträger der öffentlichen Hand e. V., Ausgabe Januar 1978,
– „Merkblatt zur Gestaltung und Sicherung von Schulwegen", herausgegeben von der Bundesanstalt für Straßenwesen (mit weiteren Nachweisen auf Seite 48 des Merkblattes),
– „Empfehlungen zur Verbesserung der Qualität der Schülerbeförderung", Bericht der Niedersächsischen Landeskommission Schülertransport, Hannover 1979,
– „Schulwegsicherung", 2. Auflage 1979, Mitteilungen Nr. 11 der Beratungsstelle für Schadensverhütung des HUK-Verbandes.

2. Taxenverkehr

§ 37 Beförderungsentgelte

(1) Ein anderes als das vom Fahrpreisanzeiger angezeigte Beförderungsentgelt darf nicht gefordert werden ①, ②, ⑤.

(2) Bei Versagen des Fahrpreisanzeigers wird das Beförderungsentgelt nach der durchfahrenen Strecke berechnet ③; der Fahrzeugführer hat den Fahrgast hierauf unverzüglich hinzuweisen. Nach Beendigung der Fahrt hat der Fahrzeugführer dem Unternehmer eine Störung des Fahrpreisanzeigers unverzüglich anzuzeigen; der Unternehmer hat die Störung unverzüglich zu beheben ⑤.

(3) Bei Fahrten, deren Ziel außerhalb des Geltungsbereichs der festgesetzten Beförderungsentgelte liegt, hat der Fahrzeugführer den Fahrgast vor Fahrtbeginn darauf hinzuweisen, daß das Beförderungsentgelt für den Teil der Fahrtstrecke, der außerhalb des Geltungsbereichs der festgesetzten Beförderungsentgelte liegt, frei zu vereinbaren ist ④, ⑤.

① Das Beförderungsentgelt wird nach § 51 Abs. 1 PBefG von der Landesregierung oder der von ihr durch Rechtsverordnung ermächtigten Stelle (z. B. Genehmigungsbehörde) festgesetzt. Die ermächtigten Stellen können jedoch auch für einen Bereich, der über den örtlichen Zuständigkeitsbereich einer Behörde hinausgeht, in gegenseitigem Einvernehmen einheitliche Beförderungsentgelte vereinbaren (§ 51 Abs. 2 PBefG). Für solche einheitlichen Beförderungsentgelte kann z.B. ein Verkehrsbedürfnis bestehen, wenn ein Flughafen außerhalb des örtlichen Zuständigkeitsbereiches einer benachbarten Großstadt liegt.
Das Beförderungsentgelt ist ein *Festpreis,* der nicht über- oder unterschritten werden darf (§ 51 Abs. 1 S. 3 i. V. m. § 39 Abs. 3 PBefG). Diese Preisbindung gilt jedoch – wie auch die Beförderungspflicht (§ 47 Abs. 4 PBefG) – *nur innerhalb des Anwendungsbereichs der Beförderungsentgelte,* der von den zuständigen Stellen im Verfahren nach § 51 Abs. 1 und 2 PBefG bestimmt wird.

Örtlich unterschiedliche Verkehrsverhältnisse sowie Verkehrsbedürfnisse der Verkehrsnutzer haben eine örtlich unterschiedliche Kosten- und Ertragslage der Taxiunternehmer zur Folge. Diesem Umstand tragen die *Taxitarifverordnungen* der Genehmigungsbehörden Rechnung. Gleichzeitig besteht auch ein Interesse, die Tarife einfach, überschaubar und möglichst einheitlich zu gestalten. Wenngleich im Tarifschema und in der Tarifhöhe örtliche Unterschiede bestehen, haben sich gemeinsame Grundsätze entwickelt. Zumeist setzt sich das durch Verordnung festgesetzte Beförderungsentgelt in den Landkreisen und kreisangehörigen Städten sowie in den kreisfreien Städten zusammen aus (vgl. § 51 Abs. 3 PBefG)

a) dem Fahrpreis, bestehend aus einem
– Grundpreis für Bereitstellung, Anfahrt und erste Teilstrecke (Anfangsstrecke).
– Kilometerpreis für die geleistete Beförderung nach weiteren Teilstrecken (Fortschaltstrecken),
– Zeitpreis, der verkehrsbedingt oder vom Fahrgast veranlaßt ist,

b) Zuschlägen für
– die Mitnahme von Reisegepäck und anderen Sachen, die im Kofferraum zu befördern sind oder von Tieren mit Ausnahme von Blindenführhunden,
– etwaige besondere Kosten (z.B. Straßen- oder Tunnelbenutzungsgebühren).

Die Vorschriften über die Beförderungsentgelte und -bedingungen sind im Taxi mitzuführen und dem Fahrgast auf Verlangen vorzuzeigen, § 51 Abs. 5 PBefG und § 10 (vgl. dort Anm. 1 Buchstabe c).

② a) Das nach § 51 Abs. 1 PBefG festgesetzte Beförderungsentgelt muß vom Fahrpreisanzeiger *angezeigt* werden (§ 28). § 37 Abs. 1 stellt klar, daß *nur dieses* Entgelt vom Fahrgast gefordert werden darf; für Fahrten mit Ziel außerhalb des Geltungsbereichs der festgesetzten Beförderungsentgelte wird diese Vorschrift durch § 37 Abs. 3 modifiziert. § 37 Abs. 1 wendet sich an den Fahrzeugführer (vgl. § 45 Abs. 2 Nr. 5 Buchstabe d).

b) § 37 Abs. 1 steht der Zulässigkeit von Sondertarifen, die aus Gründen der Vereinfachung und Pauschalierung des Abrechnungsverfahrens (bedeutsam z.B. für Krankenkassen, Behörden oder Industriebetriebe) eingeführt werden, nicht entgegen, sofern diese Sondertarife in die Taxitarifverordnung nach § 51 Abs. 1 PBefG aufgenommen und ihre Voraussetzungen so ausgestaltet sind, daß sie – i. S. von § 51 Abs. 1 Satz 3 i. V. mit § 39 Abs. 3 PBefG – unter den gleichen Bedingungen jedermann zugute kommen. Diese Ansicht wird durch die Neufassung des § 51 PBefG (BGBl. 1983 I S. 196) bestätigt. Hiernach kann die Taxitarifverordnung unter den in § 51 Abs. 4 PBefG genannten Voraussetzungen auch Sondervereinbarungen für den Pflichtfahrbereich vorsehen.

c) Das ***Beförderungsentgelt ist nach Abschluß der Fahrt zu entrichten:*** Der Beförderungsvertrag ist nach h. M. ein Werkvertrag. Beim Werkvertrag ist die Vergütung nach § 641 BGB erst bei der Abnahme des Werks zu entrichten. Hieraus folgt, daß die ***Beförderung im Pflichtfahrgebiet,*** in dem die gesetzliche Beförderungspflicht nach § 47 Abs. 4 PBefG gilt, grundsätzlich ***nicht von der Zahlung eines Vorschusses abhängig*** gemacht werden darf. Zu Recht hat das OLG Düsseldorf in einem Beschluß vom 5. 12. 1979 (VRS 58, 470) einen Fahrer, der unberechtigt einen Vorschuß verlangt hat, wegen Verstoßes gegen die Beförderungspflicht nach § 22 PBefG zu einer Geldbuße verurteilt. Allerdings enthält die Neufassung des § 51 Abs. 3 PBefG (BGBl. 1983 I S. 196) nunmehr eine Ermächtigung, wonach Taxitarifverordnungen auch Regelungen über Vorauszahlungen enthalten können.

Auch für Fahrten, deren Ziel ***außerhalb des Pflichtfahrgebiets*** liegt, ist das Beförderungsentgelt nach § 641 BGB nach Abschluß der Fahrt zu entrichten. Hier gilt jedoch nach § 37 Abs. 3 für die Fahrstrecke außerhalb des Pflichtfahrgebiets der Grundsatz der freien Tarifvereinbarung. Dies bedeutet, daß Fahrer und Fahrgast für den Teil der Fahrstrecke außerhalb des Geltungsbereichs der festgesetzten Beförderungsentgelte auch die ***Zahlung eines Vorschusses vereinbaren*** können.

d) § 51 PBefG und § 37 BOKraft enthalten keine Pflicht, das Beförderungsentgelt bar zu entrichten. Eine ***bargeldlose Abrechnung*** ist zulässig. Sie ist insbesondere für Dauerfahrgäste und Großkunden (z. B. Krankenkassen, größere Firmen) von Bedeutung.

e) Die Taxitarifverordnungen sehen i. d. R. vor, daß der Fahrgast eine ***Bescheinigung über das gezahlte Beförderungsentgelt*** verlangen kann. Die Quittungen enthalten im Allgemeinen folgende Angaben:
- Name und Anschrift des Taxiunternehmers
- ggf. Name und Anschrift der Funkzentrale
- Ordnungsnummer der Taxe
- Beförderungsentgelt
- Mehrwertsteuer
- Datum
- Name und Unterschrift des Fahrers
- ggf. Fahrstrecke und Uhrzeit.

③ Im Falle des ***Versagens des Fahrpreisanzeigers*** wird das Beförderungsentgelt nach der durchfahrenen Strecke berechnet. ***Berechnungsgrundlage*** bildet hiernach der zurückgelegte Weg; der Zeitfaktor bleibt außer Betracht.

Bei der Berechnung des Beförderungsentgelts nach der durchfahrenen Strecke ist § 38 zu beachten.

④ Wie schon oben unter 1 erwähnt, gilt die Preisbindung nur bei Fahrten, deren Ziel innerhalb des Geltungsbereichs der nach § 51 Abs. 1 und 2 PBefG festgesetzten Beförderungsentgelte liegt. Befindet sich das ***Ziel außerhalb dieses Bereichs,*** ist der Fahrpreis

■ für die Teilstrecke „innerhalb des Geltungsbereichs" nach dem festgesetzten und vom Fahrpreisanzeiger angezeigten Tarif festzusetzen,

■ für die Teilstrecke „außerhalb des Geltungsbereiches" frei zu vereinbaren.

Entsprechendes gilt, wenn nicht der Ziel-, sondern der ***Ausgangspunkt außerhalb des Geltungsbereichs*** der festgesetzten Beförderungsentgelte liegt.

§ 37 Abs. 3 verpflichtet den Fahrzeugführer gegenüber dem Fahrgast zum Hinweis, daß der Fahrpreis außerhalb des Geltungsbereichs der Festpreise frei zu vereinbaren ist. Kommt es – gleichgültig aus welchen Gründen – insoweit zu keiner Preisvereinbarung, ist der Fahrgast nach § 632 Abs. 2 BGB zur Bezahlung des üblichen Fahrpreises verpflichtet.

⑤ Schuldhafte Verstöße des Fahrzeugführers gegen § 37 und des Unternehmers gegen die Pflicht zur unverzüglichen Behebung der Störung des Fahrpreisanzeigers nach § 37 Abs. 2

Satz 2 sind Ordnungswidrigkeiten (vgl. im einzelnen § 45 Abs. 1 Nr. 5 Buchstabe q und Abs. 2 Nr. 5 Buchstabe d bis f).

§ 38 Fahrweg

Sofern der Fahrgast nichts anderes bestimmt, hat der Fahrzeugführer den kürzesten Weg zum Fahrtziel zu wählen, es sei denn, daß ein anderer Weg verkehrs- oder preisgünstiger ist und mit dem Fahrgast vereinbart wird ①, ②.

① Der Fahrzeugführer hat grundsätzlich den kürzesten Weg (= die kürzeste Entfernung) zu wählen. Da der kürzeste Weg nicht immer der günstigste ist (z. B. bei starkem Verkehr oder bei Straßenbauarbeiten), sieht § 38 vor, daß Fahrgast und Fahrzeugführer auch einen verkehrs- oder preisgünstigeren Weg vereinbaren können.

Eine solche Vereinbarung kann vor oder während der Fahrt getroffen werden.

Abweichend von § 37 Abs. 2 und 3 enthält § 38 keine ausdrückliche Pflicht des Fahrzeugführers, den Fahrgast auf einen günstigeren als den kürzesten Weg hinzuweisen.

Die grundsätzliche Pflicht des Fahrzeugführers, den kürzesten Weg zu wählen, besteht jedoch *nur innerhalb der dem Straßenverkehr durch die Vorschriften der StVO gezogenen Grenzen.* Kann also z. B. der Fahrzeugführer eine stark befahrene Vorfahrtstraße an einer nicht durch Ampeln gesicherten Kreuzung nicht verkehrsordnungsgemäß überqueren, muß er einen Umweg erforderlichenfalls bis zu einer Kreuzung machen, an der der Verkehr durch Ampeln geregelt ist (OLG Hamburg, Verkehrsrechtliche Mitteilungen 1967, 38).

② Der schuldhafte Verstoß des Fahrzeugführers gegen § 38 ist nach § 45 Abs. 2 Nr. 5 Buchstabe g eine Ordnungswidrigkeit.

§ 39 Benutzung des Taxischildes

Im Geltungsbereich der festgesetzten Beförderungsentgelte muß das Taxischild (§ 26 Abs. 1 Nr. 2) beleuchtet sein, wenn keine Fahrtaufträge ausgeführt werden ①; das gilt nicht bei der Bereitstellung von Taxen auf Taxenständen ②. Bei Durchführung eines Fahrtauftrages muß die Beleuchtung ausgeschaltet sein ③, ④.

① Zur Erleichterung der Benutzung von Taxen muß bei Fahrzeugen, die keine Fahrtaufträge ausführen, das Taxischild im Geltungsbereich der festgesetzten Beförderungsentgelte beleuchtet sein; außerhalb des erwähnten Geltungsbereichs muß das Taxischild unbeleuchtet sein.

Auf das nach früherem Recht vorgeschriebene *„Freizeichen"* zur Kennzeichnung unbesetzter Taxen hat § 39 *verzichtet.*

② Bei Bereitstellung von Taxen auf Taxenständen (§ 41 StVO, Zeichen 229, abgedruckt auf S. 111) kann der Fahrgast schon aus der Bereitstellung die Benutzbarkeit der Taxen erkennen. Die Beleuchtung des Taxischildes bei Taxen auf Taxenständen ist daher entbehrlich.

An Taxenständen dürfen Taxen nur zum Zwecke der Bereitstellung für einen Fahrgast parken (OLG Hamburg, Verkehrsrechtliche Mitteilungen 1966, 64). Für andere Fahrzeuge ist das Parken an Taxenständen unzulässig.

Das Parkverbot gilt auch für einen PKW, der als Taxi genehmigt ist, wenn dessen Fahrer keine Fahrerlaubnis zur Fahrgastbeförderung hat (OLG Hamm VRS 21, 465).

Das Zeichen 229 „Taxenstand" kann mit einem Zusatzschild versehen sein, das die Anzahl der vorgesehenen Taxen angibt. Nach der VwV zu Zeichen 229 „Taxenstand" (vgl. S. 111) steht das Zeichen am Beginn der Verbotsstrecke. Ist diese für mehr als 5 Taxen vorgesehen, so ist das Zeichen auch am Ende der Verbotsstrecke aufzustellen. Verbotsstrecken mit nur einem Zeichen (bis zu 5 Taxen) sind zu markieren (Zeichen 299, abgedruckt auf S. 113).

Andere Kraftfahrer müssen auf die genannten Markierungen achten. Ein Kraftfahrer begeht jedoch nach § 12 Abs. 2 StVO keinen Verstoß gegen das Parkverbot, wenn er wegfahrbereit bis zu 3 Minuten am Taxenstand hält. Maßgeblich ist hierbei die 3-Minuten-Grenze, nicht der Zweck des Haltens; allerdings muß der Fahrer wegfahrbereit in der Nähe des Kraftfahrzeugs sein und bei Behinderung anderer wegfahren. Unabhängig hiervon muß der Fahrer jedoch spätestens nach 3 Minuten wegfahren (vgl. Jagusch § 12 StVO Anm. 43, 49).

③ Zur Vermeidung von Mißverständnissen für den an einer Taxibenutzung Interessierten muß bei Durchführung eines Fahrtauftrags die Beleuchtung des Taxischildes ausgeschaltet sein. Ist der Fahrzeugführer beauftragt, einen Fahrgast abzuholen, so liegt der erforderlichen *Leerhinfahrt* ein Fahrtauftrag zugrunde; das Taxischild darf also auch bei einer solchen Leerhinfahrt nicht beleuchtet sein.

§ 39 Satz 2 ist – wie auch § 39 Satz 1 – *keine Schaltvorschrift,* wonach das Taxischild automatisch erlöschen muß, sobald der Fahrpreisanzeiger eingeschaltet ist, sondern eine *Benutzungsvorschrift.* Für diese Auffassung spricht außer der Überschrift des § 39 auch die durch § 45 Abs. 2 Nr. 5 Buchstabe h bekräftigte Verantwortlichkeit des Fahrzeugführers für die Ausschaltung der Beleuchtung bei Durchführung eines Fahrtauftrages. Der Wortlaut des § 39 Satz 2 steht dieser Auffassung nicht entgegen.

④ Der schuldhafte Verstoß des Fahrzeugführers gegen § 39 ist nach § 45 Abs. 2 Nr. 5 Buchstabe h eine Ordnungswidrigkeit.

3. Mietwagenverkehr

§ 40 Beförderungsentgelte

Im Mietwagenverkehr sind die Beförderungsentgelte nach der Anzeige des Wegstreckenzählers (§ 30 Abs. 1) zu berechnen, wenn nichts anderes vereinbart ist ①, ②.

① Im Mietwagenverkehr gibt es grundsätzlich *keine behördlich festgesetzten Beförderungsentgelte* (vgl. auch § 51 Abs. 7 PBefG). Das Entgelt wird vielmehr frei vereinbart. Haben die Parteien nichts anderes vereinbart (z. B. ein Pauschalentgelt), so wird das Beförderungsentgelt nach den zurückgelegten Kilometern berechnet. *Preiselemente* sind sodann

- die zurückgelegte Strecke und
- ein zu vereinbarender Kilometerpreis.

Aus § 40 ergibt sich, daß für die zurückgelegte Strecke als Preiselement die Anzeige des geeichten Wegstreckenzählers maßgeblich ist.

Der Kilometerpreis als Preiselement wird von den Vertragsparteien frei vereinbart. Kommt es – gleich aus welchen Gründen – zu keiner Vereinbarung über den Kilometerpreis, gilt entsprechend § 632 Abs. 2 BGB der übliche Kilometerpreis als vereinbart.

Zum Verkehr mit Mietomnibussen vgl. § 30 Abs. 2 und dort Anm. 3.

② Der schuldhafte Verstoß des Fahrzeugführers gegen § 40 ist nach § 45 Abs. 2 Nr. 5 Buchstabe i eine Ordnungswidrigkeit.

Sondervorschriften über die Untersuchungen der Fahrzeuge

§ 41 Hauptuntersuchungen

(1) Bei den Hauptuntersuchungen der Fahrzeuge nach § 29 StVZO ist auch festzustellen, ob die Fahrzeuge den Vorschriften dieser Verordnung entsprechen ①.

(2) Nach Hauptuntersuchungen hat der Unternehmer eine Ausfertigung des Untersuchungsberichts, bei Kraftomnibussen das Prüfbuch, unverzüglich der Genehmigungsbehörde oder der von der Landesregierung bestimmten Behörde vorzulegen ②, ③.

① *Hauptuntersuchungen* beziehen sich nach Anlage VIII, Nr. 1.2, zu § 29 StVZO darauf, ob das Fahrzeug den Vorschriften der StVZO entspricht. Über die StVZO hinaus enthält jedoch auch die BOKraft hinsichtlich der Ausrüstung und Beschaffenheit der Fahrzeuge im dritten Abschnitt sowie im ersten Titel des vierten Abschnitts, also innerhalb der §§ 16 bis 36, zahlreiche Bestimmungen. Um deren Einhaltung besser sicherzustellen, wird die Hauptuntersuchung der Fahrzeuge (§ 29 StVZO) durch § 41 Abs. 1 auch auf diese Vorschriften erstreckt. Die *Prüfplakette* darf nach § 29 Abs. 2 Satz 2 StVZO nur erteilt werden, wenn keine Bedenken gegen die Vorschriftsmäßigkeit des Fahrzeugs bestehen. Diese Voraussetzung ist nur erfüllt, wenn das Fahrzeug sowohl den Vorschriften der StVZO als auch der BOKraft entspricht. Die Prüfplakette bescheinigt, daß das Fahrzeug zum Zeitpunkt seiner letzten Hauptuntersuchung bis auf etwaige geringe Mängel für vorschriftsmäßig befunden worden ist (§ 29 Abs. 2a StVZO).

Aus Gründen der Sicherheit des Betriebs sind Kraftfahrzeuge, die zur Personenbeförderung nach den Vorschriften des PBefG verwendet werden, in kurzen *Zeitabständen von 12 Monaten zur Hauptuntersuchung* anzumelden (Anlage VIII, Nr. 2.1, zu § 29 StVZO). Diese Frist von 12 Monaten bei Hauptuntersuchungen gilt einheitlich für

- Kraftomnibusse,
- Taxen,
- Mietwagen,
- Personenkraftwagen, die für Ausflugsfahrten oder für Ferienziel-Reisen nach § 48 PBefG genehmigt sind,
- Krankenkraftwagen,
- Personenkraftwagen, die im freigestellten Schülerverkehr oder für die Beförderung körperlich, geistig oder seelisch behinderter Personen zu Betreuungseinrichtungen eingesetzt werden (§ 1 Nr. 4 Buchstaben d und g der Freistellungs-Verordnung).

Kraftomnibusse und Krankenkraftwagen mit mehr als 8 Fahrgastplätzen sind außerdem Zwischenuntersuchungen in Abständen von 3 Monaten und Bremssonderuntersuchungen in Abständen von 12 Monaten zu unterziehen.

Bundesbahn und Bundespost können die Untersuchungen ihrer Fahrzeuge selbst durchführen. Sie können Untersuchungsberichte nach eigener Bestimmung fertigen. Prüfbücher brauchen sie nicht zu führen, wenn sie über die Durchführung der Zwischenuntersuchungen und Bremssonderuntersuchungen andere Nachweise anlegen (Anlage VIII, Nr. 8, zu 29 StVZO).

② § 41 Abs. 2 soll der *Genehmigungsbehörde* die *Prüfung ermöglichen,* ob die vorgeschriebenen Untersuchungen regelmäßig durchgeführt und ob und welche Mängel bei diesen Untersuchungen festgestellt worden sind. Etwaige Unregelmäßigkeiten können die Sicherheit des Betriebs und die Zuverlässigkeit des Unternehmers berühren und in Verfahren über die Erteilung und Rücknahme von Genehmigungen Bedeutung erlangen.

Bei *Kraftomnibussen* hat der Unternehmer der Genehmigungsbehörde das Prüfbuch vorzulegen. Mit diesem Prüfbuch ist bei Kraftomnibussen der Untersuchungsbericht über die Hauptuntersuchung verbunden. Allerdings ist eine Verbindung von Untersuchungsbericht und Prüfbuch nicht erforderlich, wenn die Angaben, die der Untersuchungsbericht ausweisen muß, in das Prüfbuch eingetragen sind (Anlage VIII,

Nr. 5.4, zu § 29 StVZO). Bei *Taxen und Mietwagen, bei Personenkraftwagen,* die *für Ausflugsfahrten oder Ferienziel-Reisen* genehmigt sind und bei *Krankenkraftwagen* mit nicht mehr als 8 Fahrgastplätzen hat der Unternehmer der Genehmigungsbehörde eine Ausfertigung des Untersuchungsberichts vorzulegen. Die Einzelheiten über das Prüfbuch und den Untersuchungsbericht sind Anlage VIII, Nr. 5, zu § 29 StVZO zu entnehmen.

Nach § 1 Abs. 2 gelten die Pflichten über die erweiterte Hauptuntersuchung und über die Vorlage des Prüfbuches bzw. des Untersuchungsberichts aus Gründen der Verkehrssicherheit *auch für den freigestellten Schüler- und Behindertenverkehr.* Die Unterlagen sind der Genehmigungsbehörde oder der von der Landesregierung bestimmten Behörde vorzulegen. Im freigestellten Verkehr erteilt die Genehmigungsbehörde i. S. von § 11 PBefG keine Genehmigung. Deshalb kann es zweckmäßig sein, Prüfbuch und Untersuchungsbericht nicht der Genehmigungsbehörde, sondern anderen für den Schüler- und Behindertenverkehr verantwortlichen Stellen vorlegen zu lassen (z. B. dem Schulträger oder der Schulverwaltung). § 41 Abs. 2 gibt den Ländern den erforderlichen Spielraum, um die der Verkehrssicherheit dienenden Vorschriften des § 41 i. V. mit § 1 Abs. 2 sinnvoll anzuwenden.

③ Ein schuldhafter Verstoß des Unternehmers gegen Absatz 2 ist eine Ordnungswidrigkeit (§ 45 Abs. 1 Nr. 5 Buchstabe r).

§ 42 Außerordentliche Hauptuntersuchungen

(1) Vor der ersten Inbetriebnahme in einem Unternehmen hat der Unternehmer auf seine Kosten eine außerordentliche Hauptuntersuchung des Fahrzeugs zu veranlassen und der Genehmigungsbehörde darüber unverzüglich den Untersuchungsbericht, bei Kraftomnibussen das Prüfbuch, vorzulegen ①, ③.

(2) Besteht für ein fabrikneues Fahrzeug eine Allgemeine Betriebserlaubnis, so kann die außerordentliche Hauptuntersuchung nach Absatz 1 auf die Feststellung beschränkt werden, ob die Vorschriften dieser Verordnung erfüllt sind. Ist für einen Kraftomnibus die Übereinstimmung mit dieser Verordnung bei Erteilung der Allgemeinen Betriebserlaubnis festgestellt worden und bestätigt deren Inhaber dies durch Vermerk im Prüfbuch, kann die außerordentliche Hauptuntersuchung unterbleiben ②.

① Nach § 42 Abs. 1 muß ein Fahrzeug *vor der ersten Inbetriebnahme in einem Unternehmen* in einer *Hauptuntersuchung* überprüft werden. Absatz 1 bezieht sich auf alle Fahrzeuge, d. h. auf *neue und gebrauchte Fahrzeuge.* Allerdings bringt Absatz 2 für fabrikneue Fahrzeuge wichtige Erleichterungen und Ausnahmen (vgl. Anm. 2). Eine umfassende, sich auf die Einhaltung der Vorschriften der StVZO und der BOKraft erstreckende Hauptuntersuchung ist also erforderlich vor der ersten Inbetriebnahme
- fabrikneuer Fahrzeuge, wenn keine Allgemeine Betriebserlaubnis besteht,
- erworbener Gebrauchtfahrzeuge,
- von Fahrzeugen, die nicht nur vorübergehend, sondern länger als ein Jahr aus dem Verkehr gezogen worden sind mit der Folge, daß die Betriebserlaubnis erloschen ist (vgl. § 19 Abs. 2 Satz 1 i. V. m. § 27 Abs. 6 Satz 2 StVZO); wird das Fahrzeug sodann wieder zum Verkehr zugelassen, ist eine neue Betriebserlaubnis erforderlich und ein neuer Brief auszufertigen (§ 27 Abs. 7 StVZO).

② Für *fabrikneue* Fahrzeuge wird regelmäßig eine Allgemeine Betriebserlaubnis nach § 20 StVZO erteilt. In diesem Falle ist es gerechtfertigt, die Hauptuntersuchung vor der ersten Inbetriebnahme (Abs. 1) auf die Prüfung zu beschränken, ob auch die Vorschriften der BOKraft eingehalten sind (Abs. 2 Satz 1). Stellt bereits die Allgemeine Betriebserlaubnis die Übereinstimmung des Kraftomnibusses mit der BOKraft fest und wird dies im Prüfbuch bestätigt, so kann nach Abs. 2 Satz 2 bei Kraftomnibussen auch diese eingeschränkte außerordentliche Hauptuntersuchung unterbleiben.

Der *Begriff „fabrikneu"* in § 42 Abs. 2 und im Kaufvertragsrecht dürfte nicht völlig inhaltsgleich sein. § 42 dient Gründen der Verkehrssicherheit. Demgegenüber ist der im Kaufvertragsrecht (insbesondere im Kraftfahrzeughandel) verwendete Begriff ,,fabrikneu" unter dem Gesichtspunkt des Vertrauensschutzes zu sehen. So kann z. B. die Zugehörigkeit zu einer Vorserie ein Fehler i. S. von § 459 BGB sein (vgl. OLG Düsseldorf NJW 71, 622; AG Charlottenburg DAR 80, 370); sie braucht hingegen die Verkehrssicherheit nicht zu berühren, sodaß die Eigenschaft ,,fabrikneu" i. S. von § 42 noch bejaht werden kann. Etwas anderes ist allerdings anzunehmen, wenn durch lange Standzeit am Fahrzeug technische Mängel entstanden sind.

§ 42 gilt auch für den Verkehr nach § 1 Nr. 4 Buchstaben d und g der Freistellungs-Verordnung.

③ Ein schuldhafter Verstoß gegen § 42 Abs. 1 ist eine Ordnungswidrigkeit (§ 45 Abs. 1 Nr. 5 Buchstabe s).

Schluß- und Übergangsvorschriften

§ 43 Ausnahmen ①

(1) Die zuständigen obersten Landesbehörden oder die von ihnen bestimmten Stellen können in bestimmten Einzelfällen oder allgemein für bestimmte Antragsteller von allen Vorschriften dieser Verordnung Ausnahmen genehmigen. Von der Vorschrift des § 26 Abs. 3 können sie für den Bereich einzelner Genehmigungsbehörden Ausnahmen auch allgemein für die Unternehmer, die im Zeitpunkt der Bewilligung der Ausnahme im Besitze einer Genehmigung für den Taxen- oder Mietwagenverkehr sind, genehmigen ②.

(2) Allgemeine Ausnahmen regelt der Bundesminister für Verkehr durch Rechtsverordnung mit Zustimmung des Bundesrates nach Anhören der zuständigen obersten Landesbehörden ③.

(3) Die Ausnahmegenehmigung kann unter dem Vorbehalt des Widerrufs erteilt werden und mit Nebenbestimmungen (Bedingungen, Befristungen, Auflagen) versehen werden. Erforderlichenfalls kann die zuständige Behörde die Beibringung eines Sachverständigengutachtens auf Kosten des Antragstellers verlangen. Der Bescheid ist mitzuführen und auf Verlangen zuständigen Personen auszuhändigen ④.

① Vergleichbare Vorschriften enthalten § 46 StVO und § 70 StVZO.

② a) Die *Länderbehörden* erteilen die Genehmigung durch Verwaltungsakt. Die Ausnahmegenehmigungen, die sich auf alle Vorschriften der BOKraft beziehen können, können sich in einem räumlich begrenzten Bereich auswirken (z. B. Ausnahmen von den Vorschriften der §§ 32, 33 und 35). *Ausnahmen* können jedoch auch im gesamten Bundesgebiet *Geltung* haben; dies ist rechtlich zulässig, da die Ausnahmen im Vollzug einer bundesgesetzlichen Vorschrift genehmigt werden (BVerfG DVBl. 1960, 592); hierbei kommen insbesondere fahrzeugbezogene Vorschriften der BOKraft (§§ 16–31) in Betracht. Die Möglichkeit der umfassenden räumlichen Wirkung eines Verwaltungsakts schließt nicht aus, daß die zuständige Landesbehörde die beabsichtigte Verwaltungsmaßnahme vorab mit den zuständigen Stellen der anderen Länder abstimmt.

b) Der durch die Änderungsverordnung im Jahr 1977 eingefügte Satz 2 in § 43 Abs. 1 ermöglicht es den zuständigen Landesbehörden, von dem für den Taxen- und Mietwagenverkehr nach § 26 Abs. 3 bestehenden *Werbeverbot* für den Bereich einzelner Genehmigungsbehörden *Ausnahmen* allgemein für die Unternehmer, die im Zeitpunkt der Bewilligung der Ausnahme im Besitze einer Genehmigung sind, zu genehmigen. Die Entscheidung ergeht durch *Allgemeinverfügung,* für deren Bekanntgabe Erleichterungen gelten können; vgl. § 41 Abs. 3 VwVfG und KG VRS 67, 278, 282. Ob die zuständige Landesbehörde eine solche Allgemeinverfügung erläßt, ist eine *Ermessensentscheidung* (BVerwG VRS 67, 306). Die Behörde hat bei ihrer Entscheidung insbesondere zu prüfen, ob durch die Genehmigung der Ausnahme die Erkennbarkeit der Taxen im Straßenverkehr, die unterschiedliche Aufgabenstellung von Taxen- und Mietwagenverkehr sowie der Betriebsablauf auf den Taxenständen beeinträchtigt werden (KG VRS 67, 278). Die Beschränkung der Ausnahme vom Werbeverbot auf vorhandene Unternehmer („die im Zeitpunkt der Bewilligung der Ausnahme im Besitze einer Genehmigung für den Taxen- oder Mietwagenverkehr sind"), ist dadurch bedingt, daß sich die Allgemeinverfügung an einen bestimmten oder bestimmbaren Personenkreis richtet; vgl. § 35 Satz 2 VwVfG. Diese Beschränkung bedeutet jedoch nicht, daß neu hinzukommende Unternehmer von der Werbung ausgeschlossen werden können; vielmehr ist im Hinblick auf Artikel 3 GG auf Antrag auch den neuen Unternehmern unter den gleichen Voraussetzungen wie den bisherigen Unternehmern eine Ausnahme vom Werbeverbot zu genehmigen. Die Entscheidung kann durch Verwaltungsakt nach § 43 Abs. 1 Satz 1 oder durch Allgemeinverfügung nach § 43 Abs. 1 Satz 2 ergehen. Zum Werbeverbot und der Genehmigung von Ausnahmen vgl. auch Anm. 5 zu § 26.

Ausnahmen vom Werbeverbot werden von den zuständigen obersten Landesbehörden oder den von ihnen bestimmten Stellen genehmigt. In den Bundesländern, in denen Ausnahmegenehmigungen z. Zt. erteilt werden, ist die Zuständigkeit z. T. auf die ***Kreisverwaltungsbehörden***, z. T. auf die ***Regierungspräsidenten*** übertragen worden.

③ *Nach § 43 Abs. 2 werden* allgemeine Ausnahmen durch Rechtsverordnungen geregelt. Eine Rechtsverordnung kann erforderlich sein, wenn von einer Entscheidung alle Unternehmen oder alle Unternehmer einer bestimmten Verkehrsart betroffen werden. Die ***Rechtsverordnung*** wird vom ***Bundesminister für Verkehr*** mit Zustimmung des Bundesrats nach Anhörung der zuständigen obersten Landesbehörden erlassen.

Nach § 70 Abs. 1 Nr. 4 StVZO kann das ***Kraftfahrt-Bundesamt*** mit Ermächtigung des Bundesministers für Verkehr bei Erteilung einer Allgemeinen Betriebserlaubnis Ausnahmen von den Vorschriften der StVZO genehmigen. Hingegen steht dem Kraftfahrt-Bundesamt bezüglich der Vorschriften der BOKraft keine entsprechende ***Befugnis*** zu, auch dann nicht, wenn es bei Erteilung der Allgemeinen Betriebserlaubnis die Erfüllung der Vorschriften der BOKraft feststellen soll.

④ § 43 Abs. 3 stimmt inhaltlich mit § 46 Abs. 3 StVO überein (vgl. auch § 71 StVZO). Nach § 43 Abs. 3 sind bei Ausnahmegenehmigungen Widerrufsvorbehalte, Bedingungen, Befristungen und Auflagen zulässig. Es handelt sich hierbei um sog. Nebenbestimmungen zum Verwaltungsakt. Im Personenbeförderungsrecht sind diese Nebenbestimmungen nicht definiert. Es gelten daher die verwaltungsverfahrensgesetzlichen Begriffsbestimmungen. Nach den Landesverwaltungsverfahrensgesetzen, die hinsichtlich der Definition von Widerrufsvorbehalt, Bedingung, Befristung und Auflage mit dem VwVfG grundsätzlich übereinstimmen, haben die in § 43 Abs. 3 BOKraft verwendeten Begriffe folgende Bedeutung:

Widerrufsvorbehalt: Der Widerrufsvorbehalt ermöglicht es der Behörde, einen rechtmäßigen begünstigenden Verwaltungsakt (hier die Ausnahmegenehmigung), auch nachdem er unanfechtbar geworden ist, ganz oder teilweise mit Wirkung für die Zukunft zu widerrufen (vgl. § 36 Abs. 2 Nr. 3 und § 49 Abs. 2 Nr. 1 VwVfG sowie die entsprechenden Vorschriften der Landesverwaltungsverfahrensgesetze). Aus § 43 Abs. 3 BOKraft ergibt sich, daß Ausnahmegenehmigungen von den Vorschriften der ***BOKraft*** nach pflichtgemäßem Ermessen mit einem Widerrufsvorbehalt versehen werden können; demgegenüber ist die Erteilung widerruflicher Genehmigungen nach dem ***PBefG*** nicht zulässig (vgl. 15 Abs. 2 PBefG). Ausnahmegenehmigungen nach der BOKraft können jedoch nicht nur widerrufen werden, wenn der Widerruf im Verwaltungsakt ausdrücklich vorbehalten ist. Die Verwaltungsverfahrensgesetze sehen auch noch weitere Widerrufsgründe vor. Hiernach ist ein Widerruf z. B. auch zulässig, wenn der Begünstigte Auflagen nicht oder nicht rechtzeitig erfüllt hat; vgl. im einzelnen § 49 Abs. 2 Satz 1 Nr. 2–5 VwVfG und die entsprechenden Vorschriften der Landesverwaltungsverfahrensgesetze.

Bedingung: Die Bedingung ist eine Bestimmung, nach der der Eintritt oder der Wegfall einer Vergünstigung oder einer Belastung von dem ungewissen Eintritt eines zukünftigen Ereignisses abhängt (vgl. § 36 Abs. 2 Nr. 2 VwVfG).

Befristung: Die Befristung ist eine Bestimmung, nach der eine Vergünstigung oder Belastung zu einem bestimmten Zeitpunkt beginnt, endet oder für einen bestimmten Zeitraum gilt (vgl. § 36 Abs. 2 Nr. 1 VwVfG).

Auflage: Die Auflage ist eine Bestimmung, durch die dem Begünstigten ein Tun, Dulden oder Unterlassen vorgeschrieben wird (vgl. § 36 Abs. 2 Nr. 4 VwVfG).

Aus der Fassung des § 43 Abs. 3 Satz 3 ist zu entnehmen, daß (bei fahrzeugbezogenen Ausnahmen) der Originalbescheid mitzuführen und auf Verlangen zuständigen Personen zur Prüfung auszuhändigen ist. Ablichtungen reichen nicht aus.

§ 44 Bundesbahn und Bundespost

Die §§ 4, 5, 41 und 42 gelten nicht für die Deutsche Bundesbahn und die Deutsche Bundespost, die insoweit eigene Regelungen treffen ①.

① Das PBefG 1934, die DVO PBefG 1935 und die BOKraft 1939 hatten Bahn und Post eine

Sonderstellung eingeräumt. Das PBefG 1961 brachte – in Fortentwicklung der sog. Offenbacher Vereinbarungen über den Omnibusverkehr der Deutschen Post vom 15. Juni 1948 (VkBl. 1948 S. 35 und 1949 S. 1) und über den Omnibusverkehr der Deutschen Reichsbahn vom 10. 12. 1948 (VkBl. 1949 S. 3) – eine grundsätzliche Gleichstellung der Deutschen Bundespost und der Deutschen Bundesbahn mit den kommunalen und gemischt-wirtschaftlichen sowie den privaten Unternehmen. Einem praktischen Bedürfnis entsprechend wurden jedoch einige Erleichterungen für die Bundesverkehrsanstalten, insbesondere im Bereich der subjektiven Genehmigungsvoraussetzungen, der technischen Aufsicht und der Prüfung, beibehalten (vgl. § 13 Abs. 6, § 54 Abs. 3, § 54 a Abs. 2 PBefG).

§ 44 stimmt mit dieser Konzeption des PBefG 1961 überein. *Bahn und Post unterliegen also grundsätzlich der BOKraft. Nicht* anzuwenden auf Bahn und Post sind jedoch die Vorschriften der §§ 4 und 5 über den *Betriebsleiter und* den *auswärtigen Unternehmer.* Die Bundesverkehrsanstalten bieten Gewähr dafür, daß sie die erforderlichen Regelungen durch betriebsinterne Dienstvorschriften treffen. Keine Anwendung auf Bahn und Post finden auch die Sondervorschriften über die *Untersuchungen der Fahrzeuge* nach §§ 41, 42. Nach Anlage VIII Nr. 8 zu § 29 StVZO können Bahn und Post die Untersuchungen ihrer Fahrzeuge selbst durchführen. Dies gilt für alle unter Nr. 1 der Anlage VIII genannten Untersuchungen (Haupt-, Zwischen- und Bremssonderuntersuchungen). Die Bundesverkehrsanstalten untersuchen hierbei, ob Bedenken gegen die Vorschriftsmäßigkeit der Fahrzeuge bestehen; hiernach haben Bahn und Post

- bei der Hauptuntersuchung die Übereinstimmung der Fahrzeuge mit den Vorschriften der StVZO und der BOKraft festzustellen,
- vor der ersten Inbetriebnahme des Fahrzeugs die außerordentliche Hauptuntersuchung durchzuführen.

§ 44 hat für Bahn und Post nur insoweit Bedeutung, als sie selbst als Unternehmer Personen befördern. Die Vorschrift bezieht sich also nicht auf Unternehmen, die sich ganz oder teilweise in der Hand von Bahn und Post befinden (Tochtergesellschaften); die Tochtergesellschaften der Bundesverkehrsanstalten unterliegen als selbständige Unternehmen in vollem Umfang den Vorschriften der BOKraft.

§ 45 Ordnungswidrigkeiten

①, ②, ③

(1) Ordnungswidrig im Sinne des § 61 Abs. 1 Nr. 4 PBefG handelt, wer vorsätzlich oder fahrlässig als Unternehmer ④

1. die Instandhaltungspflicht nach § 3 Abs. 1 Satz 2 verletzt,

2. den Betrieb des Unternehmens entgegen § 3 Abs. 1 Satz 3 anordnet oder zuläßt,

3. eine vollziehbare schriftliche Anordnung der Genehmigungsbehörde zur Bestellung eines Betriebsleiters nach § 4 Abs. 1 Satz 3 bis 5 oder eines Vertreters nach § 5 Abs. 1 nicht oder nicht innerhalb der von der Genehmigungsbehörde gesetzten Frist befolgt,

4. der in § 6 Nr. 2 oder 3 genannten Meldepflicht nicht unverzüglich nachkommt,

5. ein Kraftfahrzeug unter Verstoß gegen eine der folgenden Vorschriften einsetzt:

a) § 18 über das Mitführen der vorgeschriebenen Ausrüstung,

b) § 19 über die Beschaffenheit und Anbringung von Zeichen und Ausrüstungsgegenständen,

c) § 20 über die Beschriftung,

d) § 21 über Verständigungseinrichtungen,

e) § 22 über Stehplätze,

f) § 23 über Sitze im Gang,

g) § 25 Abs. 2 über Alarmanlagen, § 25 Abs. 4 über Sicherheitsgurte und Hinweisschilder,

h) § 26 Abs. 1 Nr. 1 über Farbanstrich,

i) § 26 Abs. 1 Nr. 2 über das Taxischild,

j) § 26 Abs. 3 über Werbung, Kenntlichmachung oder Beschriftung an Taxen und Mietwagen,

k) § 27 Abs. 1 über das Führen der Ordnungsnummer,

l) § 28 über Fahrpreisanzeiger,

m) § 30 über Wegstreckenzähler,

n) § 31 über die Benutzung von Fahrzeugen mit einer Genehmigung für den Taxen- und Mietwagenverkehr,

o) § 33 Abs. 1, Abs. 2 Satz 1 und 3, Abs. 3 oder 4 über Kennzeichnung und Beschilderung,

p) § 34 über die Kenntlichmachung von Sitzplätzen für Schwerbehinderte,

q) § 37 Abs. 2 Satz 2 über das Beheben einer Störung des Fahrpreisanzeigers,

r) § 41 Abs. 2 über die Vorlage einer Ausfertigung des Untersuchungsberichts oder des Prüfbuches,

s) § 42 Abs. 1 über die Vorlage des Nachweises.

(2) Ordnungswidrig im Sinne des § 61 Abs. 1 Nr. 4 PBefG handelt auch, wer vorsätzlich oder fahrlässig

1. im Obusverkehr sowie im Linienverkehr mit Kraftfahrzeugen als Mitglied des im Fahrdienst eingesetzten Betriebspersonals ⑤ entgegen § 8 Abs. 3

   a) während des Dienstes und der Dienstbereitschaft alkoholische Getränke oder andere die dienstliche Tätigkeit beeinträchtigende Mittel zu sich nimmt oder die Fahrt antritt, obwohl er unter der Wirkung solcher Getränke oder Mittel steht,

   b) während der Beförderung von Fahrgästen raucht,

   c) beim Lenken des Fahrzeugs Fernsehrundfunkempfänger benutzt,

   d) während der Beförderung von Fahrgästen Übertragungsanlagen, Tonrundfunkempfänger oder Tonwiedergabegeräte zu anderen als betrieblichen oder Verkehrsfunk-Hinweisen benutzt oder

   e) sich beim Lenken des Fahrzeugs unterhält,

2. im Gelegenheitsverkehr mit Kraftomnibussen als Mitglied des im Fahrdienst eingesetzten Betriebspersonals ⑤ entgegen § 8 Abs. 4 in Verbindung mit § 8 Abs. 3

   a) während des Dienstes und der Dienstbereitschaft alkoholische Getränke oder andere die dienstliche Tätigkeit beeinträchtigende Mittel zu sich nimmt oder die Fahrt antritt, obwohl er unter der Wirkung solcher Getränke oder Mittel steht,

   b) während der Beförderung von Fahrgästen raucht,

   c) beim Lenken des Fahrzeugs Fernsehrundfunkempfänger benutzt oder

   d) sich beim Lenken des Fahrzeugs unterhält,

3. im Taxi- und Mietwagenverkehr sowie im sonstigen Gelegenheitsverkehr mit Personenkraftwagen als Mitglied des im Fahrdienst eingesetzten Betriebspersonals ⑤ entgegen § 8 Abs. 5 in Verbindung mit § 8 Abs. 3

   a) während des Dienstes und der Dienstbereitschaft alkoholische Getränke oder andere die dienstliche Tätigkeit beeinträchtigende Mittel zu sich nimmt oder die Fahrt antritt, obwohl er unter der Wirkung solcher Getränke oder Mittel steht,

   b) während der Beförderung von Fahrgästen ohne deren Zustimmung raucht oder

   c) beim Lenken des Fahrzeugs Fernsehrundfunkempfänger benutzt,

4. als Mitglied des im Fahrdienst oder zur Bedienung von Fahrgästen eingesetzten Betriebspersonals ⑤ trotz einer Krankheit nach § 9 Abs. 1 an Fahrten teilnimmt oder entgegen Abs. 3 eine Erkrankung nicht unverzüglich anzeigt,

5. als Fahrzeugführer ⑥ entgegen

   a) § 9 Abs. 2 Fahrten ausführt, obwohl er durch Krankheit in seiner Eignung beeinträchtigt ist, ein Fahrzeug sicher im Verkehr zu führen,

   b) § 31 Abs. 2 den dort vorgeschriebenen Hinweis unterläßt,

   c) § 33 Abs. 1, Abs. 2 Satz 1 und 3, Abs. 3 oder 4 ein nicht ordnungsgemäß gekennzeichnetes oder beschildertes Fahrzeug führt.

   d) § 37 Abs. 1 oder 2 im Taxenverkehr Beförderungsentgelt fordert oder berechnet,

e) § 37 Abs. 2 Satz 2 eine Störung des Fahrpreisanzeigers nicht nach Beendigung der Fahrt dem Unternehmer unverzüglich anzeigt,

f) § 37 Abs. 2 und 3 die dort vorgeschriebenen Hinweise unterläßt,

g) § 38 nicht den kürzesten Weg zum Fahrtziel wählt,

h) § 39 das Taxischild nicht beleuchtet oder bei Ausführung eines Fahrtauftrages die Beleuchtung nicht ausschaltet,

i) § 40 im Mietwagenverkehr Beförderungsentgelt berechnet,

6. als Fahrgast ⑦ den in § 14 Abs. 1 bis 3 oder § 15 Abs. 1 aufgeführten Verpflichtungen nicht nachkommt.

① *Wesen der Ordnungswidrigkeit*

Der Bereich der Ordnungswidrigkeiten umfaßt Gesetzesübertretungen, die nach allgemein gesellschaftlichen Auffassungen *nicht* als *kriminell strafwürdig* gelten (BVerfG 27, 28). Die Rechtsverletzungen innerhalb des Kriminalunrechts und des Ordnungsunrechts sind ihrer inhaltlichen Bedeutung nach – jedenfalls in den Grenzbereichen – nicht nach qualitativen, sondern nach quantitativen Merkmalen zu unterscheiden (Göhler, Ordnungswidrigkeitengesetz, Bem. 2 A b vor § 1 OWiG mit weiteren Nachweisen).

Durch das Vierte Gesetz zur Änderung des Personenbeförderungsgesetzes vom 7. Juni 1978 (BGBl I S. 665) ist der Straftatbestand der ungenehmigten Personenbeförderung durch eine Ordnungswidrigkeit ersetzt und demgemäß § 60 PBefG aufgehoben worden. Nunmehr sind sämtliche Verstöße gegen personenbeförderungsrechtliche Vorschriften, auch der BOKraft, vom Gesetzgeber dem Bereich des Ordnungsunrechts zugewiesen (§ 61 PBefG). Unrechtsfolge ist daher die Geldbuße.

Die Grundlagen der Ahndung von Verstößen gegen die Ordnungsvorschriften der BOKraft und das Bußgeldverfahren richten sich nach den Vorschriften des *Ordnungswidrigkeitengesetzes.*

② *Begriff der Ordnungswidrigkeit*

Eine Ordnungswidrigkeit ist eine *rechtswidrige* und *vorwerfbare Handlung,* die den *Tatbestand* eines Gesetzes verwirklicht, das die Ahndung mit einer *Geldbuße* zuläßt (§ 1 OWiG).

a) Handlung

Handlung ist das konkrete Verhalten eines Menschen zur Umwelt. Es kann in einem aktiven *Tun oder Unterlassen* bestehen, letzteres jedoch nur, wenn die Rechtsordnung vom Normadressat ein aktives Tun erwartet. Das Unterlassen einer gebotenen Handlung ist in der BOKraft z. B. in den Fällen des § 9 Abs. 3, § 18 Satz 2, § 37 Abs. 2 und 3 und des § 39 Satz 1 mit Geldbuße bedroht.

b) Tatbestand

Der Tatbestand ist die Beschreibung einer (gedachten) menschlichen Handlung mit Hilfe abstrakter Begriffe (Göhler Bem. 4 B vor § 1 OWiG). Er legt für den Normadressaten gesetzlich fest, ob sein Handeln mit Geldbuße geahndet werden kann. Für den Bereich der BOKraft sind die Tatbestände in *§ 45 abschließend aufgezählt.* Nicht sämtliche Vorschriften der BOKraft sind bußgeldbewehrt. Dies gilt z. B. für § 6 Nr. 1, § 27 Abs. 2, § 32 Abs. 2. Auch § 13 ist im Ordnungswidrigkeitenkatalog des § 45 nicht erwähnt; jedoch ist der Verstoß gegen die Beförderungspflicht nach § 61 i. V. m. § 22 PBefG bußgeldbewehrt.

c) Rechtswidrigkeit

Eine Handlung ist regelmäßig rechtswidrig, wenn sie dem Tatbestand entspricht. Dies gilt nicht, wenn ein Rechtfertigungsgrund vorliegt; ob ein solcher besteht, ist nach der gesamten Rechtsordnung zu beurteilen (Göhler Bem. 4c vor § 1 OWiG). Als Rechtfertigungsgründe kommen z. B. Notwehr und rechtfertigender Notstand (§§ 15, 16 OWiG; §§ 228, 229, 904 BGB) in Betracht.

d) Vorwerfbarkeit

Vorwerfbares Handeln ist bei Verstößen gegen die BOKraft regelmäßig gegeben, wenn der Normadressat den Tatbestand vorsätzlich oder fahrlässig verwirklicht.

Vorsätzlich handelt, wer einen Tatbestand mit Wissen und Wollen verwirklicht; bedingter Vorsatz reicht aus; von bedingtem Vorsatz wird gesprochen, wenn der Normadressat die Tatbestandsverwirklichung für möglich hält und mit ihr einverstanden ist.

Fahrlässig handelt, wer einen Tatbestand rechtswidrig und vorwerfbar verwirklicht, ohne die Verwirklichung zu erkennen oder zu wollen; die Vorwerfbarkeit liegt darin, daß die pflichtwidrige Folge für den Normadressat voraussehbar und bei gehöriger Sorgfalt vermeidbar ist.

Hinsichtlich des *Irrtums* unterscheidet § 11 OWiG zwischen Tatbestandsirrtum und Verbotsirrtum. Der Tatbestandsirrtum ist in § 11 Abs. 1 OWiG geregelt. Hiernach handelt nicht vorsätzlich, wer bei Begehung einer Handlung einen Umstand nicht kennt, der zum gesetzlichen Tatbestand gehört; jedoch bleibt die Möglichkeit der Ahndung wegen fahrlässiger Handlung unberührt. § 11 Abs. 2 OWiG enthält die Vorschrift über den Verbotsirrtum: Fehlt dem Normadressat bei Begehung der Handlung die Einsicht, etwas Unerlaubtes zu tun, z. B. weil er das Bestehen oder die Anwendbarkeit einer Rechtsvorschrift nicht kennt, so handelt er nicht vorwerfbar, wenn er diesen Irrtum nicht vermeiden konnte. Der Unternehmer wird sich *nur in seltenen Fällen* auf *Verbotsirrtum* berufen können: Nach § 13 Abs. 1 PBefG wird die Genehmigung nur erteilt, wenn der Antragsteller Mindestvoraussetzungen in subjektiver Hinsicht erfüllt (Sicherheit, Leistungsfähigkeit, Zuverlässigkeit und fachliche Eignung).

Vorwerfbarkeit ist nicht gegeben, wenn die *Verantwortlichkeit* fehlt (§ 12 OWiG: bei Zurechnungsunfähigkeit, bei Kindern unter 14 Jahren, je nach Sachlage auch bei Jugendlichen unter 18 Jahren).

e) Geldbuße

Die in § 45 BOKraft genannten Verstöße können als Ordnungswidrigkeit mit einer Geldbuße geahndet werden. Die Geldbuße beträgt nach § 17 Abs. 1 und 2 OWiG i. V. m. § 61 PBefG

- mindestens 5 DM und
- höchstens 10 000 DM bei vorsätzlichem Handeln,
  bzw. 5000 DM bei fahrlässigem Handeln.

Bei geringfügigen Ordnungswidrigkeiten kann die Behörde den Betroffenen nach § 56 OWiG auch lediglich verwarnen und ein Verwarnungsgeld von mindestens 2 DM und höchstens 20 DM erheben.

③ *Verfahrensrechtliche Vorschriften*

a) Sachlich zuständige Behörde

Für die Verfolgung von Ordnungswidrigkeiten ist die *Genehmigungsbehörde* sachlich zuständig; vgl. § 61 Abs. 3 PBefG i. V. m. § 36 Abs. 1 Nr. 1 OWiG. Wer Genehmigungsbehörde ist, richtet sich nach den Vorschriften des *§ 11 PBefG* und – für den grenzüberschreitenden Verkehr und den Transitverkehr – nach *§§ 52 f. PBefG.*

b) Opportunitätsgrundsatz

Für die Verfolgung von Ordnungswidrigkeiten gilt der Opportunitätsgrundsatz, d. h. die Verfolgung liegt im pflichtgemäßen Ermessen der Verfolgungsbehörde, vgl. § 47 Abs. 1 OWiG und § 61 Abs. 2 PBefG („kann").

c) Rechtsmittel

Gegen den Bußgeldbescheid kann der Betroffene innerhalb einer Woche nach Zustellung schriftlich oder zur Niederschrift bei der Verwaltungsbehörde *Einspruch* einlegen (§ 67 OWiG). Über den Einspruch entscheidet das *Amtsgericht* durch Beschluß bzw. Urteil. Gegen die Entscheidung des Amtsgerichts ist unter den Voraussetzungen des § 79 OWiG das Rechtsmittel der *Rechtsbeschwerde* zulässig.

④ *Unternehmer*

Zum Unternehmerbegriff vgl. Anm. 1 zu § 3.

Dem Unternehmer sind nach § 9 OWiG bestimmte Personen mit erhöhter Verantwortlichkeit *gleichgestellt;* hiernach können die Ordnungswidrigkeiten nach § 45 Abs. 1 grundsätzlich auch begangen werden von

a) gesetzlichen Vertretern (vertretungsberechtigtes Organ einer juristischen Person; vertretungsberechtigter Gesellschafter einer Personenhandelsgesellschaft; sonstige gesetzliche Vertreter),

b) Personen, die beauftragt sind, den Betrieb ganz oder zum Teil zu leiten,

c) sonstigen Beauftragten, wenn sie ausdrücklich beauftragt sind, in eigener Verantwortung Unternehmerpflichten zu erfüllen.

Unter a) bis c) werden regelmäßig die in §§ 4 und 5 genannten *Betriebsleiter, stellvertretenden Betriebsleiter* (soweit sie in dieser Eigenschaft handeln) und *Vertreter* für auswärtige Unternehmer fallen.

⑤ *Betriebspersonal im Fahrdienst bzw. zur Fahrgastbedienung*

Vgl. §§ 7 und 8 und dort jeweils Anm. 1.

⑥ *Fahrzeugführer*

Die in § 45 Abs. 2 Nr. 5 erwähnten Ordnungswidrigkeiten können lediglich vom Fahrzeugführer begangen werden. Führer eines Fahrzeugs ist, wer unter eigener Verantwortung das Fahrzeug leitet; das ist im Zweifel derjenige, der das Lenkrad führt (KG Berlin, Verkehrsrechtliche Mitteilungen 1957, 26).

⑦ *Fahrgast*

Vgl. Anm. 1 vor § 12.

§ 46 Berlin-Klausel

Diese Verordnung gilt nach § 14 des Dritten Überleitungsgesetzes vom 4. Januar 1952 (Bundesgesetzblatt I S. 1) in Verbindung mit § 66 PBefG auch im Land Berlin.

Wegen des besonderen rechtlichen Status von Berlin werden Bundesgesetze im Land Berlin besonders in Kraft gesetzt. Hingegen gelten Verordnungen, die auf Grund eines solchen Bundesgesetzes erlassen werden, nach § 14 des Dritten Überleitungsgesetzes ohne weiteres im Land Berlin; dies trifft auch für die BOKraft zu. Die BOKraft ist im Land Berlin mithin wie im übrigen Bundesgebiet am 1. September 1975 in Kraft getreten.

§ 47 Inkrafttreten, Aufhebung von Rechtsvorschriften

(1) Die Verordnung tritt zwei Monate nach der Verkündung in Kraft, jedoch ①

1. § 21 Satz 1 Nr. 2 am 1. September 1980,

2. § 22 Abs. 1 und § 45 Abs. 1 Nr. 5 Buchstabe e am 1. September 1985 für erstmals in den Verkehr kommende Fahrzeuge,

3. § 23 und § 45 Abs. 1 Nr. 5 Buchstabe f am 1. September 1979 für diejenigen Fahrzeuge, mit denen bisher Beförderungen im Berufsverkehr (§ 43 Nr. 1 PBefG) ohne Fahrgastwechsel oder Beförderungen nach § 1 Nr. 4 Buchstabe d der Freistellungs-Verordnung durchgeführt worden sind,

4. § 26 Abs. 1 Nr. 1 und § 45 Abs. 1 Nr. 5 Buchstabe h am 1. September 1980 für Fahrzeuge mit einem anderen Farbanstrich, die im Taxenverkehr oder im Taxen- und Mietwagenverkehr (§ 46 Abs. 3 PBefG) eingesetzt sind,

5. § 26 Abs. 1 Nr. 2 und § 45 Abs. 1 Nr. 5 Buchstabe i am 1. September 1978,

6. § 32 Abs. 2 Nr. 1 und 2 am 1. September 1979,

7. § 33 Abs. 1 und Abs. 2 Satz 1 und 3 sowie § 45 Abs. 1 Nr. 5 Buchstabe o und Abs. 2 Nr. 5 Buchstabe c, soweit diese Vorschriften des § 45 auf § 33 Abs. 1 und Abs. 2 Satz 1 und 3 verweisen, am 1. September 1981.

(2) Mit dem Inkrafttreten der Vorschriften dieser Verordnung treten außer Kraft die entsprechenden Vorschriften ②

1. der Verordnung über den Betrieb von Kraftfahrunternehmen im Personenverkehr (BOKraft) in der Fassung der Bekanntmachung vom 7. Juli 1960 (Bundesgesetzbl. I S. 553), zuletzt geändert durch Artikel 2 der Verordnung zur Änderung der Straßenverkehrs-Zulassungs-Ordnung vom 13. Juli 1971 (Bundesgesetzbl. I S. 979),

2. der Verordnung über eine allgemeine Ausnahme von dem Erfordernis des schwarzen Farbanstrichs für Taxen vom 18. Dezember 1970 (Bundesgesetzblatt I S. 1779).

① Hängt das Inkrafttreten einer Rechtsvorschrift vom Ablauf einer bestimmten Frist ab, so treten Gesetze und Rechtsverordnungen – in Anwendung der Auslegungsregel des § 188 Abs. 2, 2. Alternative BGB – nach Fristablauf mit dem Beginn des Tages in Kraft, der durch seine Benennung oder Zahl dem Verkündungstag entspricht (von Mangoldt-Klein, Das Bonner Grundgesetz, Art. 82 GG, Bem. V 2 b bb). Die BOKraft ist am 1. Juli 1975 verkündet worden. Mithin ist die *BOKraft am 1. September 1975 in*

Kraft getreten; Abweichungen gelten für folgende Vorschriften:

– § 21 Satz 1 Nr. 2 (Verständigungseinrichtung beim Ein-Mann-Betrieb) ist am 1. September 1980 in Kraft getreten.

– § 22 Abs. 1 (Zulässigkeit von Stehplätzen) und § 45 Abs. 1 Nr. 5 Buchstabe e treten am 1. September 1985 für erstmals in den Verkehr kommende Fahrzeuge in Kraft.

– § 23 (Unzulässigkeit von Sitzen im Gang) und § 45 Abs. 1 Nr. 5 Buchstabe f sind am 1. September 1979 für die Fahrzeuge in Kraft getreten, mit denen bisher Berufsverkehr nach § 43 Nr. 1 PBefG ohne Fahrgastwechsel oder freigestellte Schülerverkehrsdienste nach § 1 Nr. 4 Buchstabe d der Freistellungs-Verordnung durchgeführt worden sind.

– § 26 Abs. 1 Nr. 1 (hell-elfenbein-farbiger Anstrich der Taxen) und § 45 Abs. 1 Nr. 5 Buchstabe h sind am 1. September 1980 für Fahrzeuge in Kraft getreten, die im Taxenverkehr oder im Taxen- und Mietwagenverkehr (§ 46 Abs. 3 PBefG) eingesetzt sind.

– § 26 Abs. 1 Nr. 2 (Taxischild) und § 45 Abs. 1 Nr. 5 Buchstabe i sind am 1. September 1978 in Kraft getreten.

– § 32 Abs. 2 Nr. 1 und 2 (Kennzeichnung der Haltestellen) ist am 1. September 1979 in Kraft getreten.

– § 33 Abs. 1 und Abs. 2 Satz 1 und 3 (Kennzeichnung der Fahrzeuge des Obus- und Linienverkehrs) sowie die diesbezüglichen Bußgeldvorschriften in § 45 Abs. 1 Nr. 5 Buchstabe o und Abs. 2 Nr. 5 Buchstabe c sind am 1. September 1981 in Kraft getreten.

Hinsichtlich der Kennzeichnung von Sitzplätzen für behinderte und andere sitzplatzbedürftige Personen im Obus- und Linienverkehr enthält Artikel 6 der Verordnung zur Änderung personenbeförderungsrechtlicher Vorschriften vom 13. Mai 1981 (BGBl I S. 428) eine weitere Übergangsvorschrift. Hiernach konnten Schilder mit dem Text „Sitzplatz für Schwerbehinderte“ noch bis zum 1. 5.1982 weiterverwendet werden. Seit diesem Zeitpunkt muß zur Kennzeichnung der Sitzplätze für Behinderte und andere sitzplatzbedürftige Personen nach § 34 einheitlich das Sinnbild nach Anlage 5 verwendet werden.

② Aus den einleitenden Worten des Absatzes 2 ergibt sich, daß am 1. September 1975 nicht das gesamte alte Recht außer Kraft trat. Vielmehr stellt die Fassung sicher, daß erst mit dem jeweiligen Inkrafttreten der neuen Vorschriften die entsprechenden Vorschriften der alten BOKraft außer Kraft treten.

Anlagen

Anlage 1 (§ 26 Abs. 1 Nr. 2) **Abmessungen, Aufschrift und Beleuchtung des Taxischildes**

Breite	mindestens 250 mm höchstens 520 mm
Höhe	mindestens 95 mm höchstens 120 mm
Tiefe	höchstens 60 mm
Schrifthöhe	mindestens 50 mm höchstens 70 mm
Strichstärke	mindestens 10 mm höchstens 15 mm
Farbe der Aufschrift	gelb
Farbe des Schriftuntergrundes	schwarz

Das Schild kann an den Ecken abgerundet sein; es darf nicht spiegeln. Die nach vorn und hinten wirkenden Flächen des Schildes (Schriftuntergrund) können innerhalb der zulässigen Abmessungen von einem Randstreifen in der Farbe der Aufschrift bis zu 20 mm Breite umgeben sein.

Die Innenbeleuchtung des Schildes darf durch die Aufschrift, durch den Randstreifen sowie nach oben und zur Seite gelbes Dauerlicht abstrahlen, das nicht blenden darf und die lichtdurchlässigen Teile des Schildes gleichmäßig ausleuchten soll. Die Leistungsaufnahme der Innenbeleuchtung darf insgesamt nicht mehr als 30 Watt betragen.

Anlage 2 (§§ 24, 26 Abs. 2) **Sinnbild zur Kennzeichnung von Nichtraucherzonen (§ 24) und von Nichtraucher-Taxen (§ 26 Abs. 2)**

Anlage 3 (§ 27 Abs. 1) **Abmessungen und Beschriftung des Ordnungsnummern-Schildes**

Breite	150 mm
Höhe	70 mm
Schrifthöhe	50 mm
Strichstärke	6 mm
Waagerechter Abstand der Ziffern voneinander	5 mm
Farbe der Schrift	schwarz
Farbe des Untergrundes	gelb

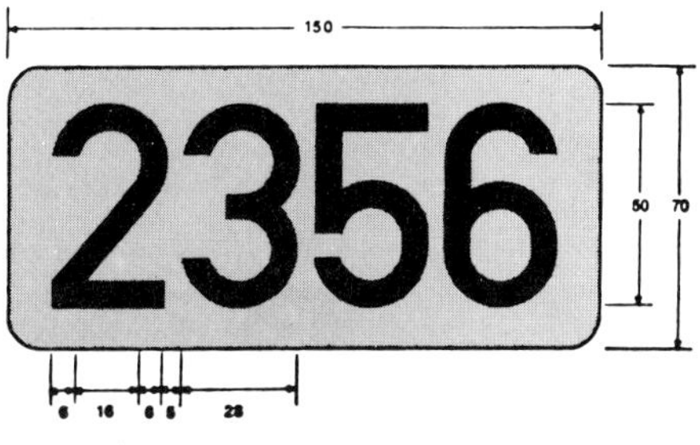

Anlage 4 (§ 33 Abs. 4) Abmessungen und Beschriftung des Schulbus-Schildes

Das Schild hat die Form eines Quadrats.

Seitenlänge für das an der Rückseite anzubringende Schild	600 mm
Stärke der Bildumrandung für das an der Rückseite anzubringende Schild	50 mm
Seitenlänge für das an der Stirnseite anzubringende Schild	600 mm
mindestens jedoch	400 mm
Stärke der Bildumrandung für das an der Stirnseite anzubringende Schild	35 mm
Farbe des Sinnbildes und der Bildumrandung	schwarz
Farbe des Untergrundes	orange

Die Farbe des Bilduntergrundes ist der Farbreihe F 7 des Ausschusses für Lieferbedingungen und Gütesicherung (RAL) beim Deutschen Normenausschuß zu entnehmen, und zwar ist als Farbton zu wählen die retroflektierende Aufsichtfarbe RAL 2006 „Reflexorange“. Die Farbe des Sinnbildes und der Bildumrandung ist der Farbreihe F 81 des Ausschusses für Lieferbedingungen und Gütesicherung (RAL) beim Deutschen Normenausschuß zu entnehmen, und zwar ist als Farbton zu wählen die nicht retroflektierende Aufsichtfarbe RAL 9017 „Verkehrsschwarz“. Bei Kraftfahrzeugen, die nach Bauart und Ausstattung zur Beförderung von mehr als sechs, jedoch nicht mehr als neun Personen (einschließlich Fahrzeugführer) geeignet und bestimmt sind, kann auch auf der Rückseite ein Schulbusschild mit einer Seitenlänge von mindestens 400 mm und mit einer Stärke der Bildumrandung von 35 mm verwendet werden.

Anlage 5 (§ 34 Satz 2) Sinnbild zur Kenntlichmachung von Sitzplätzen für behinderte und andere sitzplatzbedürftige Personen (§ 34 Satz 2)

Farbe des Sinnbildes und der Bildumrandung	schwarz
Farbe des Untergrundes	weiß

Personenbeförderungsgesetz (PBefG)

**vom 21. März 1961 (Bundesgesetzbl. I S. 241)
in der Fassung des Fünften Gesetzes zur Änderung des Personenbeförderungsgesetzes vom 25. Februar 1983 (BGBl. I S. 196)**

Einführung

Das PBefG ist der *öffentlich-rechtliche Rahmen* für die entgeltliche oder geschäftsmäßige (nicht notwendig: gewerbliche) Personenbeförderung mit Straßenbahnen, Obussen und Kraftfahrzeugen. Es gilt sowohl *für deutsche wie für ausländische Unternehmer.* Durch den *Grundsatz der Genehmigungspflicht* für alle diese Beförderungen im Linien- oder Gelegenheitsverkehr (und zusätzlich das Erfordernis der Planfeststellung für den Straßenbahn- und Obusverkehr) regelt das PBefG die Berufsausübung (Art. 12 Abs. 1 Satz 2 GG). In seinen *objektiven und subjektiven Genehmigungsvoraussetzungen* (vgl. § 13 PBefG) enthält es zugleich eine Einschränkung des durch Art. 12 Abs. 1 Satz 1 GG garantierten Grundrechts auf freie Berufswahl. Diese Einschränkung dient der Sicherstellung geordneter Verhältnisse in der entgeltlichen oder geschäftsmäßigen Personenbeförderung und – soweit es sich um objektive Genehmigungsvoraussetzungen handelt – der Gefahrenabwehr für ein „überragend wichtiges Gemeinschaftsgut" im Sinne der ständigen Rechtsprechung des Bundesverfassungsgerichts und des Bundesverwaltungsgerichts. Das PBefG verwendet – anders als das frühere Recht – nicht den Begriff des „Öffentlichen Verkehrs" oder des „Öffentlichen Personennahverkehrs" (ÖPNV). Andererseits grenzt auch das PBefG *Verkehrsformen,* die im heute üblichen Sprachgebrauch „öffentlichen" Verkehr betreiben, von anderen Verkehrsformen ab. Für diese *Abgrenzung* ist maßgebend, ob die jeweilige Verkehrsform den sog. *drei Grundpflichten* unterliegt, nämlich der Betriebs-, der Beförderungs- und der Tarifpflicht. Das trifft sowohl hinsichtlich der Betriebs- und Beförderungspflicht als auch hinsichtlich der Tarifpflicht nur zu für den Verkehr mit Straßenbahnen und Obussen (vgl. §§ 21, 22, 39 Abs. 1, § 41), den Linienverkehr mit Kraftfahrzeugen (§§ 21, 22, 42, 43 i. V. m. § 45 Abs. 2 bis 4) und den Taxiverkehr (§§ 21, 22, 47 Abs. 4, § 51 Abs. 1 und 2). Für die übrigen Verkehrsformen, nämlich den Verkehr mit Mietomnibussen und Mietwagen (§ 49) sowie die Ausflugsfahrten und Ferienziel-Reisen (§ 48) enthält das PBefG keine tarifrechtlichen Bestimmungen (abgesehen von der Ermächtigung nach § 51 Abs. 6 und 7, § 58 Abs. 1 Nr. 4 zum Erlaß entsprechender Rechtsverordnungen, von der bisher kaum Gebrauch gemacht worden ist); von der Betriebs- und der Beförderungspflicht sind diese Verkehrsformen sogar ausdrücklich befreit (vgl. § 48 Abs. 4 Satz 1, § 49 Abs. 3).

Seit der Verabschiedung im Jahre 1961 ist das PBefG mehrmals abgeändert und *der verkehrlichen Entwicklung angepaßt* worden. Aus jüngerer Zeit sind zunächst die Novellen 1976 und 1978 zu erwähnen. Durch diese Novellen sind die teilweise Abgeltung gemeinwirtschaftlicher Leistungen im Ausbildungsverkehr (§§ 45 a, 58 Abs. 1 Nr. 5) und der Fachkundenachweis (§§ 13 Abs. 1 Nr. 3, 58 Abs. 1 Nr. 6) eingeführt worden. Durch die jüngste Novelle, das Fünfte Gesetz zur Änderung des Personenbeförderungsgesetzes vom 25. Februar 1983, ist das Recht des Taxi- und Mietwagenverkehrs neu geordnet worden. Die wesentlichen Kernpunkte dieser Novellierung waren die

- Einschränkung der Übertragbarkeit der Genehmigungen im Taxiverkehr (§ 2 Abs. 3),
- gesetzliche Konkretisierung der Genehmigungsvergabe im Taxiverkehr (§ 13 Abs. 4 und 5),
- Verbesserung der Abgrenzung zwischen Taxi- und Mietwagenverkehr (§§ 47, 49 Abs. 4),
- Aktualisierung betrieblicher, verkehrlicher und tarifrechtlicher Vorschriften für den Taxiverkehr (§§ 47, 51).

Die *Durchführung des PBefG* ist in einer Reihe von *Verordnungen* geregelt, zu deren Erlaß die *§§ 57 ff.* ermächtigen. Zu nennen sind insbesondere die

■ Verordnung über den Bau und Betrieb der Straßenbahnen ***(BOStrab)*** vom 31. August 1965 (Bundesgesetzbl. I S. 1513) in der Fassung vom 13. Mai 1981 (BGBl. I S. 428),

■ Verordnung über den Betrieb von Kraftfahrunternehmen im Personenverkehr ***(BOKraft)*** vom 21. Juni 1975 (Bundesgesetzbl. I S. 1573) in der Fassung vom 13. Mai 1981 (BGBl. I S. 428).

■ Verordnung über den Ausgleich gemeinwirtschaftlicher Leistungen im Straßenpersonenverkehr ***(PBefAusglV)*** vom 2. August 1977 (BGBl. I S. 1460),

■ Verordnung über die Befreiung bestimmter Beförderungsfälle von den Vorschriften des Personenbeförderungsgesetzes ***(Freistellungs-Verordnung)*** vom 30. August 1962 (Bundesgesetzbl. I S. 601) in der Fassung vom 16. Juni 1967 (Bundesgesetzbl. I S. 602),

■ Verordnung über die ***Allgemeinen Beförderungsbedingungen*** für den Straßenbahn- und Obusverkehr sowie den Linienverkehr mit Kraftfahrzeugen vom 27. Februar 1970 (Bundesgesetzbl. I S. 230) in der Fassung vom 13. Mai 1981 (BGBl. I S. 428),

■ ***Gebührenordnung*** für Amtshandlungen im entgeltlichen oder geschäftsmäßigen Personenverkehr mit Kraftfahrzeugen vom 15. April 1970 (BGBl. I S. 366) in der Fassung vom 13. Mai 1981 (BGBl. I. S. 428).

Neben dem PBefG gelten – z. T. allerdings nur für den Verkehr zwischen den EG-Mitgliedstaaten – mehrere ***EWG-Verordnungen bzw. Richtlinien.*** Dazu gehören insbesondere die

■ Verordnung Nr. 117/66/EWG des Rates vom 28. Juli 1966 über die Einführung gemeinsamer Regeln für den grenzüberschreitenden Personenverkehr mit Kraftomnibussen (Amtsblatt der EG Nr. 2688 vom 9. August 1966, S. 7),

■ Verordnung (EWG) Nr. 1016/68 der Kommission vom 9. Juli 1968 zur Festlegung der Muster der Kontrolldokumente gemäß Art. 6 und 9 der Verordnung Nr. 117/66/EWG des Rates (Amtsblatt der EG Nr. L 173 vom 22. Juli 1968, S. 8),

■ Verordnungen (EWG) Nr. 516/72 und 517/72 des Rates vom 28. Februar 1972 über die Einführung gemeinsamer Regeln für den Pendelverkehr bzw. den Linienverkehr und die Sonderformen des Linienverkehrs mit Kraftomnibussen zwischen den Mitgliedstaaten (Amtsblatt der EG Nr. L 67 vom 20. März 1972, S. 13 bzw. 19),

■ Verordnung (EWG) Nr. 1172/72 der Kommission vom 26. Mai 1972 zur Festlegung der Dokumente gemäß der Verordnung (EWG) Nr. 517/72 des Rates und der Verordnung (EWG) Nr. 516/72 des Rates (Amtsblatt der EG Nr. L 134 vom 12. Juni 1972, S. 1),

■ Richtlinie des Rates vom 12. November 1974 über den Zugang zum Beruf des Personenkraftverkehrsunternehmers im innerstaatlichen und grenzüberschreitenden Verkehr (Amtsblatt der EG Nr. L 308 vom 19. November 1974, S. 23). Diese Richtlinie ist durch das Vierte Gesetz zur Änderung des Personenbeförderungsgesetzes vom 7. Juni 1978 (BGBl I S. 665) in deutsches Recht umgesetzt worden.

Zur ***Durchführung von Gemeinschaftsrecht*** sind im übrigen folgende Verordnungen auf der Rechtsgrundlage des § 57 a PBefG erlassen worden:

■ Verordnung zur Durchführung der Verordnung Nr. 117/66/EWG und der Verordnung (EWG) Nr. 1016/68 vom 12. Dezember 1975 (BGBl I S. 3085),

■ Verordnung zur Durchführung der Verordnungen (EWG) Nr. 516/72, 517/72 und 1172/72 vom 30. Dezember 1977 (BGBl 1978 I S. 148).

Schließlich bestehen noch zahlreiche bilaterale oder multilaterale ***Vereinbarungen mit anderen Staaten.*** Besonderer Erwähnung bedarf hier vor allem der Verkehrsvertrag zwischen der Bundesrepublik Deutschland und der Deutschen Demokratischen Republik vom 26. Mai 1972 (Bundesgesetzbl. II S. 1449).

Allgemeine Vorschriften

§ 1 Sachlicher Geltungsbereich

(1) Den Vorschriften dieses Gesetzes unterliegt die entgeltliche oder geschäftsmäßige Beförderung von Personen mit Straßenbahnen, mit Oberleitungsomnibussen (Obussen) und mit Kraftfahrzeugen. Als Entgelt sind auch wirtschaftliche Vorteile anzusehen, die mittelbar für die Wirtschaftlichkeit einer auf diese Weise geförderten Erwerbstätigkeit erstrebt werden.

(2) Diesem Gesetz unterliegen nicht Beförderungen mit Personenkraftwagen (§ 4), wenn das Gesamtentgelt die Betriebskosten der Fahrt nicht übersteigt.

§ 2 Genehmigungspflicht

(1) Wer im Sinne des § 1 Abs. 1

1. mit Straßenbahnen,
2. mit Obussen,
3. mit Kraftfahrzeugen im Linienverkehr (§§ 42 und 43) oder
4. mit Kraftfahrzeugen im Gelegenheitsverkehr (§ 46)

Personen befördert, muß im Besitz einer Genehmigung sein. Er ist Unternehmer im Sinne dieses Gesetzes.

(2) Der Genehmigung bedarf auch jede Erweiterung oder wesentliche Änderung des Unternehmens. Der Genehmigung bedarf ferner die Übertragung der aus der Genehmigung erwachsenden Rechte und Pflichten sowie die Übertragung des Betriebs auf einen anderen.

(3) Abweichend von Absatz 2 Satz 2 dürfen im Verkehr mit Taxen die aus der Genehmigung erwachsenden Rechte und Pflichten nur übertragen werden, wenn gleichzeitig das ganze Unternehmen oder wesentliche selbständige und abgrenzbare Teile des Unternehmens übertragen werden.

(4) Der Genehmigung bedarf der Arbeitgeber nicht für die Beförderung der Arbeitnehmer zwischen Arbeitsstätten desselben Betriebes zu betrieblichen Zwecken.

(5) Einer Genehmigung bedarf es nicht zum vorübergehenden Einsatz von Kraftfahrzeugen bei Notständen und Betriebsstörungen im Verkehr, insbesondere im Schienen-, Bergbahn- oder Obusverkehr. Wenn die Störungen länger als 72 Stunden dauern, haben die Unternehmer der von der Störung betroffenen Betriebe der Genehmigungsbehörde (§ 11) Art, Umfang und voraussichtliche Dauer eines solchen vorübergehenden Einsatzes von Kraftfahrzeugen unverzüglich mitzuteilen.

§ 3 Unternehmer

(1) Die Genehmigung wird dem Unternehmer für einen bestimmten Verkehr (§ 9) und für seine Person (natürliche oder juristische Person) erteilt.

(2) Der Unternehmer oder derjenige, auf den der Betrieb übertragen worden ist (§ 2 Abs. 2), muß den Verkehr im eigenen Namen, unter eigener Verantwortung und für eigene Rechnung betreiben. Die von der Landesregierung bestimmte Behörde kann in Einzelfällen Ausnahmen zulassen.

(3) Sollen Straßenbahnbetriebsanlagen von einem anderen als dem Unternehmer gebaut werden, kann die Genehmigung für ihren Bau und für die Linienführung (§ 9 Abs. 1 Nr. 1) dem anderen erteilt werden; die für den Unternehmer geltenden Vorschriften des Gesetzes und der auf Grund des Gesetzes erlassenen Rechtsverordnungen sind entsprechend anzuwenden.

§ 4 Straßenbahnen, Obusse, Kraftfahrzeuge

(1) Straßenbahnen sind Schienenbahnen, die

1. den Verkehrsraum öffentlicher Straßen benutzen und sich mit ihren baulichen und betrieblichen Einrichtungen sowie in ihrer Betriebsweise der Eigenart des Straßenverkehrs anpassen oder
2. einen besonderen Bahnkörper haben und in der Betriebsweise den unter Nummer 1 bezeichneten Bahnen gleichen oder ähneln

und ausschließlich oder überwiegend der Beförderung von Personen im Orts- oder Nachbarschaftsbereich dienen.

(2) Als Straßenbahnen gelten auch Bahnen, die als Hoch- und Untergrundbahnen, Schwebebahnen oder ähnliche Bahnen besonderer Bauart angelegt sind oder angelegt werden, ausschließlich oder überwiegend der Beförderung von Personen im Orts- oder Nachbarschaftsbereich dienen und nicht Bergbahnen oder Seilbahnen sind.

(3) Obusse im Sinne dieses Gesetzes sind elektrisch angetriebene, nicht an Schienen gebundene Straßenfahrzeuge, die ihre Antriebsenergie einer Fahrleitung entnehmen.

(4) Kraftfahrzeuge im Sinne dieses Gesetzes sind Straßenfahrzeuge, die durch eigene Maschinenkraft bewegt werden, ohne an Schienen oder eine Fahrleitung gebunden zu sein, und zwar sind

1. Personenkraftwagen: Kraftfahrzeuge, die nach ihrer Bauart und Ausstattung zur Beförderung von nicht mehr als neun Personen (einschließlich Führer) geeignet und bestimmt sind,
2. Kraftomnibusse: Kraftfahrzeuge, die nach ihrer Bauart und Ausstattung zur Beförderung von mehr als neun Personen (einschließlich Führer) geeignet und bestimmt sind,
3. Lastkraftwagen: Kraftfahrzeuge, die nach ihrer Bauart und Einrichtung zur Beförderung von Gütern bestimmt sind.

(5) Anhänger, die von den in Absatz 1 bis 4 genannten Fahrzeugen zur Personenbeförderung mitgeführt werden, sind den sie bewegenden Fahrzeugen gleichgestellt.

§ 5 (aufgehoben)

§ 6 Umgehungsverbot

Die Verpflichtungen des Unternehmers nach diesem Gesetz werden durch rechtsgeschäftliche oder firmenrechtliche Gestaltungen oder Scheintatbestände, die zur Umgehung der Bestimmungen des Gesetzes geeignet sind, nicht berührt.

§ 7 Beförderung von Personen auf Lastkraftwagen und auf Anhängern hinter Lastkraftwagen und Zugmaschinen

(1) Zu einer Personenbeförderung, die nach diesem Gesetz genehmigungspflichtig ist, dürfen Lastkraftwagen sowie Anhänger jeder Art hinter Lastkraftwagen oder hinter Zugmaschinen nicht verwendet werden.

(2) Die Genehmigungsbehörde kann in Einzelfällen Ausnahmen zulassen.

§ 8 Förderung der Verkehrsbedienung und Ausgleich der Verkehrsinteressen

(1) Mit dem Ziel bester Förderung des Verkehrs haben der Bundesminister für Verkehr und die Landesregierungen darauf hinzuwirken, daß die Interessen der verschiedenen Verkehrsträger im Personenverkehr ausgeglichen und ihre Leistungen und ihre Entgelte aufeinander abgestimmt werden. Eine freiwillige Zusammenarbeit der Verkehrsträger ist zu fördern.

(2) Die Genehmigungsbehörde hat im Interesse der Verkehrsnutzer für die Abstimmung oder den Verbund der Beförderungsentgelte und für die Abstimmung der Fahrpläne zwischen den Unternehmern zu sorgen.

(3) Sofern die öffentlichen Verkehrsinteressen es erfordern, hat die Genehmigungsbehörde

1. für die Einrichtung und befriedigende Bedienung,
2. für die Erweiterung und Änderung von Verkehrsverbindungen zu sorgen. Sie hat dabei auf freiwillige Zusammenarbeit oder Zusammenschlüsse der Unternehmer hinzuwirken und das Entstehen zusammenhängender Liniennetze zu fördern. Läßt dies eine befriedigende Verkehrsbedienung nicht erwarten, hat die Genehmigungsbehörde von Amts wegen zu prüfen, ob eine Verpflichtung zur Erweiterung oder Änderung des Verkehrs (§ 20a) aufzuerlegen ist.

(4) Die Genehmigungsbehörde hat bei ihren Maßnahmen auch die Ziele der Landesplanung zu beachten.

Genehmigung

§ 9 Umfang der Genehmigung

(1) Die Genehmigung wird erteilt

1. bei einem Verkehr mit Straßenbahnen für den Bau, den Betrieb und die Linienführung,
2. bei einem Verkehr mit Obussen für den Bau, den Betrieb und die Linienführung,
3. bei einem Linienverkehr mit Kraftfahrzeugen für die Einrichtung und den Betrieb der Linie sowie für die Zahl, die Art und das Fassungsvermögen (Sitz- und Stehplätze) der auf ihr einzusetzenden Kraftfahrzeuge und Anhänger,
4. bei einem Gelegenheitsverkehr mit Kraftfahrzeugen für die Ausübung und die Form des Gelegenheitsverkehrs sowie für die Art und das Fassungsvermögen (Sitzplätze) der einzelnen Kraftfahrzeuge unter Angabe ihrer amtlichen Kennzeichen.

Für jedes einzelne Kraftfahrzeug wird die Genehmigung entweder nach Nummer 3 oder Nummer 4 erteilt.

(2) Bei Erweiterungen oder wesentlichen Änderungen (§ 2 Abs. 2) eines Unternehmens der in Absatz 1 genannten Verkehrsarten ist die Genehmigung für die Erweiterungen oder wesentlichen Änderungen zusätzlich erforderlich. Bei einem Austausch von Kraftfahrzeugen ist die Genehmigung ohne nochmaliges Anhörverfahren zu erteilen.

(3) In begründeten Fällen können für den Linienverkehr desselben Unternehmens nach Absatz 1 Nr. 3 genehmigte Fahrzeuge auch für den Gelegenheitsverkehr nach Absatz 1 Nr. 4 genehmigt werden, sofern dadurch die ordnungsgemäße Durchführung des Linienverkehrs nicht beeinträchtigt wird.

(4) Auf Grund einer Genehmigung zum Gelegenheitsverkehr mit Kraftomnibussen dürfen auch die einem anderen Unternehmer des Gelegenheitsverkehrs genehmigten Kraftomnibusse verwendet werden.

§ 10 Entscheidung in Zweifelsfällen

Entstehen Zweifel darüber, ob eine Personenbeförderung den Vorschriften dieses Gesetzes unterliegt oder welcher Verkehrsart oder Verkehrsform ein Verkehr zugehört oder wer Unternehmer im Sinne des § 3 Abs. 1 und 2 ist, so entscheidet die für den Sitz des Unternehmens zuständige, von der Landesregierung bestimmte Behörde. Die Entscheidung ist zu begründen, mit einer Rechtsmittelbelehrung zu versehen und den Betroffenen zuzustellen.

§ 11 Genehmigungsbehörden

(1) Die Genehmigung erteilt die von der Landesregierung bestimmte Behörde.

(2) Zuständig ist

1. bei einem Straßenbahn-, Obus- oder einem Linienverkehr mit Kraftfahrzeugen die Genehmigungsbehörde, in deren Bezirk der Verkehr ausschließlich betrieben werden soll,
2. bei einem Gelegenheitsverkehr mit Kraftfahrzeugen die Genehmigungsbehörde, in deren Bezirk der Unternehmer seinen Sitz oder seine Niederlassung im Sinne des Handelsrechts hat,
3. bei einem Gelegenheitsverkehr der Deutschen Bundespost oder der Deutschen Bundesbahn die Genehmigungsbehörde, in deren Bezirk sich der Sitz der betriebsleitenden Einsatzstelle befindet.

(3) Soll ein Straßenbahn-, Obusverkehr oder ein Linienverkehr mit Kraftfahrzeugen in den Bezirken mehrerer Genehmigungsbehörden desselben Landes betrieben werden, so ist die Genehmigungsbehörde zuständig, in deren Bezirk die Linie ihren Ausgangspunkt hat. Bestehen Zweifel über die Zuständigkeit, so wird die zuständige Genehmigungsbehörde von der, von der Landesregierung bestimmten Behörde benannt. Die zuständige Genehmigungsbehörde

trifft ihre Entscheidung im Einvernehmen mit den an der Linienführung beteiligten Genehmigungsbehörden. Kommt ein Einvernehmen nicht zustande, so entscheidet die von der Landesregierung bestimmte Behörde.

(4) Soll ein Straßenbahn-, Obusverkehr oder Linienverkehr mit Kraftfahrzeugen in mehreren Ländern betrieben werden, so ist Absatz 3 Satz 1 und 3 entsprechend anzuwenden. Bestehen zwischen den beteiligten Ländern Zweifel über die Zuständigkeit und kommt eine Einigung der obersten Landesverkehrsbehörden darüber nicht zustande, so entscheidet auf Antrag einer beteiligten obersten Landesverkehrsbehörde der Bundesminister für Verkehr. Das gleiche gilt, wenn über die Entscheidung eines Genehmigungsantrages zwischen den Genehmigungsbehörden der beteiligten Länder ein Einvernehmen nicht hergestellt und auch ein Einvernehmen zwischen den obersten Landesverkehrsbehörden darüber nicht erzielt werden kann.

§ 12 Antragstellung

(1) Der Antrag auf Erteilung der Genehmigung soll enthalten

1. in allen Fällen
   a) Namen sowie Wohn- und Betriebssitz des Antragstellers, bei natürlichen Personen außerdem Geburtstag und Geburtsort,

   b) Angaben darüber, ob der Antragsteller bereits eine Genehmigung für eine Verkehrsart besitzt oder besessen hat;

2. bei einem Straßenbahn- oder Obusverkehr

   a) eine Übersichtskarte, in der die beantragte Strecke mit Haltestellen und alle in dem Verkehrsgebiet bereits vorhandenen Schienenbahnen, Obuslinien, Kraftfahrzeuglinien und Schiffahrtslinien, letztere soweit sie dem Berufsverkehr dienen, eingezeichnet sind,

   b) Beförderungsentgelte und Fahrplan,

   c) auf Verlangen der Genehmigungsbehörde einen Bauplan mit Kostenanschlag sowie Beschreibung der Anlage, Angaben über die höchste und tiefste Lage des Fahrdrahts, Längs- und Querschnitte sowie Pläne für notwendige Änderungen an öffentlichen Straßen, Beschreibung der Fahrzeuge einschließlich der Schaltpläne und der Betriebsweise;

3. bei einem Linienverkehr mit Kraftfahrzeugen

   a) eine Übersichtskarte in der unter Nummer 2 Buchstabe a beschriebenen Form,

   b) die Länge der Linie, bei Unterwegsbedienung auch der Teilstrecken, in Kilometern,

   c) Angaben über die Zahl, die Art und das Fassungsvermögen (Sitz- und Stehplätze) der zu verwendenden Fahrzeuge,

   d) Beförderungsentgelte und Fahrplan;

4. bei einem Gelegenheitsverkehr mit Kraftfahrzeugen

   a) Verkehrsform des Gelegenheitsverkehrs (§ 46),

   b) Angaben über die Zahl, die Art und das Fassungsvermögen (Sitzplätze) der zu verwendenden Fahrzeuge.

(2) Dem Antrag sind Unterlagen beizufügen, die ein Urteil über die Zuverlässigkeit des Antragstellers und die Sicherheit und Leistungsfähigkeit des Betriebs ermöglichen.

(3) Die Genehmigungsbehörde kann weitere Angaben und Unterlagen, insbesondere Vorlage eines polizeilichen Führungszeugnisses, verlangen. Sie hat bei einem Antrag auf Erteilung der Genehmigung von Linien- oder Gelegenheitsverkehr mit Kraftfahrzeugen das Kraftfahrt-Bundesamt um Auskunft über den Antragsteller zu ersuchen.

(4) Das Genehmigungsverfahren soll im Falle des § 3 Abs. 3 erst dann eingeleitet werden, wenn auch der Antrag auf Erteilung der Genehmigung für den Betrieb vorliegt. Die Verfahren sind nach Möglichkeit miteinander zu verbinden.

§ 13 Voraussetzung der Genehmigung

(1) Die Genehmigung darf nur erteilt werden, wenn

1. die Sicherheit und die Leistungsfähigkeit des Betriebs gewährleistet sind,

2. keine Tatsachen vorliegen, die die Unzuverlässigkeit des Antragstellers als Unternehmer oder der für die Führung der Geschäfte bestellten Personen dartun,

und

3. der Antragsteller als Unternehmer oder die für die Führung der Geschäfte bestellte Person fachlich geeignet ist. Die fachliche Eignung wird durch eine angemessene Tätigkeit in einem Unternehmen des Straßenpersonenverkehrs oder durch Ablegung einer Prüfung nachgewiesen. Das Nähere regelt der Bundesminister für Verkehr durch Rechtsverordnung nach § 58 Abs. 1 Nr. 6.

(2) Beim Straßenbahn-, Obusverkehr und Linienverkehr mit Kraftfahrzeugen ist die Genehmigung zu versagen, wenn

1. der Verkehr auf Straßen durchgeführt werden soll, die sich aus Gründen der Verkehrssicherheit oder wegen ihres Bauzustandes hierfür nicht eignen, oder

2. durch den beantragten Verkehr die öffentlichen Verkehrsinteressen beeinträchtigt werden, insbesondere

   a) der Verkehr mit den vorhandenen Verkehrsmitteln befriedigend bedient werden kann,

   b) der beantragte Verkehr ohne eine wesentliche Verbesserung der Verkehrsbedienung Verkehrsaufgaben übernehmen soll, die vorhandene Unternehmer oder Eisenbahnen bereits wahrnehmen,

   c) die für die Bedienung dieses Verkehrs vorhandenen Unternehmer oder Eisenbahnen die notwendige Ausgestaltung des Verkehrs innerhalb einer von der Genehmigungsbehörde festzusetzenden angemessenen Frist selbst durchzuführen bereit sind. Im Schienenparallelverkehr und im Schienenersatzverkehr, der nicht Orts- oder Nachbarortslinienverkehr ist, ist das Schienenunternehmen bevorrechtigt, die notwendige Ausgestaltung des Verkehrs durchzuführen. Schienenparallelverkehr ist der Linienverkehr mit Kraftfahrzeugen (§§ 42 ff.) auf den in der Verkehrsrichtung der Schiene verlaufenden Straßen, wobei im wesentlichen die zu bedienenden Orte Bahnstationen sind oder bei dem das Verkehrsaufkommen der zu bedienenden Orte überwiegend im engeren Einzugsgebiet der Schienenverbindung liegt; unter denselben Voraussetzungen ist ein solcher Linienverkehr Schienenersatzverkehr, wenn der Personenverkehr auf der Schienenverbindung stillgelegt wird. Nachbarortslinienverkehr ist der Verkehr zwischen Nachbarorten oder Teilen von ihnen, wenn diese wirtschaftlich und verkehrsmäßig so miteinander verbunden sind, daß der Verkehr nach der Tarifgestaltung und nach gegenwärtiger oder in naher Zukunft zu erwartender Häufigkeit einem Ortslinienverkehr vergleichbar ist. Die Verbindung mehrerer Nachbarortslinien fällt nicht unter den Begriff „Nachbarortslinienverkehr".

(3) Ist ein Verkehr von einem Unternehmer jahrelang in einer dem öffentlichen Verkehrsinteresse entsprechenden Weise betrieben worden, so ist dieser Umstand angemessen zu berücksichtigen; das gilt auch im Falle des Absatzes 2 Nr. 2. Wenn sich die Verbindung von Personen- und Postsachenbeförderung im öffentlichen Interesse bewährt hat, ist auch dies zugunsten des Linienverkehrs der Deutschen Bundespost zu berücksichtigen.

(4) Beim Verkehr mit Taxen ist die Genehmigung zu versagen, wenn die öffentlichen Verkehrsinteressen dadurch beeinträchtigt werden, daß durch die Ausübung des beantragten Verkehrs das örtliche Taxengewerbe in seiner Funktionsfähigkeit bedroht wird. Hierbei sind für den Bezirk der Genehmigungsbehörde insbesondere zu berücksichtigen

1. die Nachfrage nach Beförderungsaufträgen im Taxenverkehr,
2. die Taxendichte,
3. die Entwicklung der Ertrags- und Kostenlage unter Einbeziehung der Einsatzzeit,
4. die Anzahl und Ursachen der Geschäftsaufgaben.

Zur Feststellung der Auswirkungen früher erteilter Genehmigungen auf die öffentlichen Verkehrsinteressen soll die Genehmigungsbehörde vor der Entscheidung über neue Anträge einen Beobachtungszeitraum einschalten. Der Beobachtungszeitraum soll höchstens ein Jahr seit der letzten Erteilung einer Genehmigung betragen.

(5) Bei der Erteilung der Genehmigungen für den Taxenverkehr sind Neubewerber und vorhandene Unternehmer angemessen zu berücksichtigen. Innerhalb der Gruppen sollen die Antragsteller nach der zeitlichen Reihenfolge des Eingangs der Anträge berücksichtigt werden. Ein Antragsteller wird unabhängig vom Zeitpunkt der Antragstellung nachrangig behandelt, wenn er

1. das Taxigewerbe nicht als Hauptbeschäftigung zu betreiben beabsichtigt,
2. sein Unternehmen nicht als Hauptbeschäftigung betrieben hat oder innerhalb der letzten acht Jahre ganz oder teilweise veräußert oder verpachtet hat oder
3. seiner Betriebspflicht nicht ordnungsgemäß nachgekommen ist.

Einem Antragsteller darf jeweils nur eine Genehmigung erteilt werden, sofern nicht mehr Genehmigungen erteilt werden können, als Antragsteller vorhanden sind. Die Genehmigung ist Neubewerbern für die Dauer von zwei Jahren zu erteilen; die aus der Genehmigung erwachsenden Rechte und Pflichten dürfen während dieses Zeitraums nicht übertragen werden.

(6) Bei der Deutschen Bundespost, der Deutschen Bundesbahn und juristischen Personen des öffentlichen Rechtes gelten die Genehmigungsvoraussetzungen nach Absatz 1 als gegeben.

(7) Bei der Genehmigung der Übertragung von Genehmigungen und bei der Genehmigung von Betriebsübertragungen (§ 2 Abs. 2) sind die Absätze 2 und 3 nicht anzuwenden.

§ 14 Anhörverfahren

(1) Vor der Entscheidung über den Antrag auf Erteilung der Genehmigung sind zu hören

1. bei Straßenbahn- oder Obusverkehr

a) die Träger der Straßenbaulast (Wegeunterhaltungspflichtige),

b) die beteiligten Gemeinden, bei kreisangehörigen Gemeinden auch die Landkreise oder die Kreisverwaltungsbehörden,

c) diejenigen, die im Verkehrsgebiet des beantragten Unternehmens bereits Schienenbahnen des Personenverkehrs, Obusverkehr, Kraftfahrlinien oder dem Berufsverkehr dienende Schiffahrtslinien betreiben; soweit die Deutsche Bundespost oder die Deutsche Bundesbahn solchen Verkehr betreiben, sind die Oberpostdirektion oder die Bundesbahndirektion zu hören, in deren Bezirk das beantragte Unternehmen betrieben werden soll,

d) die nach Landesrecht zuständigen Planungsbehörden,

e) gutachtlich die beteiligten Industrie- und Handelskammern, die zuständigen Fachgewerkschaften und die Fachverbände der Verkehrtreibenden;

2. bei Linienverkehr mit Kraftfahrzeugen

a) diejenigen, die im Verkehrsgebiet des beantragten Unternehmens bereits Schienenbahnen des Personenverkehrs, Obusverkehr, Kraftfahrlinien oder dem Berufsverkehr dienende Schiffahrtslinien betreiben,

b) die Oberpostdirektionen und die Bundesbahndirektionen, in deren Bezirk das beantragte Unternehmen betrieben werden soll,

c) die beteiligten Landkreise und kreisfreien Städte und, wenn an der Eignung der benutzten Straßen Zweifel nach § 13 Abs. 2 Nr. 1 bestehen, auch die Träger der Straßenbaulast (Wegeunterhaltungspflichtige),

d) gutachtlich die beteiligten Industrie- und Handelskammern, die zuständigen Fachgewerkschaften und die Fachverbände der Verkehrtreibenden;

3. bei Linienverkehr mit Kraftfahrzeugen innerhalb der Grenzen einer Gemeinde

a) die in Nummer 1 Buchstaben a bis c genannten Stellen,

b) gutachtlich die Industrie- und Handelskammer, die zuständigen Fachgewerkschaften und die Fachverbände der Verkehrtreibenden;

4. bei Gelegenheitsverkehr mit Kraftomnibussen nach den §§ 48 und 49 gutachtlich die für den Betriebssitz des Unternehmers zuständige Oberpostdirektion und Bundesbahndirektion, die für den Betriebssitz des Unternehmers zuständige Gemeindebehörde, die

Industrie- und Handelskammer, die zuständigen Fachgewerkschaften und die Fachverbände der Verkehrtreibenden, bei Gelegenheitsverkehr mit Kraftomnibussen nach § 48 auch der Landes-Fremdenverkehrsverband;

5. bei Gelegenheitsverkehr mit Personenkraftwagen nach den §§ 47, 48 und 49 Abs. 4 gutachtlich die für den Betriebssitz des Unternehmers zuständige Gemeindebehörde, die Industrie- und Handelskammer, die zuständigen Fachgewerkschaften und die Fachverbände der Verkehrtreibenden.

(2) Die Genehmigungsbehörde kann außer den in Absatz 1 genannten Stellen weitere Stellen gutachtlich hören.

(3) Die Genehmigungsbehörde kann von der Durchführung des Anhörverfahrens absehen, wenn sie aus eigener Kenntnis der Sachlage dem Antrag nicht entsprechen will.

(4) Der Anhörung der in Absatz 1 genannten Stellen bedarf es nicht, wenn durch denselben Unternehmer an Stelle eines bestehenden Straßenbahnverkehrs ein Obusverkehr eingerichtet werden soll.

(5) Die unter Absatz 1 genannten Stellen können sich binnen zwei Wochen, nachdem sie von dem Antrag in Kenntnis gesetzt worden sind, schriftlich gegenüber der Genehmigungsbehörde äußern. Einwendungen können zur Beschleunigung des Genehmigungsverfahrens mit dem Antragsteller und allen oder einzelnen Beteiligten mündlich erörtert werden.

§ 15 Erteilung und Versagung der Genehmigung

(1) Die Entscheidung über den Antrag ist zu begründen, mit einer Rechtsmittelbelehrung zu versehen und dem Antragsteller zuzustellen. In der Begründung sind auch die Einwendungen, soweit sie nicht zurückgenommen sind, zu würdigen. Die Entscheidung ist auch den nach § 14 Abs. 1 unter Nr. 1 Buchstaben a bis d, unter Nr. 2 Buchstaben a und b und unter Nr. 3 Buchstabe a genannten Stellen zuzustellen, soweit diese Stellen Einwendungen erhoben und nicht zurückgenommen haben.

(2) Die Erteilung einer vorläufigen oder widerruflichen Genehmigung ist unzulässig.

(3) Die Genehmigungsbehörde hat die zuständige Berufsgenossenschaft von der Erteilung der Genehmigung zu unterrichten. Die Anzeigepflicht des Unternehmers nach § 661 der Reichsversicherungsordnung bleibt unberührt.

(4) Ist die Genehmigung wegen mangelnder Sicherheit oder Leistungsfähigkeit des Betriebs oder wegen Unzuverlässigkeit des Antragstellers (§ 13 Abs. 1) versagt worden, so hat die Genehmigungsbehörde dem Gewerbezentralregister die Versagung unter Angabe der Gründe mit Namen sowie Wohn- und Betriebssitz des Antragstellers mitzuteilen.

§ 16 Bedingungen, Auflagen und zeitliche Beschränkung der Genehmigung

(1) Die Genehmigung (§ 9) kann unter Bedingungen und Auflagen erteilt werden, die sich im Rahmen dieses Gesetzes und der zu seiner Durchführung erlassenen Vorschriften halten müssen.

(2) Die Genehmigung wird dem Unternehmer auf bestimmte Zeit erteilt (§§ 38, 44, 50).

§ 17 Genehmigungsurkunde

(1) Die Genehmigung wird, wenn die Entscheidung nach § 15 unanfechtbar geworden ist, durch Aushändigung der Genehmigungsurkunde erteilt.

(2) Die Genehmigungsurkunde muß enthalten

1. einen Hinweis auf dieses Gesetz,
2. den Namen sowie Wohn- und Betriebssitz des Unternehmers,
3. die Bezeichnung der Verkehrsart, für die die Genehmigung erteilt wird, im Gelegenheitsverkehr auch der Verkehrsform des Gelegenheitsverkehrs (§§ 47 bis 49),
4. die Dauer der Genehmigung,

5. die Bedingungen und Auflagen,
6. die Bezeichnung der Aufsichtsbehörde,
7. bei einem Straßenbahn- oder Obusverkehr die Streckenführung und im Falle des § 28 Abs. 4 einen Hinweis auf den Vorbehalt,
8. bei Linienverkehr mit Kraftfahrzeugen die Linienführung, die Zahl, die Art und das Fassungsvermögen (Sitz- und Stehplätze) der genehmigten Kraftfahrzeuge und Anhänger,
9. bei Gelegenheitsverkehr mit Kraftfahrzeugen die einzelnen Kraftfahrzeuge unter Angabe ihrer amtlichen Kennzeichen.

(3) Im Falle eines Austausches von Kraftfahrzeugen nach § 9 Abs. 2 Satz 2 hat der Unternehmer die Genehmigungsurkunde der Genehmigungsbehörde zur Ergänzung vorzulegen. Das gleiche gilt, wenn ein Unternehmer ein Kraftfahrzeug des Gelegenheitsverkehrs nicht mehr verwendet.

(4) (aufgehoben)

(5) Die erteilte Genehmigung kann nur durch die Genehmigungsurkunde oder eine amtliche Ausfertigung nachgewiesen werden.

(6) Im Gelegenheitsverkehr mit Kraftfahrzeugen ist die Genehmigungsurkunde oder eine gekürzte Ausfertigung auf der Fahrt mitzuführen und zuständigen Personen auf Verlangen zur Prüfung auszuhändigen. Dies gilt im Falle des § 9 Abs. 4 außerdem für die Urkunden, aus denen sich die Genehmigung der verwendeten Kraftomnibusse zum Gelegenheitsverkehr ergibt.

(7) Hat eine Genehmigungsurkunde oder eine einstweilige Erlaubnis (§ 20) ihre Gültigkeit anders als durch Zeitablauf verloren, so ist sie unverzüglich einzuziehen oder, falls dies nicht möglich ist, auf Kosten des Unternehmers für kraftlos zu erklären.

(8) Von den Vorschriften des Absatzes 2 Nr. 9 kann die Genehmigungsbehörde für die Deutsche Bundespost und die Deutsche Bundesbahn sowie für bewährte Betriebe mit ausreichendem Fahrzeugbestand Ausnahmen zulassen.

§ 18 Aushändigung der Genehmigungsurkunde an juristische Personen

Einer Aktiengesellschaft, einer Kommanditgesellschaft auf Aktien, einer Gesellschaft mit beschränkter Haftung oder einer Genossenschaft darf die Genehmigungsurkunde erst ausgehändigt werden, wenn die Eintragung in das Register nachgewiesen ist.

§ 19 Tod des Unternehmers

(1) Nach dem Tode des Unternehmers kann der Erbe den Betrieb vorläufig weiterführen oder diese Befugnis auf einen Dritten übertragen; das gleiche gilt für den Testamentsvollstrecker, Nachlaßpfleger oder Nachlaßverwalter während einer Testamentsvollstreckung, Nachlaßpflegschaft oder Nachlaßverwaltung.

(2) Die Befugnis erlischt, wenn nicht der Erbe oder der Dritte binnen drei Monaten nach Ablauf der für die Ausschlagung der Erbschaft vorgesehenen Frist oder die in Absatz 1 zweiter Halbsatz genannten Personen binnen drei Monaten nach der Annahme ihres Amtes oder ihrer Bestellung die Genehmigung beantragt haben; ein in der Person des Erben wirksam gewordener Fristablauf wirkt auch gegen den Nachlaßverwalter. Bei der Prüfung des Genehmigungsantrages ist § 13 Abs. 2 und 3 nicht anzuwenden. Wird dem Antrag stattgegeben, so ist als Zeitpunkt des Ablaufs der Genehmigung der Tag zu bestimmen, an dem die Genehmigung des Rechtsvorgängers abgelaufen sein würde.

(3) Bei Unternehmern mit Betriebspflicht nach § 21 hat die Genehmigungsbehörde dafür zu sorgen, daß der Betrieb keine Unterbrechung erfährt. Wird der Betrieb von den in Absatz 1 genannten Personen nicht vorläufig weitergeführt, so kann die Genehmigungsbehörde für die Übergangszeit zur Aufrechterhaltung des Betriebs eine einstweilige Erlaubnis nach § 20 an einen anderen erteilen.

(4) Im Falle der Erwerbs- oder Geschäftsunfähigkeit des Unternehmers oder der für die Führung der Geschäfte bestellten Person darf ein

Dritter das Unternehmen bis zu einem Jahr weiterführen. In ausreichend begründeten Sonderfällen kann diese Frist um sechs Monate verlängert werden.

§ 20 Einstweilige Erlaubnis

(1) Duldet die Einrichtung, Erweiterung oder wesentliche Änderung eines Linienverkehrs mit Kraftfahrzeugen keinen Aufschub, so kann die von der Landesregierung bestimmte Behörde, in deren Gebiet der Verkehr betrieben werden soll, eine jederzeit widerrufliche einstweilige Erlaubnis erteilen, wenn dies im öffentlichen Verkehrsinteresse geboten ist und die Voraussetzungen des § 13 Abs. 1 gegeben sind.

(2) Die einstweilige Erlaubnis erlischt nach sechs Monaten, soweit sie nicht vorher widerrufen wird. Sie begründet keinen Anspruch auf Erteilung einer Genehmigung.

(3) Über die einstweilige Erlaubnis ist für jedes verwendete Fahrzeug eine Bescheinigung zu erteilen. Die Bescheinigung hat zu enthalten

1. den Hinweis auf diese Vorschrift mit einem Zusatz, daß aus der einstweiligen Erlaubnis ein Anspruch auf die Erteilung einer Genehmigung nicht hergeleitet werden kann,
2. Begründung der Dringlichkeit der Einrichtung des Verkehrs im Sinne des Absatzes 1,
3. Name sowie Wohn- und Betriebssitz des Unternehmers,
4. die Bezeichnung der Fahrzeuge und ihrer amtlichen Kennzeichen,
5. die Dauer der einstweiligen Erlaubnis,
6. die Bezeichnung der Punkte, zwischen denen der Verkehr betrieben werden soll, gegebenenfalls auch der Wegstrecke,
7. Beförderungsentgelte und Fahrplan,
8. Bedingungen und Auflagen.

Die Bescheinigung ist auf der Fahrt mitzuführen und zuständigen Personen auf Verlangen zur Prüfung auszuhändigen.

(4) Die Voraussetzungen für die Erteilung einer einstweiligen Erlaubnis gelten im Falle des § 19 Abs. 3 Satz 2 als gegeben.

§ 20a Erweiterung und Änderung des Verkehrs

Sofern die öffentlichen Verkehrsinteressen es erfordern und es dem Unternehmer unter Berücksichtigung seiner wirtschaftlichen Lage, einer ausreichenden Verzinsung und Tilgung des Anlagekapitals und der notwendigen technischen Entwicklung zumutbar ist, kann die Genehmigungsbehörde dem Unternehmer auferlegen, den von ihm betriebenen Verkehr zu erweitern oder zu ändern. Für das Verfahren gelten die §§ 14 bis 18 entsprechend.

§ 21 Betriebspflicht

(1) Der Unternehmer ist verpflichtet, den Betrieb ordnungsmäßig einzurichten und während der Dauer der Genehmigung nach den Bedürfnissen des Verkehrs und dem Stande der Technik ordnungsmäßig aufrechtzuerhalten.

(2) Die Genehmigungsbehörde kann dem Unternehmer für die Aufnahme des Betriebs eine Frist setzen.

§ 22 Beförderungspflicht

Der Unternehmer ist zur Beförderung verpflichtet, wenn

1. den geltenden Beförderungsbedingungen und den behördlichen Anordnungen entsprochen wird,
2. die Beförderung mit den regelmäßigen Beförderungsmitteln möglich ist und
3. die Beförderung nicht durch Umstände verhindert wird, die der Unternehmer nicht abwenden konnte und deren Auswirkung er auch nicht abzuhelfen vermochte.

§ 23 Haftung, Versicherungsnachweis

(1) Der Unternehmer kann die ihm den beförderten Personen gegenüber obliegende Haftung für Personenschäden nicht ausschließen. Die Haftung für Sachschäden darf gegenüber jeder beförderten Person nur insoweit ausgeschlossen werden, als der Schaden 1000 Deutsche Mark übersteigt.

(2) Die Genehmigungsurkunde kann von dem Unternehmer jederzeit den Nachweis der Versicherung verlangen.

§ 24 Einstellung des Betriebs

(1) Die Genehmigungsbehörde kann den Unternehmer auf seinen Antrag von der Verpflichtung zur Aufrechterhaltung des Betriebs vorübergehend oder dauernd, und zwar für den Betrieb im ganzen oder für einen Teil, entbinden, wenn ihm die Weiterführung des Betriebs nicht mehr zugemutet werden kann oder die öffentlichen Verkehrsinteressen dies nicht mehr erfordern. Bis zur Entscheidung über den Antrag hat der Unternehmer den Betrieb weiterzuführen.

(2) Wird der Unternehmer von der Verpflichtung zur Aufrechterhaltung des Betriebs im ganzen dauernd entbunden, so erlischt damit die Genehmigung.

§ 25 Rücknahme der Genehmigung

(1) Die Genehmigungsbehörde hat die Genehmigung zurückzunehmen, wenn nicht mehr alle Voraussetzungen des § 13 Abs. 1 Nr. 1 und 2 vorliegen. Die erforderliche Zuverlässigkeit des Unternehmers (§ 13 Abs. 1 Nr. 2) ist insbesondere nicht mehr gegeben, wenn in seinem Verkehrsunternehmen trotz schriftlicher Mahnung

1. die im Interesse der öffentlichen Sicherheit erlassenen Vorschriften nicht befolgt werden oder
2. den Verpflichtungen zuwidergehandelt wird, die dem Unternehmer nach diesem Gesetz oder auf Grund dieses Gesetzes erlassenen Rechtsvorschriften obliegen.

(2) Die Genehmigungsbehörde kann die Genehmigung zurücknehmen, wenn

1. die Genehmigung auf Grund unrichtiger Angaben erteilt worden ist, die der Unternehmer oder sein Beauftragter wissentlich oder grob fahrlässig gemacht hat,
2. gegen die Bedingungen oder Auflagen der Genehmigung oder gegen Auflagen in einer Entscheidung nach § 45a Abs. 4 Satz 2 verstoßen wird oder
3. der Unternehmer die ihm gesetzlich obliegenden arbeitsrechtlichen, sozialrechtlichen oder die sich aus seinem Unternehmen ergebenden steuerrechtlichen Verpflichtungen wiederholt nicht erfüllt hat.

(3) Auf Verlangen der Genehmigungsbehörde hat der Unternehmer den Nachweis der Erfüllung der in Absatz 2 Nr. 3 erwähnten Verpflichtungen zu führen; die Finanzbehörden dürfen den Genehmigungsbehörden Mitteilung über die wiederholte Nichterfüllung der steuerrechtlichen Verpflichtungen oder die Abgabe der eidesstattlichen Versicherung nach § 284 der Abgabenordnung machen.

(4) Die Rücknahme der Genehmigung wird durch schriftlichen Bescheid ausgesprochen, der zu begründen, mit Rechtsmittelbelehrung zu versehen und dem Unternehmer zuzustellen ist.

(5) Die Rücknahme der Genehmigung für den Linien- und Gelegenheitsverkehr mit Kraftfahrzeugen hat die Genehmigungsbehörde dem Gewerbezentralregister unter Angabe der Gründe mit Namen sowie Wohn- und Betriebssitz des Unternehmers mitzuteilen.

(6) Absatz 1 bis 5 sind auf die Rücknahme der Genehmigung für die Betriebsübertragung entsprechend anzuwenden.

§ 26 Erlöschen der Genehmigung

(1) Die Genehmigungsbehörde kann die Genehmigung für eine Straßenbahn oder für einen Obusverkehr für erloschen erklären, wenn der Betrieb nicht innerhalb der in der Genehmigung bestimmten Frist eröffnet wird.

(2) Im Linienverkehr mit Kraftfahrzeugen erlischt die Genehmigung, wenn der Unternehmer die nach § 21 Abs. 2 von der Genehmigungsbehörde gestellte Frist nicht einhält.

(3) Im Verkehr mit Kraftdroschken erlischt die Genehmigung, wenn der Unternehmer seinen Betriebssitz in eine andere Gemeinde verlegt.

(4) § 24 Abs. 2 bleibt unberührt.

§ 27 Zwangsmaßnahmen

Das Verwaltungszwangsverfahren bestimmt sich nach den landesrechtlichen Vorschriften.

Sonderbestimmungen für die einzelnen Verkehrsarten

Straßenbahnen

§ 28 Planfeststellung

(1) Neue Straßenbahnen dürfen nur gebaut und bestehende nur geändert werden, wenn der Plan für ihre Betriebsanlagen vorher festgestellt ist.

(2) Bei Änderungen oder Erweiterungen von unwesentlicher Bedeutung kann eine Planfeststellung unterbleiben. Fälle von unwesentlicher Bedeutung liegen insbesondere vor, wenn Rechte anderer nicht beeinflußt werden, oder wenn der Kreis der Beteiligten bekannt ist oder ohne ein förmliches Auslegungsverfahren ermittelt werden kann und mit den Beteiligten entsprechende Vereinbarungen getroffen werden. Die Entscheidung hierüber trifft die Genehmigungsbehörde.

(3) Sind Straßenbahnanlagen in Bebauungsplänen nach § 9 des Bundesbaugesetzes vom 23. Juni 1960 (Bundesgesetzbl. I S. 341) ausgewiesen, so ersetzen diese die Planfeststellung nach Absatz 1. Sofern eine Ergänzung nötig ist, ist die Planfeststellung insoweit zusätzlich durchzuführen.

(4) Ist nach den Absätzen 1 bis 3 eine Planfeststellung notwendig, so darf eine Genehmigung nach § 9 nur vorbehaltlich der Planfeststellung oder vorbehaltlich der nach Absatz 2 zu treffenden Vereinbarungen erteilt werden. Das Planfeststellungsverfahren kann gleichzeitig mit dem Genehmigungsverfahren durchgeführt werden.

§ 29 Inhalt der Planfeststellung

(1) Die Planfeststellung ersetzt alle nach anderen Rechtsvorschriften notwendigen öffentlich-rechtlichen Genehmigungen, Verleihungen, Erlaubnisse und Zustimmungen. Durch sie werden alle öffentlich-rechtlichen Beziehungen zwischen dem Unternehmer und den durch den Plan Betroffenen rechtsgestaltend geregelt. Unberührt bleibt die Zuständigkeit der für die Baugenehmigung zuständigen Behörden, soweit es sich nicht um Betriebsanlagen (§ 28 Abs. 1) handelt.

(2) Im Planfeststellungsbeschluß sind dem Unternehmer die Errichtung und Unterhaltung der Anlagen aufzuerlegen, die für das öffentliche Wohl oder zur Sicherung der Benutzung der benachbarten Grundstücke gegen Gefahren oder Nachteile notwendig sind.

(3) Werden Anlagen zur Sicherung der baulichen oder betrieblichen Einrichtungen der Straßenbahn infolge Änderungen der benachbarten Grundstücke, von denen Gefährdungen dieser Einrichtungen ausgehen, nachträglich notwendig, so kann der Unternehmer durch Beschluß der Planfeststellungsbehörde zu ihrer Errichtung und Unterhaltung verpflichtet werden; die hierdurch anstehenden Kosten haben jedoch die Eigentümer der benachbarten Grundstücke zu tragen, es sei denn, daß die Änderungen durch natürliche Ereignisse oder höhere Gewalt verursacht worden sind.

(4) Ist der Plan rechtskräftig festgestellt, so sind Beseitigungs- und Änderungsansprüche gegenüber festgestellten Anlagen ausgeschlossen.

(5) Wird der Plan nicht innerhalb von fünf Jahren nach Rechtskraft durchgeführt, so tritt er außer Kraft, wenn er nicht von der Planfeststellungsbehörde im Benehmen mit der von der Landesregierung bestimmten Behörde auf weitere fünf Jahre verlängert wird. Bei Verlängerung können die vom Plan betroffenen Grundstückseigentümer verlangen, daß der Unternehmer ihre Grundstücke und Rechte insoweit erwirbt, als nach § 31 die Enteignung zulässig ist. Kommt keine Einigung zustande, so können sie die Durchführung des Enteignungsverfahrens bei

der Enteignungsbehörde beantragen. Im übrigen gilt § 31.

(6) In den Fällen des § 28 Abs. 3 gelten die §§ 40, 44a, 44b Abs. 1, 2, 4 und 5 sowie § 44c Abs. 1 und 2 des Bundesbaugesetzes. Absatz 5 ist nicht anzuwenden.

§ 30 Planfeststellungsverfahren

(1) Die Genehmigungsbehörde stellt den Plan fest.

(2) Die Pläne sind der von der Landesregierung bestimmten Behörde zur Stellungnahme zuzuleiten. Diese führt die Stellungnahmen aller beteiligten Behörden des Bundes, der Länder, der Gemeinden und der übrigen Beteiligten herbei und leitet sie nach Abschluß des Anhörungsverfahrens der Planfeststellungsbehörde zu.

(3) Die Pläne mit Beilagen sind in den Gemeinden, durch deren Bereich die Straßenbahn führen soll, zwei Wochen zur Einsicht auszulegen. Zeit und Ort der Auslegung sind ortsüblich bekanntzumachen, um jedermann, dessen Belange durch den Bau der Straßenbahn berührt werden, Gelegenheit zur Äußerung zu geben.

(4) Einwendungen gegen den Plan sind bei der nach Absatz 2 Satz 1 bestimmten Behörde oder bei der von dieser bezeichneten Stelle spätestens innerhalb von zwei Wochen nach Beendigung der Auslegung schriftlich oder zur Niederschrift zu erheben.

(5) Nach Ablauf der Frist des Absatzes 4 sind die Einwendungen gegen den Plan von der nach Absatz 2 Satz 1 bestimmten Behörde mit allen Beteiligten zu erörtern. Kommt eine Einigung nicht zustande, so wird über die Einwendungen in der Planfeststellung entschieden.

(6) Werden öffentliche Interessen berührt, für die die Zuständigkeit von Bundesbehörden oder von Behörden, die im Auftrag des Bundes tätig werden, gegeben ist und kommt eine Verständigung zwischen der Planfeststellungsbehörde und den genannten Behörden nicht zustande, so hat die Planfeststellungsbehörde im Benehmen mit dem Bundesminister für Verkehr zu entscheiden.

(7) Kommt eine Verständigung über Einwendungen von Unternehmern nichtbundeseigener Eisenbahnen oder Bergbahnen nicht zustande, so ist die Entscheidung der von der Landesregierung bestimmten Behörde einzuholen und der Planfeststellung zugrunde zu legen.

(8) Die Feststellung des Planes und die Entscheidungen über die Einwendungen sind zu begründen und den durch den Plan Betroffenen und den sonst am Verfahren Beteiligten mit Rechtsmittelbelehrung zuzustellen.

§ 31 Enteignung

(1) Zur Errichtung der Straßenbahnanlagen eines Unternehmens ist die Enteignung zulässig, soweit sie zur Durchführung eines nach den §§ 28 bis 30 festgestellten Bauvorhabens notwendig ist. Einer weiteren Feststellung der Zulässigkeit der Enteignung bedarf es nicht.

(2) Der nach den §§ 28 bis 30 festgestellte Plan ist dem Enteignungsverfahren zugrunde zu legen und für die Enteignungsbehörde bindend.

(3) Im übrigen gelten die Enteignungsvorschriften der Länder.

§ 32 Benutzung öffentlicher Straßen

(1) Soll von der Straßenbahn eine öffentliche Straße benutzt werden, so hat der Unternehmer die Zustimmung des Trägers der Straßenbaulast (Wegeunterhaltungspflichtigen) beizubringen.

(2) Absatz 1 gilt sinngemäß auch für höhengleiche Kreuzungen von öffentlichen Straßen mit Straßenbahnen.

(3) Wird eine Straße, die von einer Straßenbahn benutzt wird, erweitert oder verlegt, so kann der Träger der Straßenbaulast (Wegeunterhaltungspflichtiger) von dem Unternehmer einen entsprechenden Beitrag zu den Kosten der Erweiterung oder Verlegung der Straße verlangen. Dabei ist angemessen zu berücksichtigen, ob und inwieweit die Erweiterung oder Verlegung der Straße durch die Straßenbahn, den

sonstigen Straßenverkehr oder andere Gründe veranlaßt ist. Bestehende Verträge zwischen dem Unternehmer und dem Träger der Straßenbaulast (Wegeunterhaltungspflichtigen) bleiben unberührt.

(4) Auf Verlangen des Trägers der Straßenbaulast hat der Unternehmer bei Ablauf der Genehmigung die Straßenbahnanlagen zu beseitigen und den benutzten Teil der Straße wieder ordnungsgemäß herzustellen. Für die Erfüllung dieser Verpflichtungen kann die Genehmigungsbehörde die Stellung einer Sicherheit verlangen.

(5) Vereinbarungen über die Höhe des Entgelts für die Benutzung einer Straße bedürfen der Zustimmung der Genehmigungsbehörde. Absatz 3 Satz 3 ist entsprechend anzuwenden.

(6) Auf Vereinbarungen des Unternehmers mit dem Träger der Straßenbaulast über die Benutzung öffentlicher Straßen ist im Planfeststellungsbeschluß hinzuweisen.

§ 33 Entscheidung bei fehlender Einigung

Kommt in den Fällen des § 32 Abs. 1 bis 3 keine Einigung zustande, so entscheiden die von der Landesregierung bestimmten Behörden.

§ 34 Vorarbeiten

(1) Die Genehmigungsbehörde kann dem Antragsteller die zur Planung erforderlichen Vorarbeiten gestatten, wenn im Wege einer vorläufigen Prüfung festgestellt ist, daß die Voraussetzungen für die Erteilung der Genehmigung gemäß § 13 vorliegen. Die Dauer der Erlaubnis beträgt höchstens zwei Jahre. Bei der Durchführung der Vorarbeiten sind die Interessen Dritter möglichst zu schonen. Das Betreten von Wohnungen kann nicht verlangt werden. Der Eigentümer und der Nutzungsberechtigte sind vor Betreten von Gebäuden oder Grundstücken oder vor Beseitigung von Hindernissen zu benachrichtigen. Die Benachrichtigung unterbleibt, wenn sie undurchführbar ist. Die Gestattung der Vorarbeiten gibt keinen Anspruch auf die Erteilung der Genehmigung nach § 9.

(2) Wird dem Unternehmer das Betreten von Gebäuden oder Grundstücken oder die Beseitigung von Hindernissen verwehrt, so entscheidet die Genehmigungsbehörde mit Wirkung für und gegen die Beteiligten über die Zulässigkeit der beabsichtigten Handlung.

(3) Für einen durch die Vorarbeiten verursachten Schaden ist vom Antragsteller Entschädigung zu leisten. Über die Höhe der Entschädigung entscheiden im Streitfalle die ordentlichen Gerichte.

§ 35 Duldung technischer Einrichtungen

Die Eigentümer von Grundstücken und Baulichkeiten aller Art sind verpflichtet, das Anbringen oder Errichten von Haltevorrichtungen für elektrische Leitungen, von Signalen und Haltestellenzeichen zu dulden. Für Schäden, die dem Betroffenen durch Maßnahmen nach Satz 1 oder durch das Entfernen der in Satz 1 bezeichneten Gegenstände entstehen, ist ihm vom Unternehmer eine Entschädigung in Geld zu leisten. Über die Verpflichtung zur Duldung der Anbringung oder Errichtung ist bei Einrichtung neuer Unternehmen im Planfeststellungsverfahren zu entscheiden; im übrigen entscheidet die Genehmigungsbehörde. Über die Höhe der Entschädigung entscheiden im Streitfalle die ordentlichen Gerichte.

§ 36 Bau- und Unterhaltungspflicht

Der Unternehmer ist verpflichtet, auf Grund der Genehmigung innerhalb einer von der Genehmigungsbehörde festzusetzenden Frist die Straßenbahn zu bauen und während der Dauer der Genehmigung nach den Bedürfnissen des Verkehrs und dem Stand der Technik ordnungsgemäß zu unterhalten. Auf Verlangen der Genehmigungsbehörde ist Sicherheit zu stellen. Werden die Verpflichtungen nach Satz 1 nicht erfüllt, so kann die Genehmigungsbehörde die gestellte Sicherheit oder einen Teil derselben als verfallen erklären.

§ 37 Abnahme und Eröffnung des Betriebes

Die Genehmigungsbehörde erteilt im Benehmen mit der für die technische Aufsicht zuständigen Behörde die Zustimmung zur Eröffnung des Betriebes auf Grund einer Abnahme der Straßenbahn und ihrer Einrichtungen.

§ 38 Dauer der Genehmigung

Die Dauer der Genehmigung ist so ausreichend zu bemessen, daß der Unternehmer das Anlagekapital tilgen kann. Bei Erneuerung der Genehmigung soll die Dauer in der Regel auf fünfundzwanzig Jahre festgesetzt werden, wenn die bisherige Verkehrsart beibehalten werden soll. Die Vereinbarungen (§ 32) und die Entscheidungen (§ 33) über die Benutzung öffentlicher Straßen sind hinsichtlich ihrer Dauer mit der Genehmigungsdauer in Einklang zu bringen.

§ 39 Beförderungsentgelte, Beförderungsbedingungen

(1) Beförderungsentgelte und deren Änderung bedürfen der Zustimmung der Genehmigungsbehörde. Mit der Zustimmung sind die Beförderungsentgelte allgemein verbindlich.

(2) Die Genehmigungsbehörde hat die Beförderungsentgelte insbesondere daraufhin zu prüfen, ob sie unter Berücksichtigung der wirtschaftlichen Lage des Unternehmers, einer ausreichenden Verzinsung und Tilgung des Anlagekapitals und der notwendigen technischen Entwicklung angemessen sind und mit den öffentlichen Verkehrsinteressen und dem Gemeinwohl in Einklang stehen.

(3) Die nach Absatz 1 festgestellten Beförderungsentgelte dürfen nicht über- oder unterschritten werden; sie sind gleichmäßig anzuwenden. Ermäßigungen, die nicht unter gleichen Bedingungen jedermann zugute kommen, sind verboten und nichtig.

(4) Die Zustimmung zu den Beförderungsentgelten kann von der Genehmigungsbehörde nach Anhörung des Unternehmers widerrufen werden, wenn die für die Bildung der Beförderungsentgelte maßgebenden Umstände sich wesentlich geändert haben; in diesem Falle kann die Genehmigungsbehörde nach Anhörung des Unternehmers die Beförderungsentgelte anderweitig festsetzen.

(5) Eine Erhöhung der Beförderungsentgelte tritt frühestens am siebenten Tage nach der Veröffentlichung in Kraft.

(6) Die Beförderungsbedingungen sind vor ihrer Einführung der Genehmigungsbehörde zur Zustimmung vorzulegen, soweit sie von den Allgemeinen Beförderungsbedingungen (§ 58 Abs. 1 Nr. 3) für das Unternehmen im Einzelfalle abweichen (Besondere Beförderungsbedingungen). Das gleiche gilt für Änderungen der Besonderen Beförderungsbedingungen. Die Genehmigungsbehörde kann eine Änderung der Beförderungsbedingungen verlangen, wenn die für ihre Festsetzung maßgebenden Umstände sich wesentlich geändert haben oder sich für die bessere Ausgestaltung des Verkehrs in einem Gebiet neue Gesichtspunkte ergeben, denen durch eine Änderung der Besonderen Beförderungsbedingungen Rechnung getragen werden kann.

(7) Die Beförderungsentgelte und die Besonderen Beförderungsbedingungen sind vom Unternehmer vor ihrer Einführung ortsüblich bekanntzumachen; die Bekanntmachung ist in den zum Aufenthalt der Fahrgäste bestimmten Räumen auszuhängen.

§ 40 Fahrpläne

(1) Der Fahrplan muß die Führung der Linie, ihren Ausgangs- und Endpunkt sowie die Haltestellen und Fahrzeiten enthalten.

(2) Fahrpläne und deren Änderungen bedürfen der Zustimmung der Genehmigungsbehörde. Werden durch Fahrplanänderungen die Interessen anderer Verkehrsunternehmen berührt, so sind diese vor der Zustimmung zu hören; § 9 Abs. 2 Satz 1 bleibt unberührt. Bei geringfügigen Fahrplanänderungen kann die Genehmigungsbehörde auf ausdrückliche Zustimmung

zu der ihr anzuzeigenden Änderung verzichten. In diesem Falle gilt die Zustimmung als erteilt, wenn die Genehmigungsbehörde nicht innerhalb einer von ihr allgemein zu bestimmenden Frist widerspricht.

(3) Die Genehmigungsbehörde kann Änderungen des Fahrplans verlangen, wenn die maßgebenden Umstände sich wesentlich geändert haben oder sich für die bessere Ausgestaltung des Verkehrs in einem Gebiet neue Gesichtspunkte ergeben, denen durch eine Änderung des Fahrplans Rechnung getragen werden kann.

(4) Fahrpläne und Fahrplanänderungen sind vom Unternehmer ortsüblich bekanntzumachen. Ferner sind die gültigen Fahrpläne in den zum Aufenthalt der Fahrgäste bestimmten Räumen anzubringen. An den Haltestellen sind mindestens die Abfahrtzeiten anzuzeigen.

Verkehr mit Obussen

§ 41

(1) Die Vorschriften der §§ 28 bis 31 und der §§ 34 bis 37 sind auf die Errichtung von Bau- und Betriebsanlagen für den Obusverkehr entsprechend anzuwenden.

(3) Im übrigen sind auf den Obusverkehr die Vorschriften der §§ 38 bis 40 entsprechend anzuwenden. Die Dauer der Genehmigung (§ 38) soll in der Regel fünfundzwanzig Jahre betragen. Ist jedoch bei Umstellung eines Straßenbahnverkehrs auf Obusverkehr (§ 14 Abs. 4) die für die Straßenbahn geltende, noch nicht abgelaufene Genehmigungsdauer länger als dieser Zeitraum, so kann die Genehmigung für den Obusverkehr bis zu der für die Straßenbahn geltenden Genehmigungsdauer erstreckt werden.

Linienverkehr mit Kraftfahrzeugen

§ 42 Begriffsbestimmung Linienverkehr

Linienverkehr ist eine zwischen bestimmten Ausgangs- und Endpunkten eingerichtete regelmäßige Verkehrsverbindung, auf der Fahrgäste an bestimmten Haltestellen ein- und aussteigen können. Er setzt nicht voraus, daß ein Fahrplan mit bestimmten Abfahrts- und Ankunftszeiten besteht oder Zwischenhaltestellen eingerichtet sind.

§ 43 Sonderformen des Linienverkehrs

Als Linienverkehr gilt, unabhängig davon, wer den Ablauf der Fahrten bestimmt, auch der Verkehr, der unter Ausschluß anderer Fahrgäste der regelmäßigen Beförderung von

1. Berufstätigen zwischen Wohnung und Arbeitsstelle (Berufsverkehr),
2. Schülern zwischen Wohnung und Lehranstalt (Schülerfahrten),

3. Personen zum Besuch von Märkten (Marktfahrten),
4. Theaterbesuchern

dient. Die Regelmäßigkeit wird nicht dadurch ausgeschlossen, daß der Ablauf der Fahrten wechselnden Bedürfnissen der Beteiligten angepaßt wird.

§ 44 Dauer der Genehmigung

Die Geltungsdauer der Genehmigung ist unter Berücksichtigung der öffentlichen Verkehrsinteressen zu bemessen. Im Höchstfalle beträgt sie acht Jahre.

§ 45 Sonstige Vorschriften

(1) Auf den Linienverkehr mit Kraftfahrzeugen ist § 35, soweit diese Vorschrift sich auf das Anbringen oder Errichten von Haltestellenzeichen bezieht, entsprechend anzuwenden; über die Verpflichtung zur Duldung entscheidet die Genehmigungsbehörde ohne Planfeststellungsverfahren.

(2) Die Beförderungsentgelte und Beförderungsbedingungen der Deutschen Bundesbahn sind vom Bundesminister für Verkehr zu genehmigen, die Beförderungsentgelte und Beförderungsbedingungen der Deutschen Bundespost sind nach § 14 des Postverwaltungsgesetzes festzusetzen. Genehmigung und Festsetzung der Beförderungsentgelte erfolgen im Einvernehmen mit dem Bundesminister für Wirtschaft. Die Beförderungsentgelte und Beförderungsbedingungen der Deutschen Bundesbahn und die Fahrpläne und Fahrplanänderungen der Deutschen Bundespost und der Deutschen Bundesbahn sind in ihren amtlichen Mitteilungsblättern zu veröffentlichen; die Ausgabe der amtlichen Kursbücher ersetzt die Veröffentlichung.

(3) In den Fällen der Absätze 1 und 2 sind die §§ 39 und 40 entsprechend anzuwenden.

(4) Die Genehmigungsbehörde kann bei den Verkehrsformen nach § 43 auf die Einhaltung der Vorschriften über die Betriebspflicht (§ 21), die Beförderungspflicht (§ 22), die Beförderungsentgelte und Beförderungsbedingungen (§ 39) sowie über die Fahrpläne (§ 40) ganz oder teilweise verzichten. Bei den Sonderformen des Linienverkehrs (§ 43) ist § 13 Abs. 2 Nr. 2 so anzuwenden, daß insbesondere den Belangen von Berufstätigen und Arbeitgebern sowie von Schülern und Lehranstalten Rechnung getragen wird.

(5) Bei zeitweilig gesteigertem Verkehr kann der Unternehmer, soweit dadurch die Interessen anderer Verkehrsunternehmer nicht berührt werden, weitere ihm für diese Verkehrsart genehmigte Fahrzeuge im Rahmen des bestehenden Fahrplans einsetzen.

(6) Ist eine Genehmigung für den Linienverkehr mit Personenkraftwagen erteilt, so dürfen diese Fahrzeuge nur für den Linienverkehr verwendet werden. § 9 Abs. 3 bleibt unberührt.

Ausgleichszahlungen

§ 45a Ausgleichspflicht

(1) Im Verkehr mit Straßenbahnen und Obussen sowie im Linienverkehr mit Kraftfahrzeugen nach den §§ 42 und 43 Nr. 2 ist dem Unternehmer für die Beförderung von Personen mit Zeitfahrausweisen des Ausbildungsverkehrs auf Antrag ein Ausgleich nach Maßgabe des Absatzes 2 zu gewähren, wenn und soweit

1. der Ertrag aus den für diese Beförderungen genehmigten Beförderungsentgelten zur Deckung der nach Absatz 2 Satz 2 zu errechnenden Kosten nicht ausreicht, und
2. der Unternehmer innerhalb eines angemessenen Zeitraums die Zustimmung zu einer Anpassung der in den genannten Verkehrsformen erhobenen Beförderungsentgelte an die Ertrags- und Kostenlage beantragt hat.

(2) Als Ausgleich werden gewährt 50 vom Hundert des Unterschiedsbetrages zwischen dem Ertrag, der in den in Absatz 1 genannten Verkehrsformen für die Beförderung von Personen mit Zeitfahrausweisen des Ausbildungsverkehrs erzielt worden ist, und dem Produkt aus den in diesem Verkehr geleisteten Personen-Kilometern und den durchschnittlichen verkehrsspezifischen Kosten. Als durchschnittliche verkehrsspezifische Kosten im Sinne dieser Vorschrift gelten die Kostensätze je Personen-Kilometer, die von den Landesregierungen oder den von ihnen durch Rechtsverordnung ermächtigten Behörden durch Rechtsverordnung nach Durchschnittswerten einzelner repräsentativer Unternehmen, die sparsam wirtschaften und leistungsfähig sind, pauschal festgelegt werden; dabei können entsprechend betrieblichen und verkehrlichen Besonderheiten unterschiedliche Kostensätze für den schienengebundenen und den nichtschienengebundenen Verkehr sowie für verschiedene Verkehrsregionen festgelegt werden.

(3) Den Ausgleich nach den Absätzen 1 und 2 gewährt das Land, in dessen Gebiet der Verkehr betrieben wird. Erstreckt sich der Verkehr auch auf das Gebiet eines anderen Landes, so wird dem Ausgleich der Teil der Leistungen zugrunde gelegt, der in dem jeweiligen Land erbracht wird.

(4) Über den Ausgleich entscheidet die Genehmigungsbehörde. Die Entscheidung kann mit Auflagen verbunden werden, die dazu bestimmt sind, die wirtschaftlichen Ergebnisse der in den in Absatz 1 genannten Verkehrsformen erbrachten Leistungen zu verbessern. Kommt der Unternehmer solchen Auflagen nicht oder nicht in vollem Umfange nach, so ist ein Ausgleich nur insoweit zu gewähren, wie er sich im Falle der Befolgung der Auflagen errechnet hätte.

(5) Den Ausgleich für Unternehmen, die sich überwiegend in der Hand des Bundes oder eines mehrheitlich dem Bund gehörenden Unternehmens befinden, gewährt der Bund. Dies gilt auch, wenn Unternehmen im Sinne des Satzes 1 die Betriebsführung nach § 3 auf Dritte übertragen. Soweit der Bund ausgleichspflichtig ist, erläßt der Bundesminister für Verkehr mit Zustimmung des Bundesrates die Rechtsverordnung nach Absatz 2.

(6) Die Vorschriften über die unentgeltliche Beförderung Schwerbehinderter im öffentlichen Personenverkehr nach dem Elften Abschnitt des Schwerbehindertengesetzes bleiben unberührt.*)

*) Das Schwerbehindertengesetz in der ab 1. Oktober 1979 geltenden Fassung ist im Bundesgesetzblatt 1979 Teil I S. 1649 bekanntgemacht.

Gelegenheitsverkehr mit Kraftfahrzeugen

§ 46 Formen des Gelegenheitsverkehrs

(1) Gelegenheitsverkehr ist die Beförderung von Personen mit Kraftfahrzeugen, die nicht Linienverkehr nach den §§ 42 und 43 ist.

(2) Als Formen des Gelegenheitsverkehrs sind nur zulässig

1. Verkehr mit Kraftdroschken (Taxen, § 47),
2. Ausflugsfahrten und Ferienziel-Reisen (§ 48),
3. Verkehr mit Mietomnibussen und mit Mietwagen (§ 49).

(3) In Orten mit mehr als 50 000 Einwohnern oder in den von der höheren Verwaltungsbehörde bestimmten Orten unter 50 000 Einwohnern darf eine Genehmigung für den Kraftdroschkenverkehr und den Mietwagenverkehr nicht für denselben Personenkraftwagen erteilt werden.

§ 47 Verkehr mit Taxen (Kraftdroschken)

(1) Verkehr mit Taxen ist die Beförderung von Personen mit Personenkraftwagen, die der Unternehmer an behördlich zugelassenen Stellen bereithält und mit denen er Fahrten zu einem vom Fahrgast bestimmten Ziel ausführt. Der Unternehmer kann Beförderungsaufträge auch während einer Fahrt oder am Betriebssitz entgegennehmen.

(2) Taxen dürfen nur in der Gemeinde bereitgehalten werden, in der der Unternehmer seinen Betriebssitz hat. Fahrten auf vorherige Bestellung dürfen auch von anderen Gemeinden aus durchgeführt werden. Die Genehmigungsbehörde kann im Einvernehmen mit anderen Genehmigungsbehörden das Bereithalten an behördlich zugelassenen Stellen außerhalb der Betriebssitzgemeinde gestatten und einen größeren Bezirk festsetzen.

(3) Die Landesregierung wird ermächtigt, durch Rechtsverordnung den Umfang der Betriebspflicht, die Ordnung auf Taxenständen sowie Einzelheiten des Dienstbetriebs zu regeln. Sie kann die Ermächtigung durch Rechtsverordnung übertragen. In der Rechtsverordnung können insbesondere Regelungen getroffen werden über

1. das Bereithalten von Taxen in Sonderfällen einschließlich eines Bereitschaftsdienstes,
2. die Annahme und Ausführung von fernmündlichen Fahraufträgen,
3. den Fahr- und Funkbetrieb,
4. die Kranken- und Behindertenbeförderung.

(4) Die Beförderungspflicht besteht nur für Fahrten innerhalb des Geltungsbereichs der nach § 51 Abs. 1 Satz 1 und 2 und Abs. 2 Satz 1 festgesetzten Beförderungsentgelte (Pflichtfahrbereich).

(5) Die Vermietung von Taxen an Selbstfahrer ist verboten.

§ 48 Ausflugsfahrten und Ferienziel-Reisen

(1) Ausflugsfahrten sind Fahrten, die der Unternehmer mit Kraftomnibussen oder Personenkraftwagen nach einem bestimmten, von ihm aufgestellten Plan und zu einem für alle Teilnehmer gleichen und gemeinsam verfolgten Ausflugszweck anbietet und ausführt. Die Fahrt muß wieder an den Ausgangsort zurückführen. Die Fahrgäste müssen im Besitz eines für die gesamte Fahrt gültigen Fahrscheins sein, der die Beförderungsstrecke und das Beförderungsentgelt ausweist. Bei Ausflugsfahrten, die als Pauschalfahrten ausgeführt werden, genügt im Fahrschein die Angabe des Gesamtentgelts an Stelle des Beförderungsentgelts.

(2) Ferienziel-Reisen sind Reisen zu Erholungsaufenthalten, die der Unternehmer mit Kraftomnibussen oder Personenkraftwagen nach einem bestimmten, von ihm aufgestellten Plan zu einem Gesamtentgelt für Beförderung und Unterkunft mit oder ohne Verpflegung an-

bietet und ausführt. Es dürfen nur Rückfahrscheine und diese nur auf den Namen des Reisenden ausgegeben werden. Die Fahrgäste sind zu einem für alle Teilnehmer gleichen Reiseziel zu bringen und an den Ausgangspunkt der Reise zurückzubefördern. Auf der Rückfahrt dürfen nur Reisende befördert werden, die der Unternehmer zum Reiseziel gebracht hat. Die Genehmigung darf nur solchen Unternehmern erteilt werden, die auf dem Gebiet des Reiseverkehrs über ausreichende Erfahrungen verfügen.

(3) Es ist unzulässig, unterwegs Fahrgäste aufzunehmen; jedoch kann die Genehmigungsbehörde für benachbarte Orte oder für Einzelfälle Ausnahmen gestatten, wenn dadurch die öffentlichen Verkehrsinteressen nicht beeinträchtigt werden.

(4) Die Vorschriften der §§ 21 und 22 sind nicht anzuwenden.

§ 49 Verkehr mit Mietomnibussen und mit Mietwagen

(1) Verkehr mit Mietomnibussen ist die Beförderung von Personen mit Kraftomnibussen, die nur im ganzen zur Beförderung angemietet werden und mit denen der Unternehmer Fahrten ausführt, deren Zweck, Ziel und Ablauf der Mieter bestimmt. Die Teilnehmer müssen ein zusammengehöriger Personenkreis und über Ziel und Ablauf der Fahrt einig sein.

(2) Die Voraussetzungen des Absatzes 1 Satz 1 sind nicht gegeben, wenn Fahrten unter Angabe des Fahrtziels vermittelt werden. Mietomnibusse dürfen nicht durch Bereitstellen auf öffentlichen Straßen oder Plätzen angeboten werden.

(3) Die Vorschriften der §§ 21 und 22 sind nicht anzuwenden.

(4) Verkehr mit Mietwagen ist die Beförderung von Personen mit Personenkraftwagen, die nur im ganzen zur Beförderung gemietet werden und mit denen der Unternehmer Fahrten ausführt, deren Zweck, Ziel und Ablauf der Mieter bestimmt und die nicht Verkehr mit Taxen nach § 47 sind. Mit Mietwagen dürfen nur Beförderungsaufträge ausgeführt werden, die am Betriebssitz oder in der Wohnung des Unternehmers eingegangen sind. Nach Ausführung des Beförderungsauftrages hat der Mietwagen unverzüglich zum Betriebssitz zurückzukehren, es sei denn, er hat vor der Fahrt von seinem Betriebssitz oder der Wohnung oder während der Fahrt durch Funk einen neuen Beförderungsauftrag erhalten. Den Eingang des Beförderungsauftrages am Betriebssitz oder in der Wohnung hat der Mietwagenunternehmer buchmäßig zu erfassen und die Aufzeichnung ein Jahr aufzubewahren. Annahme, Vermittlung und Ausführung von Beförderungsaufträgen, das Bereithalten des Mietwagens sowie Werbung für Mietwagenverkehr dürfen weder allein noch in ihrer Verbindung geeignet sein, zur Verwechslung mit dem Taxenverkehr zu führen. Den Taxen vorbehaltene Zeichen und Merkmale dürfen für Mietwagen nicht verwendet werden. Die §§ 21 und 22 sind nicht anzuwenden.

§ 50 Dauer der Genehmigung

Die Genehmigung für den Gelegenheitsverkehr ist für die Dauer von höchstens vier Jahren zu erteilen.

§ 51 Beförderungsentgelte, Beförderungsbedingungen

(1) Die Landesregierung wird ermächtigt, durch Rechtsverordnung Beförderungsbedingungen und Beförderungsentgelte für den Gelegenheitsverkehr mit Taxen festzusetzen. Die Landesregierung kann die Ermächtigung durch Rechtsverordnung übertragen. Für die Festsetzung und die Anwendung der Beförderungsentgelte gilt § 39 Abs. 2 und 3 entsprechend. Vor der Festsetzung der Beförderungsentgelte ist der zuständigen Gemeindebehörde, Industrie- und Handelskammer und den Fachverbänden des Verkehrsgewerbes Gelegenheit zur Stellungnahme zu geben.

(2) Die ermächtigten Stellen können für einen Bereich, der über den Zuständigkeitsbereich einer die Beförderungsbedingungen und Beförderungsentgelte regelnden Stelle hinausgeht, in gegenseitigem Einvernehmen sowohl einheitliche Beförderungsbedingungen als auch einheitliche Beförderungsentgelte vereinbaren. Bei Vorliegen eines Verkehrsbedürfnisses soll eine entsprechende Vereinbarung getroffen werden.

(3) Die Rechtsverordnung kann insbesondere Regelungen vorsehen über

1. Grundpreise, Kilometerpreise und Zeitpreise,
2. Zuschläge,
3. Vorauszahlungen,
4. die Abrechnung,
5. die Zahlungsweise und
6. Sondervereinbarungen für den Pflichtfahrbereich.

(4) Sondervereinbarungen für den Pflichtfahrbereich sind nur zulässig, wenn

1. ein bestimmter Zeitraum, eine Mindestfahrtenzahl oder ein Mindestumsatz im Monat festgelegt wird,
2. die Ordnung des Verkehrsmarktes nicht gestört wird,
3. die Beförderungsbedingungen und Beförderungsentgelte schriftlich vereinbart sind und
4. in der Rechtsverordnung eine Pflicht zur Genehmigung oder Anzeige vorgesehen ist.

(5) Die Bestimmungen über Beförderungsentgelte und Beförderungsbedingungen sind in jeder Taxe mitzuführen und dem Fahrgast auf Verlangen vorzuzeigen.

(6) Die Landesregierung wird ermächtigt, durch Rechtsverordnung Beförderungsbedingungen und Beförderungsentgelte für den Gelegenheitsverkehr zum Zwecke des Krankentransports festzusetzen. Die Landesregierung kann die Ermächtigung durch Rechtsverordnung übertragen. Für die Festsetzung und Anwendung der Beförderungsentgelte gilt § 39 Abs. 2 und 3 entsprechend. Vor der Festsetzung der Beförderungsentgelte ist der zuständigen Gemeindebehörde, Industrie- und Handelskammer, den Fachverbänden des Verkehrsgewerbes, den Verbänden der Krankenkassen und den vorhandenen Sanitätsorganisationen Gelegenheit zur Stellungnahme zu geben. Die Rechtsverordnung kann Regelungen über Pauschalentgelte vorsehen. Die Absätze 3 und 4 bleiben unberührt.

(7) Die Landesregierung wird ermächtigt, durch Rechtsverordnung Beförderungsbedingungen und Beförderungsentgelte für den Gelegenheitsverkehr mit Kraftomnibussen festzusetzen, soweit nicht Beförderungsbedingungen nach § 58 Abs. 1 Nr. 3 festgesetzt sind oder Rahmenvorschriften für Beförderungsentgelte nach § 58 Abs. 1 Nr. 4 entgegenstehen; Absatz 6 bleibt unberührt. Die Landesregierung kann die Ermächtigung durch Rechtsverordnung übertragen. Vor der Festsetzung der Beförderungsentgelte ist der zuständigen Oberpostdirektion, Bundesbahndirektion, Gemeindebehörde, Industrie- und Handelskammer und den Fachverbänden des Verkehrsgewerbes Gelegenheit zur Stellungnahme zu geben.

(8) Die Deutsche Bundespost und die Deutsche Bundesbahn setzen im Gelegenheitsverkehr mit Kraftomnibussen die Beförderungsbedingungen und die Beförderungsentgelte unter Beachtung etwaiger Rahmenvorschriften nach § 58 Abs. 1 Nr. 4 fest. Auf Verlangen des Bundesministers für Verkehr ist zu der Festsetzung sein Einvernehmen einzuholen. Er hat bei der Festsetzung der Beförderungsentgelte den Bundesminister für Wirtschaft zu beteiligen.

Auslandsverkehr

§ 52 Grenzüberschreitender Verkehr

(1) Für die Beförderung von Personen im grenzüberschreitenden Verkehr mit Kraftfahrzeugen durch Unternehmer, die ihren Betriebssitz im Inland oder Ausland haben, gelten, soweit nichts anderes bestimmt ist, die Vorschriften dieses Gesetzes und die hierzu erlassenen Rechtsverordnungen.

(2) Die nach diesem Gesetz erforderliche Genehmigung eines grenzüberschreitenden Linienverkehrs erteilt für die deutsche Teilstrecke die von der Landesregierung bestimmte Behörde im Benehmen mit dem Bundesminister für Verkehr, für Anträge der Deutschen Bundespost auch im Benehmen mit dem Bundesminister für das Post- und Fernmeldewesen. § 11 Abs. 2 bis 4 ist entsprechend anzuwenden.

(3) Einer Genehmigung für den grenzüberschreitenden Gelegenheitsverkehr von Unternehmern, die ihren Betriebssitz im Ausland ha-

ben, bedarf es nicht, soweit entsprechende Übereinkommen mit dem Ausland bestehen. Besteht ein solches Übereinkommen nicht oder soll abweichend von den Bedingungen des Übereinkommens grenzüberschreitender Gelegenheitsverkehr ausgeführt werden, so kann der Bundesminister für Verkehr entsprechenden Anträgen stattgeben. Die nach diesem Gesetz erforderliche Genehmigung für grenzüberschreitende Ferienziel-Reisen erteilt für die deutsche Teilstrecke die von der Landesregierung bestimmte Behörde, in deren Gebiet die Ferienziel-Reise endet. § 14 ist nicht anzuwenden.

(4) Die Zollstellen an der Grenze sind berechtigt, Kraftfahrzeuge zurückzuweisen, wenn nicht die erforderliche Genehmigung vorgelegt wird, deren Mitführung vorgeschrieben ist.

§ 53 Transit-(Durchgangs-) Verkehr

(1) Für die Beförderung von Personen im Transit-(Durchgangs-)Verkehr mit Kraftfahrzeugen, der das Gebiet des Geltungsbereichs dieses Gesetzes unter Ausschluß innerdeutschen Zwischenverkehrs berührt, gelten, soweit nichts anderes bestimmt ist, die Vorschriften dieses Gesetzes und die hierzu erlassenen Rechtsverordnungen. § 14 ist nicht anzuwenden.

(2) Die Genehmigung eines Transitlinienverkehrs erteilt die von der Landesregierung bestimmte Behörde, in deren Gebiet der erste Grenzübergang bei der Einfahrt stattfindet, im Benehmen mit dem Bundesminister für Verkehr, bei Anträgen der Deutschen Bundespost auch im Benehmen mit dem Bundesminister für das Post- und Fernmeldewesen. § 11 Abs. 3 und 4 ist entsprechend anzuwenden.

(3) § 52 Abs. 3 ist auf den Gelegenheitsverkehr vom Ausland durch das Gebiet des Geltungsbereichs dieses Gesetzes entsprechend anzuwenden, Jedoch ist bei Ferienziel-Reisen die von der Landesregierung bestimmte Behörde zuständig, in deren Gebiet der erste Grenzübergang bei der Einfahrt stattfindet. § 52 Abs. 4 gilt entsprechend.

Aufsicht, Prüfungsbefugnisse

§ 54 Aufsicht

(1) Der Unternehmer unterliegt hinsichtlich der Erfüllung der Vorschriften dieses Gesetzes sowie der hierzu erlassenen Rechtsverordnungen und der Einhaltung der durch die Genehmigungen auferlegten Verpflichtungen (Bedingungen, Auflagen) der Aufsicht der Genehmigungsbehörde. Die von der Landesregierung bestimmte Behörde kann die Genehmigungsbehörde ermächtigen, die Aufsicht über den Linien- und Gelegenheitsverkehr mit Kraftfahrzeugen auf nachgeordnete Behörden zu übertragen. Die technische Aufsicht über Straßenbahnen und Obusunternehmen wird von der von der Landesregierung bestimmten Behörde ausgeübt.

(2) Die Aufsichtsbehörde kann sich über alle ihrer Zuständigkeit unterliegenden Einrichtungen und Maßnahmen des Unternehmers unterrichten. Der Unternehmer hat der Aufsichtsbehörde alle wesentlichen Veränderungen ohne Aufforderung unverzüglich anzuzeigen.

(3) Die Deutsche Bundespost und die Deutsche Bundesbahn sind für die Erfüllung der technischen Vorschriften dieses Gesetzes und der hierzu erlassenen Rechtsverordnungen für ihre Kraftfahrbetriebe selbst verantwortlich.

(4) Die Aufsichtsbehörde kann Unternehmen, die einen Omnibusbahnhof betreiben, anhalten, die Benutzung durch den Linien- und Gelegenheitsverkehr mit Kraftfahrzeugen und den Betrieb so zu regeln, daß der Verkehr ordnungsgemäß abgewickelt und den Pflichten nach § 39 Abs. 7 und § 40 Abs. 4 genügt werden kann.

§ 54a Prüfungsbefugnisse der Genehmigungsbehörde

(1) Die Genehmigungsbehörde kann zur Durchführung der Aufsicht und zur Vorbereitung ihrer Entscheidungen durch Beauftragte die erforderlichen Ermittlungen anstellen, insbesondere

1. Einsicht in die Bücher und Geschäftspapiere nehmen,
2. von dem Unternehmer und den im Geschäftsbetrieb tätigen Personen Auskunft verlangen. Der zur Erteilung der Auskunft Verpflichtete kann die Auskunft auf solche Fragen verweigern, deren Beantwortung ihn selbst oder einen der in § 383 Abs. 1 Nr. 1 bis 3 der Zivilprozeßordnung bezeichneten Angehörigen der Gefahr strafgerichtlicher Verfolgung oder eines Verfahrens nach dem Gesetz über Ordnungswidrigkeiten aussetzen würde.

Zu den in Satz 1 genannten Zwecken dürfen die dem Geschäftsbetrieb dienenden Grundstücke und Räume innerhalb der üblichen Geschäfts- und Arbeitsstunden betreten werden. Der Unternehmer und die im Geschäftsbetrieb tätigen Personen haben den Beauftragten der Genehmigungsbehörde bei den Ermittlungen die erforderlichen Hilfsmittel zu stellen und die nötigen Hilfsdienste zu leisten.

(2) Absatz 1 ist auf die Deutsche Bundespost und die Deutsche Bundesbahn nicht anzuwenden. Die Deutsche Bundespost und die Deutsche Bundesbahn haben der Genehmigungsbehörde für die Ermittlungen im Sinne des Absatzes 1 Auskunft zu erteilen.

(3) Die Regelungen des Absatzes 1 gelten entsprechend auch für die nach § 45 a Abs. 2 zur Festlegung der Kostensätze befugte Behörde.

Rechtsmittelverfahren

§ 55 Vorverfahren bei der Anfechtung von Verwaltungsakten

Bei der Anfechtung von Verwaltungsakten, die von der obersten Landesverkehrsbehörde selbst erlassen worden sind, ist das Vorverfahren der Verwaltungsgerichtsordnung durchzuführen.

§ 56 Verfahren in besonderen Fällen

Werden die Interessen der Deutschen Bundespost oder der Deutschen Bundesbahn in erheblichem Umfang betroffen und kommt vor der Genehmigungsbehörde keine Einigung zustande, so soll auf Antrag der Deutschen Bundespost oder der Deutschen Bundesbahn die Genehmigungsbehörde die Stellungnahme des Bundesministers für Verkehr einholen und bei ihrer Entscheidung verwerten.

Erlaß von Rechtsverordnungen und Allgemeinen Verwaltungsvorschriften

§ 57 Bau- und Betriebsvorschriften

(1) Der Bundesminister für Verkehr erläßt mit Zustimmung des Bundesrates Rechtsverordnungen über

1. Straßenbahnen und Obusse; diese regeln
   a) Anforderungen an den Bau und die Einrichtungen der Betriebsanlagen und Fahrzeuge sowie deren Betriebsweise,

b) die Sicherheit und Ordnung des Betriebs sowie den Schutz der Betriebsanlagen und Fahrzeuge gegen Schäden und Störungen;

2. den Betrieb von Kraftfahrunternehmen im Personenverkehr; diese regeln

   a) Anforderungen an den Bau und die Einrichtungen der in diesen Unternehmen verwendeten Fahrzeuge,

   b) die Sicherheit und Ordnung des Betriebs;

3. Anforderungen an die Befähigung, Eignung und das Verhalten der Betriebsbediensteten und über die Bestellung, Bestätigung und Prüfung von Betriebsleitern sowie deren Aufgaben und Befugnisse.

Rechtsverordnungen nach Satz 1 Nr. 1 können auch Vorschriften zum Schutz vor schädlichen Umwelteinwirkungen im Sinne des Bundes-Immissionsschutzgesetzes enthalten; dabei können Emissionsgrenzwerte unter Berücksichtigung der technischen Entwicklung auch für einen Zeitpunkt nach Inkrafttreten der Rechtsverordnung festgesetzt werden. Vorschriften nach Satz 2 werden vom Bundesminister für Verkehr und vom Bundesminister des Innern erlassen. Die Ermächtigung nach Satz 2 gilt nicht, soweit § 43 des Bundes-Immissionsschutzgesetzes Anwendung findet.

(2) Rechtsverordnungen nach Absatz 1 Nr. 1 können auch festlegen, wie der Nachweis für die Erfüllung dieser Vorschriften zu erbringen ist, insbesondere welche Prüfungen, Abnahmen, Erlaubnisse, Zustimmungen oder Bescheinigungen erforderlich sind.

(3) Soweit es die öffentliche Sicherheit erfordert, können einzelne Vorschriften der nach Absatz 1 Nr. 2 erlassenen Rechtsverordnung auf Beförderungen ausgedehnt werden, die nach § 2 von der Genehmigungspflicht befreit sind oder für die nach § 58 Abs. 1 Nr. 1 Befreiung erteilt wird.

§ 57 a Rechtsverordnungen für den internationalen Verkehr

(1) Der Bundesminister für Verkehr kann zur Ordnung des grenzüberschreitenden Verkehrs und des Transit-(Durchgangs-)Verkehrs sowie zur Durchführung internationaler Abkommen durch Rechtsverordnung mit Zustimmung des Bundesrates Vorschriften erlassen, durch die der Gelegenheitsverkehr von Unternehmern mit Betriebssitz im Ausland von der Genehmigungspflicht oder der Einhaltung anderer Ordnungsvorschriften dieses Gesetzes befreit wird, soweit die Gegenseitigkeit verbürgt ist. Die Vorschriften können auch die Organisation, das Verfahren und die Mittel der Kontrolle regeln.

(2) Der Bundesminister für Verkehr kann durch Rechtsverordnung mit Zustimmung des Bundesrates die auf dem Gebiet der Personenbeförderung mit Kraftfahrzeugen zur Durchführung von Verordnungen des Rates oder der Kommission der Europäischen Gemeinschaften erforderlichen Vorschriften erlassen, durch die insbesondere die Organisation, das Verfahren und die Mittel der Kontrolle geregelt werden.

§ 57 b Gebührenvorschriften

(1) Für die Amtshandlungen nach diesem Gesetz und nach den auf diesem Gesetz beruhenden Rechtsvorschriften werden von demjenigen, der die Amtshandlung veranlaßt oder zu dessen Gunsten sie vorgenommen wird, Kosten (Gebühren und Auslagen) erhoben. Kostengläubiger ist der Rechtsträger, dessen Behörde die Amtshandlung vornimmt, bei Auslagen auch der Rechtsträger, bei dessen Behörde die Auslagen entstanden sind.

(2) Die gebührenpflichtigen Tatbestände im Linienverkehr mit Kraftfahrzeugen und im Gelegenheitsverkehr kann der Bundesminister für Verkehr im Einvernehmen mit dem Bundesminister für Wirtschaft und mit Zustimmung des Bundesrates durch Rechtsverordnung näher bestimmen und dabei feste Gebührensätze oder Rahmensätze vorsehen. Die Gebührensätze sind so zu bemessen, daß zwischen der den Verwaltungsaufwand berücksichtigenden Höhe der Gebühr einerseits und der Bedeutung, dem wirtschaftlichen Wert oder dem sonstigen Nutzen der Amtshandlung andererseits ein angemessenes Verhältnis besteht. Dieser Grundsatz gilt auch bei der Festsetzung der Gebühr im Ein-

zelfall, soweit für die Gebühren Rahmensätze festgelegt sind. Die Gebühren dürfen im Linienverkehr 3000 Deutsche Mark, im Gelegenheitsverkehr 1000 Deutsche Mark nicht überschreiten.

(3) In der Rechtsverordnung nach Absatz 2 kann die Kostenpflicht der Deutschen Bundespost und der Deutschen Bundesbahn vorgesehen werden. In ihr können ferner der Umfang der zu erstattenden Auslagen, eine Vorschußpflicht, die Fälligkeit und die Verjährung der Kostenansprüche, die Befreiung von der Kostenpflicht, insbesondere für Unternehmen mit Betriebssitz im Ausland, soweit die Gegenseitigkeit verbürgt ist, sowie das Erhebungsverfahren geregelt werden.

(4) Die Höchstsätze nach Absatz 2 können bei Veränderung der wirtschaftlichen Verhältnisse durch Rechtsverordnung des Bundesministers für Verkehr im Einvernehmen mit dem Bundesminister für Wirtschaft und mit Zustimmung des Bundesrates bis zu 15 vom Hundert überschritten werden.

§ 58 Sonstige Rechtsverordnungen

(1) Der Bundesminister für Verkehr kann mit Zustimmung des Bundesrates Rechtsverordnungen erlassen,

1. durch die für bestimmte, im Rahmen des Gesamtverkehrs nicht besonders ins Gewicht fallende Beförderungsfälle allgemein Befreiung von den Vorschriften dieses Gesetzes erteilt wird,
2. durch die der Gelegenheitsverkehr zum Zwecke des Krankentransports, insbesondere die Anwendung der §§ 4, 13, 14, 21, 22 und 49 auf diesen Verkehr sowie die Voraussetzungen für die erforderliche Fachkunde und die Bereitstellung ausreichenden und geschulten Personals geregelt werden,
3. über einheitliche Allgemeine Beförderungsbedingungen für den Straßenbahn- und Obusverkehr sowie für den Linienverkehr mit Kraftfahrzeugen und, vorbehaltlich des § 51 Abs. 1 Satz 1, für den Gelegenheitsverkehr mit Kraftfahrzeugen, insbesondere für Ausflugsfahrten (§ 48),
4. über Rahmenvorschriften für Beförderungsentgelte im Verkehr mit Kraftomnibussen,
5. die bestimmen, wer Auszubildender im Sinne des § 45a Abs. 1 ist, welche Kostenbestandteile bei der Berechnung des Ausgleichs zu berücksichtigen sind, welches Verfahren für die Gewährung des Ausgleichs anzuwenden ist, welche Angaben der Antrag auf Gewährung des Ausgleichs enthalten muß und wie die Erträge und die Personen-Kilometer zu ermitteln sind,
6. durch die der Nachweis der fachlichen Eignung im Sinne des § 13 Abs. 1 Nr. 3 geregelt wird; darin können insbesondere Vorschriften enthalten sein über die Voraussetzungen, unter denen eine Tätigkeit angemessen ist, über den Prüfungsstoff, den Prüfungsausschuß und das Prüfungsverfahren; außerdem kann bestimmt werden, in welchen Fällen Unternehmer, Inhaber von Abschlußzeugnissen für staatlich anerkannte Ausbildungsberufe und Absolventen von Hoch- und Fachschulen vom Nachweis der angemessenen Tätigkeit und der Ablegung einer Prüfung befreit werden.

(2) Im Fall des Absatzes 1 Nr. 4 ergehen die Rechtsverordnungen im Einvernehmen mit dem Bundesminister für Wirtschaft.

§ 59 Allgemeine Verwaltungsvorschriften

Die zur Durchführung dieses Gesetzes erforderlichen allgemeinen Verwaltungsvorschriften erläßt der Bundesminister für Verkehr mit Zustimmung des Bundesrates.

§ 59a

Beförderungen, die in besonders gelagerten Einzelfällen nicht alle Merkmale einer Verkehrsart oder Verkehrsform dieses Gesetzes erfüllen, können nach denjenigen Vorschriften dieses Gesetzes genehmigt werden, die dem Verkehr am meisten entsprechen.

Bußgeldvorschriften

§ 60 (aufgehoben)

§ 61 Ordnungswidrigkeiten

(1) Ordnungswidrig handelt, wer vorsätzlich oder fahrlässig

1. Personen mit Straßenbahnen, Obussen oder Kraftfahrzeugen ohne die nach diesem Gesetz erforderliche Genehmigung oder einstweilige Erlaubnis befördert oder den Auflagen der Genehmigung oder einstweiligen Erlaubnis oder Auflagen in einer Entscheidung nach § 45a Abs. 4 Satz 2 zuwiderhandelt;
2. einen Verkehr mit Straßenbahnen, Obussen oder einen Kraftfahrlinienverkehr betreibt, ohne daß die nach diesem Gesetz vorgeschriebene Zustimmung zu den Beförderungsentgelten oder Fahrplänen durch die Genehmigungsbehörde erteilt ist;
3. den Vorschriften dieses Gesetzes über

   a) die Mitteilungspflicht bei Betriebsstörungen im Verkehr, die den vorübergehenden Einsatz von Kraftfahrzeugen zur Folge haben (§ 2 Abs. 4 Satz 2),

   b) das Mitführen und Vorzeigen von Urkunden (§ 17 Abs. 6, § 20 Abs. 3 Satz 3),

   c) die Einhaltung der Beförderungspflicht (§ 22) oder der Beförderungsentgelte (§ 39 Abs. 3, § 41 Abs. 3, § 45 Abs. 3, § 51),

   d) die Bekanntmachung der Beförderungsentgelte, der Besonderen Beförderungsbedingungen und der gültigen Fahrpläne (§ 39 Abs. 7, § 40 Abs. 4, § 41 Abs. 3, § 45 Abs. 3) oder das Mitführen oder Vorzeigen der Bestimmungen über die Beförderungsentgelte und Beförderungsbedingungen (§ 51 Abs. 5),

   e) die ausschließliche Verwendung von Kraftfahrzeugen im Linien- oder Kraftdroschkenverkehr (§ 45 Abs. 6, § 47 Abs. 5),

   f) Ausflugsfahrten und Ferienziel-Reisen (§ 48 Abs. 1 bis 3) oder

   g) den Verkehr mit Mietomnibussen und Mietwagen (§ 49 Abs. 2 Satz 2 und Abs. 4)

   zuwiderhandelt;

3a. entgegen § 54a Abs. 1 die Auskunft nicht, unrichtig, nicht vollständig oder nicht fristgemäß erteilt, die Bücher oder Geschäftspapiere nicht, nicht vollständig oder nicht fristgemäß vorlegt oder die Duldung von Prüfungen verweigert;

4. einer Rechtsvorschrift oder vollziehbaren schriftlichen Verfügung zuwiderhandelt, die auf Grund dieses Gesetzes oder auf Grund von Rechtsvorschriften, die auf diesem Gesetz beruhen, erlassen worden ist, soweit die Rechtsvorschrift oder die Rechtsvorschrift und die vollziehbare schriftliche Verfügung ausdrücklich auf diese Vorschrift verweisen oder
5. den Vorschriften der Verordnung über den Betrieb von Kraftfahrunternehmen im Personenverkehr (BOKraft) in der Fassung der Bekanntmachung vom 7. Juli 1960 (Bundesgesetzbl. I S. 553), zuletzt geändert durch die Dritte Verordnung zur Änderung der Verordnung über den Betrieb von Kraftfahrunternehmen im Personenverkehr (BOKraft) vom 6. November 1968 (Bundesgesetzbl. I S. 1134) oder den auf Grund dieser Verordnung erlassenen vollziehbaren schriftlichen Verfügungen, soweit diese ausdrücklich auf diese Vorschriften verweisen, zuwiderhandelt.

(2) Die Ordnungswidrigkeit kann mit einer Geldbuße bis zu zehntausend Deutsche Mark geahndet werden.

(3) Verwaltungsbehörde im Sinne des § 36 Abs. 1 Nr. 1 des Gesetzes über Ordnungswidrigkeiten ist die Genehmigungsbehörde.

Übergangs- und Schlußbestimmungen

§ 62 Frühere Genehmigungen

(1) Die auf Grund des bisherigen Rechts erteilten Genehmigungen für Straßenbahnen, Obusverkehr und Linienverkehr mit Kraftfahrzeugen sowie für den Gelegenheitsverkehr mit Kraftfahrzeugen behalten ihre Gültigkeit bis zum Ablauf der Dauer der Genehmigung; dabei gelten die für den bisherigen Gelegenheitsverkehr mit Ausflugswagen erteilten Genehmigungen als Genehmigungen für Ausflugsfahrten nach § 48 Abs. 1 dieses Gesetzes, und soweit sie zur Ausführung von Ferienziel-Reisen berechtigen, als Genehmigungen für Ferienziel-Reisen nach § 48 Abs. 2 dieses Gesetzes. Berufsverkehr (§ 43 Nr. 1), der nachweisbar am 1. Januar 1961 mit Mietwagen betrieben wurde, gilt bis zum Ablauf der Mietwagengenehmigungen als Verkehr mit Mietomnibussen (§ 49).

(2) Für Linien, die von der Deutschen Bundespost und der Deutschen Bundesbahn bei Inkrafttreten dieses Gesetzes betrieben werden, haben die Genehmigungsbehörden Genehmigungen (Sammelgenehmigungen) mit mindestens fünf- und höchstens achtjähriger Gültigkeit, gerechnet vom Zeitpunkt des Inkrafttretens dieses Gesetzes, auszustellen. Die Deutsche Bundespost und die Deutsche Bundesbahn werden bei Inkrafttreten dieses Gesetzes den zuständigen Genehmigungsbehörden die für die Ausfertigungen dieser Genehmigungen erforderlichen Angaben unaufgefordert mitteilen. Der Durchführung eines besonderen Anhörverfahrens nach § 14 dieses Gesetzes bedarf es in diesen Fällen nicht.

(3) Nach Ablauf der Gültigkeitsdauer der nach Absatz 2 erteilten Genehmigungen gelten für die Fortführung dieser Linien ausschließlich die Bestimmungen dieses Gesetzes.

§ 63 Ruhende Genehmigungen

Die nach dem Runderlaß des Reichsverkehrsministers vom 11. Dezember 1939 – K 2/1.13 573 – (Reichsverkehrsblatt Ausgabe B S. 393) für „ruhend" erklärten Genehmigungen für den Linien- und Gelegenheitsverkehr, die

1. inzwischen durch Zeitablauf erloschen sind, aber nach dem Runderlaß des Reichsverkehrsministers vom 15. Januar 1944 – K 11.21 069/43 – (Reichsverkehrsblatt Ausgabe B S. 7) ihre rechtliche Gültigkeit bis auf weiteres beibehalten haben,
2. durch Zeitablauf noch nicht erloschen sind, auf Grund deren Berechtigung aber der Betrieb noch nicht wieder aufgenommen ist,

werden mit dem Inkrafttreten dieses Gesetzes ungültig.

§ 64 Andere Gesetze

(1) Durch dieses Gesetz werden die Vorschriften

1. des Straßenverkehrsgesetzes vom 19. Dezember 1952 (Bundesgesetzbl. I S. 837) sowie die auf Grund dieses Gesetzes erlassenen Vorschriften,
2. des Gesetzes betreffend die Verbindlichkeit zum Schadenersatz für die bei dem Betriebe von Eisenbahnen, Bergwerken usw. herbeigeführten Tötungen und Körperverletzungen vom 7. Juni 1871 (Reichsgesetzbl. S. 207) in der Fassung des Gesetzes zur Änderung des Reichshaftpflichtgesetzes vom 15. August 1943 (Reichsgesetzbl. S. 489),
3. des Gesetzes über die Haftpflicht der Eisenbahnen und Straßenbahnen für Sachschäden vom 29. August 1940 (Reichsgesetzbl. I S. 691),
4. des Gesetzes über die Einführung der Pflichtversicherung für Kraftfahrzeughalter und zur Änderung des Gesetzes über den Verkehr mit Kraftfahrzeugen sowie des Gesetzes über den Versicherungsvertrag vom 7. November 1939 (Reichsgesetzblatt I S. 2223) und
5. des Gesetzes über die Haftpflichtversicherung für ausländische Kraftfahrzeuge und

Kraftfahrzeuganhänger vom 24. Juli 1956 (Bundesgesetzbl. I S. 667)

nicht berührt, soweit sich nicht aus § 23 Abs. 1 etwas anderes ergibt.

(2) Die Vorschriften des Gesetzes über Maßnahmen zur Aufrechterhaltung des Betriebs von Bahnunternehmen des öffentlichen Verkehrs vom 7. März 1934 (Reichsgesetzbl. II S. 91) in der Fassung des § 9 Abs. 4 des Allgemeinen Eisenbahngesetzes vom 29. März 1951 (Bundesgesetzbl. I S. 225) sind auf Straßenbahnen und auf Obusunternehmen mit der Maßgabe entsprechend anzuwenden, daß zuständige Aufsichtsbehörde im Sinne des vorgenannten Gesetzes die von der Landesregierung bestimmte Genehmigungsbehörde ist, und daß, wenn eine Straßenbahn oder ein Obusunternehmen das Gebiet mehrerer Länder berührt, die von der Landesregierung bestimmte Genehmigungsbehörde ihre Entscheidung im Einvernehmen mit der von der Landesregierung des mitbeteiligten Landes bestimmten Genehmigungsbehörde trifft.

(3) Der Titel VII der Gewerbeordnung sowie die auf Grund dieses Titels erlassenen Vorschriften gelten auch für Straßenbahnbetriebe.

(4) In § 38 des Bundesbaugesetzes vom 23. Juni 1960 (Bundesgesetzbl. I S. 341) werden die Worte „Gesetzes über die Beförderung von Personen zu Lande in der Fassung vom 6. Dezember 1937 (Reichsgesetzbl. I S. 1319)" ersetzt durch die Worte „Personenbeförderungsgesetzes vom 21. März 1961 (Bundesgesetzbl. I S. 241)".

§ 65 Inkrafttreten, Aufhebung von Rechtsvorschriften

(1) Dieses Gesetz tritt am ersten Tage des auf die Verkündung folgenden dritten Kalendermonats in Kraft.

(2) Am gleichen Tage treten den Bestimmungen dieses Gesetzes widersprechende oder den gleichen Gegenstand regelnde Vorschriften außer Kraft. Hierzu gehören insbesondere

1. das Gesetz über die Beförderung von Personen zu Lande vom 4. Dezember 1934 (Reichsgesetzbl. I S. 1217) in der Fassung des Gesetzes vom 6. Dezember 1937 (Reichsgesetzbl. I S. 1319),
2. das Gesetz über das Inkrafttreten von Vorschriften des Gesetzes über die Beförderung von Personen zu Lande vom 16. Januar 1952 (Bundesgesetzbl. I S. 21),
3. das Gesetz zur Änderung des Gesetzes über die Beförderung von Personen zu Lande vom 12. September 1955 (Bundesgesetzbl. I S. 573),
4. die Verordnung zur Durchführung des Gesetzes über die Beförderung von Personen zu Lande vom 26. März 1935 (Reichsgesetzbl. I S. 473),
5. Artikel 5 Abs. 1 des Gesetzes zur Sicherung des Straßenverkehrs vom 19. Dezember 1952 (Bundesgesetzbl. I S. 832),
6. die „Erste Anordnung zum Gesetz zur Änderung des Gesetzes über die Beförderung von Personen zu Lande" vom 6. Dezember 1937 (Reichsverkehrsblatt Ausgabe B S. 150),
7. die Anordnung über „Geltungsbereich der Genehmigung für den Droschken- und Mietwagenverkehr" vom 17. Mai 1935 (Reichsverkehrsblatt Ausgabe B S. 65),
8. die Anordnung über „Genehmigungen für den Gelegenheitsverkehr" vom 26. Juni 1935 (Reichsverkehrsblatt Ausgabe B S. 87),
9. die Anordnung über „Reisebüros als Unternehmer von Gelegenheitsverkehr" vom 16. November 1935 (Reichsverkehrsblatt Ausgabe B S. 176),
10. die Anordnung über „Bereithalten von Ausflugswagen" vom 16. November 1935 (Reichsverkehrsblatt Ausgabe B S. 183),
11. die Anordnung über „Verwendung von Linienfahrzeugen im Gelegenheitsverkehr" vom 15. Februar 1936 (Reichsverkehrsblatt Ausgabe B S. 33),
12. die Anordnung über Erteilung einer „Einstweiligen Erlaubnis" für den Linien- und Gelegenheitsverkehr vom 27. August 1937 (Reichsverkehrsblatt Ausgabe B S. 92),

13. die Anordnung über „Gelegenheitsverkehr mit Kraftfahrzeugen vom Auslande her“ vom 19. Januar 1937 (Reichsverkehrsblatt Ausgabe B S. 8),
14. die Anordnung über „Anzeigen der Deutschen Reichspost und Deutschen Reichsbahn wegen Einrichtung von Linienverkehr“ vom 22. April 1941 (Reichsverkehrsblatt Ausgabe B S. 63),
15. die Anordnung über „Übertragung der aus der Genehmigung erwachsenden Rechte und Pflichten des Unternehmers auf einen anderen“ vom 5. Januar 1942 (Reichsverkehrsblatt Ausgabe B S. 1),
16. die Anordnung über „Vorschriften über die Beförderung von Personen zu Lande“ vom 28. Februar 1942 (Reichsverkehrsblatt Ausgabe B S. 33),
17. die Anordnung über „Vereinfachung des Anhörungsverfahrens nach § 9 DV PBefG“ vom 12. Dezember 1942 (Reichsverkehrsblatt Ausgabe B S. 192),
18. die Verordnung PR Nr. 45/52 über Fahrpreise für die Beförderung von Personen mit Straßenbahnen und im Linienverkehr mit Landfahrzeugen vom 16. Juni 1952 (Bundesanzeiger Nr. 118 vom 21. Juni 1952 S. 1).

(3) Als Rechtsverordnungen gelten bis auf weiteres fort, soweit sie diesem Gesetz nicht widersprechen,

1. die Verordnung über den Bau und Betrieb der Straßenbahnen (BOStrab) vom 13. November 1937 (Reichsgesetzblatt I S. 1247) in der Fassung vom 14. August 1953 (Bundesgesetzblatt I S. 974),
2. die Verordnung über die Bestätigung und Prüfung der Betriebsleiter von Straßenbahnbetrieben vom 23. Dezember 1953 (Bundesgesetzblatt I S. 1590),
3. die Signalordnung für Straßenbahnen vom 14. Juni 1958 (Bundesgesetzblatt I S. 397),
4. die Verordnung zur Durchführung der Straßenbahn-Bau- und Betriebsordnung vom 29. März 1956 (Bundesgesetzblatt I S. 250),
5. die Verordnung über den Betrieb von Kraftfahrunternehmen im Personenverkehr (BOKraft) vom 13. Februar 1939 (Reichsgesetzblatt I S. 231) in der Fassung vom 7. Juli 1960 (Bundesgesetzblatt I S. 553),
6. die Vorläufige Gebührenordnung für den Gelegenheitsverkehr vom 27. November 1936 (Reichsgesetzblatt I S. 996),
7. die Verordnung über Einführung einheitlicher Haltestellenzeichen für Straßenbahnen und Kraftfahrlinien vom 19. Juli 1939 (Deutscher Reichsanzeiger und Preußischer Staatsanzeiger Nr. 172 vom 28. Juli 1939).

§ 66 Geltung im Land Berlin

(1) Dieses Gesetz gilt nach Maßgabe des § 13 Abs. 1 des Dritten Überleitungsgesetzes vom 4. Januar 1952 (Bundesgesetzblatt I S. 1) auch im Land Berlin. Rechtsverordnungen, die auf Grund dieses Gesetzes erlassen werden, gelten im Land Berlin nach § 14 des Dritten Überleitungsgesetzes.

(2) An Stelle der Deutschen Bundespost oder einer zuständigen Oberpostdirektion tritt in Berlin die Landespostdirektion Berlin. Die Vorschriften des § 14 Abs. 1 Nr. 1 Buchstabe c, Nr. 2 Buchstabe b, Nr. 4, des § 51 Abs. 7 und des § 56 gelten, soweit sie sich auf die Deutsche Bundesbahn beziehen, nicht in Berlin.

Verordnung über die Befreiung bestimmter Beförderungsfälle von den Vorschriften des Personenbeförderungsgesetzes (Freistellungs-Verordnung)

Vom 30. August 1962 (BGBl. I S. 601), geändert durch ÄndVO v. 16. Juni 1967 (BGBl. I S. 602)

Auf Grund des § 58 Abs. 1 Nr. 1 des Personenbeförderungsgesetzes vom 21. März 1961 (Bundesgesetzbl. I S. 241) wird mit Zustimmung des Bundesrates verordnet:

§ 1

Von den Vorschriften des Personenbeförderungsgesetzes werden freigestellt

1. Beförderungen mit Kraftfahrzeugen außerhalb öffentlicher Straßen und Plätze im Sinne des Straßenverkehrsgesetzes;
2. Beförderungen mit Kraftfahrzeugen in Ausübung hoheitlicher Tätigkeit, ausgenommen im Postreisedienst;
3. Beförderungen mit Personenkraftwagen, die nach ihrer Bauart und Ausstattung zur Beförderung von nicht mehr als sechs Personen (einschließlich Führer) geeignet und bestimmt sind, es sei denn, daß für die Beförderungen ein Entgelt zu entrichten ist;
4. Beförderungen

   a) von Berufstätigen mit Kraftfahrzeugen zu und von ihrer Eigenart nach wechselnden Arbeitsstellen, insbesondere Baustellen, sofern nicht ein solcher Verkehr zwischen gleichbleibenden Ausgangs- und Endpunkten länger als ein Jahr betrieben wird,

   b) von Berufstätigen mit Kraftfahrzeugen zu und von Arbeitsstellen in der Land- und Forstwirtschaft,

   c) mit Kraftfahrzeugen durch oder für Kirchen oder sonstige Religionsgesellschaften zu und von Gottesdiensten,

   d) mit Kraftfahrzeugen durch oder für Schulträger zum und vom Unterricht,

   e) von Kranken aus Gründen der Beschäftigungstherapie oder zu sonstigen Behandlungszwecken durch Krankenhäuser oder Heilanstalten mit eigenen Kraftfahrzeugen,

   f) von Berufstätigen mit Personenkraftwagen von und zu ihren Arbeitsstellen,

   g) von körperlich, geistig oder seelisch behinderten Personen mit Kraftfahrzeugen zu und von Einrichtungen, die der Betreuung dieser Personenkreise dienen,

   es sei denn, daß von den Beförderten ein Entgelt zu entrichten ist;
5. Beförderungen durch die Streitkräfte mit eigenen Kraftfahrzeugen;

5a. Beförderungen durch die Polizei mit eigenen Kraftfahrzeugen;

6. die Mitnahme von

   a) umziehenden Personen in besonders für die Möbelbeförderung eingerichteten Fahrzeugen,

   b) Personen in Kraftfahrzeugen, die zur Leichenbeförderung bestimmt sind.

§ 2

Diese Verordnung – mit Ausnahme des § 1 Nr. 5 – gilt nach § 14 des Dritten Überleitungsgesetzes vom 4. Januar 1952 (Bundesgesetzblatt I S. 1) in Verbindung mit § 66 des Personenbeförderungsgesetzes auch im Land Berlin.

§ 3

Diese Verordnung tritt am Tage nach ihrer Verkündung in Kraft.

Verordnung über die Allgemeinen Beförderungsbedingungen für den Straßenbahn- und Obusverkehr sowie den Linienverkehr mit Kraftfahrzeugen

Vom 27. Februar 1970 (BGBl. I S. 230), geändert durch die Verordnung zur Änderung personenbeförderungsrechtlicher Vorschriften vom 13. Mai 1981 (BGBl. I S. 428)

Auf Grund des § 58 Abs. 1 Nr. 3 des Personenbeförderungsgesetzes vom 21. März 1961 (Bundesgesetzblatt I S. 241), zuletzt geändert durch das Zweite Gesetz zur Änderung des Personenbeförderungsgesetzes vom 8. Mai 1969 (Bundesgesetzblatt I S. 348), wird mit Zustimmung des Bundesrates verordnet:

§ 1 Geltungsbereich

(1) Die Allgemeinen Beförderungsbedingungen gelten für die Beförderung im Straßenbahn- und Obusverkehr sowie im Linienverkehr mit Kraftfahrzeugen. Die zuständige Genehmigungsbehörde kann in Berücksichtigung besonderer Verhältnisse Anträgen auf Abweichungen von den Bestimmungen dieser Verordnung zustimmen (Besondere Beförderungsbedingungen).

(2) Für die Festsetzung der Beförderungsbedingungen der Deutschen Bundespost und der Deutschen Bundesbahn gilt § 45 Abs. 2 des Personenbeförderungsgesetzes.

§ 2 Anspruch auf Beförderung

Anspruch auf Beförderung besteht, soweit nach den Vorschriften des Personenbeförderungsgesetzes und den auf Grund dieses Gesetzes erlassenen Rechtsvorschriften eine Beförderungspflicht gegeben ist. Sachen werden nur nach Maßgabe der §§ 11 und 12 befördert.

§ 3 Von der Beförderung ausgeschlossene Personen

(1) Personen, die eine Gefahr für die Sicherheit oder Ordnung des Betriebes oder für die Fahrgäste darstellen, sind von der Beförderung ausgeschlossen. Soweit diese Voraussetzungen vorliegen, sind insbesondere ausgeschlossen

1. Personen, die unter dem Einfluß geistiger Getränke oder anderer berauschender Mittel stehen,
2. Personen mit ekelerregenden oder ansteckenden Krankheiten,
3. Personen mit geladenen Schußwaffen, es sei denn, daß sie zum Führen von Schußwaffen berechtigt sind.

(2) Nicht schulpflichtige Kinder vor Vollendung des 6. Lebensjahres können von der Beförderung ausgeschlossen werden, sofern sie nicht auf der ganzen Fahrstrecke von Personen begleitet werden, die mindestens das 6. Lebensjahr vollendet haben; die Vorschriften des Absatzes 1 bleiben unberührt

§ 4 Verhalten der Fahrgäste

(1) Fahrgäste haben sich bei Benutzung der Betriebsanlagen und Fahrzeuge so zu verhalten, wie es die Sicherheit und Ordnung des Betriebes, ihre eigene Sicherheit und die Rücksicht auf andere Personen gebieten. Anweisungen des Betriebspersonals ist zu folgen.

(2) Fahrgästen ist insbesondere untersagt,

1. sich mit dem Fahrzeugführer während der Fahrt zu unterhalten,
2. die Türen während der Fahrt eigenmächtig zu öffnen,

3. Gegenstände aus den Fahrzeugen zu werfen oder hinausragen zu lassen,
4. während der Fahrt auf- oder abzuspringen,
5. ein als besetzt bezeichnetes Fahrzeug zu betreten,
6. die Benutzbarkeit der Betriebseinrichtungen, der Durchgänge und der Ein- und Ausstiege durch sperrige Gegenstände zu beeinträchtigen,
7. in nicht hierfür besonders gekennzeichneten Fahrzeugen zu rauchen,
8. Tonwiedergabegeräte oder Tonrundfunkempfänger zu benutzen.

(3) Die Fahrgäste dürfen die Fahrzeuge nur an den Haltestellen betreten und verlassen; Ausnahmen bedürfen der Zustimmung des Betriebspersonals. Soweit besonders gekennzeichnete Eingänge oder Ausgänge vorhanden sind, sind diese beim Betreten oder Verlassen der Fahrzeuge zu benutzen. Es ist zügig ein- und auszusteigen sowie in das Wageninnere aufzurücken. Wird die bevorstehende Abfahrt angekündigt oder schließt sich eine Tür, darf das Fahrzeug nicht mehr betreten oder verlassen werden. Jeder Fahrgast ist verpflichtet, sich im Fahrzeug stets einen festen Halt zu verschaffen.

(4) Die Beaufsichtigung von Kindern obliegt den Begleitern. Sie haben insbesondere dafür zu sorgen, daß Kinder nicht auf den Sitzplätzen knien oder stehen.

(5) Verletzt ein Fahrgast trotz Ermahnung die ihm obliegenden Pflichten nach den Absätzen 1 bis 4, so kann er von der Beförderung ausgeschlossen werden.

(6) Bei Verunreinigung von Fahrzeugen oder Betriebsanlagen werden vom Unternehmer festgesetzte Reinigungskosten erhoben; weitergehende Ansprüche bleiben unberührt.

(7) Beschwerden sind – außer in den Fällen des § 6 Abs. 7 und des § 7 Abs. 3 – nicht an das Fahr-, sondern an das Aufsichtspersonal zu richten. Soweit die Beschwerden nicht durch das Aufsichtspersonal erledigt werden können, sind sie unter Angabe von Datum, Uhrzeit, Wagen- und Linienbezeichnung sowie möglichst unter Beifügung des Fahrausweises an die Verwaltung des Unternehmers zu richten.

(8) Wer mißbräuchlich die Notbremse oder andere Sicherungseinrichtungen betätigt, hat – unbeschadet einer Verfolgung im Straf- oder Bußgeldverfahren und weitergehender zivilrechtlicher Ansprüche – einen Betrag von 30,– DM zu zahlen.

§ 5 Zuweisen von Wagen und Plätzen

(1) Das Betriebspersonal kann Fahrgäste auf bestimmte Wagen verweisen, wenn dies aus betrieblichen Gründen oder zur Erfüllung der Beförderungspflicht notwendig ist.

(2) Das Betriebspersonal ist berechtigt, Fahrgästen Plätze zuzuweisen; Anspruch auf einen Sitzplatz besteht nicht. Sitzplätze sind für Schwerbehinderte, in der Gehfähigkeit Beeinträchtigte, ältere oder gebrechliche Personen, werdende Mütter und für Fahrgäste mit kleinen Kindern freizugeben.

§ 6 Beförderungsentgelte, Fahrausweise

(1) Für die Beförderung sind die festgesetzten Beförderungsentgelte zu entrichten.

(2) Ist der Fahrgast beim Betreten des Fahrzeugs nicht mit einem für diese Fahrt gültigen Fahrausweis versehen, hat er unverzüglich und unaufgefordert den erforderlichen Fahrausweis zu lösen.

(3) Ist der Fahrgast beim Betreten des Fahrzeugs mit einem Fahrausweis versehen, der zu entwerten ist, hat er diesen dem Betriebspersonal unverzüglich und unaufgefordert zur Entwertung auszuhändigen; in Fahrzeugen mit Entwertern hat der Fahrgast den Fahrausweis entsprechend der Beförderungsstrecke unverzüglich zu entwerten und sich von der Entwertung zu überzeugen.

(4) Der Fahrgast hat den Fahrausweis bis zur Beendigung der Fahrt aufzubewahren und ihn dem Betriebspersonal auf Verlangen zur Prüfung vorzuzeigen oder auszuhändigen.

(5) Kommt der Fahrgast einer Pflicht nach den Absätzen 2 bis 4 trotz Aufforderung nicht nach, kann er von der Beförderung ausgeschlossen werden; die Pflicht zur Zahlung eines erhöhten Beförderungsentgelts nach § 9 bleibt unberührt.

(6) Wagen oder Wagenteile im schaffnerlosen Betrieb dürfen nur von Fahrgästen mit hierfür gültigen Fahrausweisen benutzt werden.

(7) Beanstandungen des Fahrausweises sind sofort vorzubringen. Spätere Beanstandungen werden nicht berücksichtigt.

§ 7 Zahlungsmittel

(1) Das Fahrgeld soll abgezählt bereitgehalten werden. Das Fahrpersonal ist nicht verpflichtet, Geldbeträge über 10,– DM zu wechseln und Ein- und Zweipfennigstücke im Betrag von mehr als 10 Pf. sowie erheblich beschädigte Geldscheine und Münzen anzunehmen.

(2) Soweit das Fahrpersonal Geldbeträge über 10,– DM nicht wechseln kann, ist dem Fahrgast eine Quittung über den zurückbehaltenen Betrag auszustellen. Es ist Sache des Fahrgastes, das Wechselgeld unter Vorlage der Quittung bei der Verwaltung des Unternehmers abzuholen. Ist der Fahrgast mit dieser Regelung nicht einverstanden, hat er die Fahrt abzubrechen.

(3) Beanstandungen des Wechselgeldes oder der vom Fahrpersonal ausgestellten Quittung müssen sofort vorgebracht werden.

§ 8 Ungültige Fahrausweise

(1) Fahrausweise, die entgegen den Vorschriften der Beförderungsbedingungen oder des Beförderungstarifs benutzt werden, sind ungültig und werden eingezogen; dies gilt auch für Fahrausweise, die

1. nicht vorschriftsmäßig ausgefüllt sind und trotz Aufforderung nicht sofort ausgefüllt werden,
2. nicht mit aufgeklebter Wertmarke versehen sind,
3. zerrissen, zerschnitten oder sonst stark beschädigt, stark beschmutzt oder unleserlich sind, so daß sie nicht mehr geprüft werden können,
4. eigenmächtig geändert sind,
5. von Nichtberechtigten benutzt werden,
6. zu anderen als den zulässigen Fahrten benutzt werden,
7. wegen Zeitablaufs oder aus anderen Gründen verfallen sind,
8. ohne das erforderliche Lichtbild benutzt werden.

Fahrgeld wird nicht erstattet.

(2) Ein Fahrausweis, der nur in Verbindung mit einem Antrag oder einem im Beförderungstarif vorgesehenen Personenausweis zur Beförderung berechtigt, gilt als ungültig und kann eingezogen werden, wenn der Antrag oder Personenausweis auf Verlangen nicht vorgezeigt wird.

§ 9 Erhöhtes Beförderungsentgelt

(1) Ein Fahrgast ist zur Zahlung eines erhöhten Beförderungsentgelts verpflichtet, wenn er

1. sich keinen gültigen Fahrausweis beschafft hat,
2. sich einen gültigen Fahrausweis beschafft hat, diesen jedoch bei einer Überprüfung nicht vorzeigen kann,
3. den Fahrausweis nicht oder nicht unverzüglich im Sinne des § 6 Abs. 3 entwertet hat oder entwerten ließ oder
4. den Fahrausweis auf Verlangen nicht zur Prüfung vorzeigt oder aushändigt.

Eine Verfolgung im Straf- oder Bußgeldverfahren bleibt unberührt. Die Vorschriften unter den Nummern 1 und 3 werden nicht angewendet, wenn das Beschaffen oder die Entwertung des Fahrausweises aus Gründen unterblieben ist, die der Fahrgast nicht zu vertreten hat.

(2) In den Fällen des Absatzes 1 kann der Unternehmer ein erhöhtes Beförderungsentgelt bis zu 40,– DM erheben. Er kann jedoch das Dop-

pelte des Beförderungsentgelts für einfache Fahrt auf der vom Fahrgast zurückgelegten Strecke erheben, sofern sich hiernach ein höherer Betrag als nach Satz 1 ergibt; hierbei kann das erhöhte Beförderungsentgelt nach dem Ausgangspunkt der Linie berechnet werden, wenn der Fahrgast die zurückgelegte Strecke nicht nachweisen kann.

(3) Das erhöhte Beförderungsentgelt ermäßigt sich im Falle von Absatz 1 Nr. 2 auf 5,– DM, wenn der Fahrgast innerhalb einer Woche ab dem Feststellungstag bei der Verwaltung des Unternehmers nachweist, daß er im Zeitpunkt der Feststellung Inhaber einer gültigen Zeitkarte war.

(4) Bei Verwendung von ungültigen Zeitkarten bleiben weitergehende Ansprüche des Unternehmers unberührt.

§ 10 Erstattung von Beförderungsentgelt

(1) Wird ein Fahrausweis nicht zur Fahrt benutzt, so wird das Beförderungsentgelt auf Antrag gegen Vorlage des Fahrausweises erstattet. Beweispflichtig für die Nichtbenutzung des Fahrausweises ist der Fahrgast

(2) Wird ein Fahrausweis nur auf einem Teil der Strecke zur Fahrt benutzt, so wird der Unterschied zwischen dem gezahlten Beförderungsentgelt und dem für die zurückgelegte Strecke erforderlichen Beförderungsentgelt auf Antrag gegen Vorlage des Fahrausweises erstattet. Beweispflichtig für die nur teilweise Benutzung des Fahrausweises ist der Fahrgast.

(3) Wird eine Zeitkarte nicht oder nur teilweise benutzt, so wird das Beförderungsentgelt für die Zeitkarte unter Anrechnung des Beförderungsentgelts für die durchgeführten Einzelfahrten auf Antrag gegen Vorlage des Fahrausweises erstattet. Für die Feststellung des Zeitpunkts, bis zu dem Einzelfahrten – je Tag zwei Fahrten – als durchgeführt gelten, ist der Tag der Rückgabe oder Hinterlegung der Zeitkarte oder das Datum des Poststempels der Übersendung der Zeitkarte mit der Post maßgeblich. Ein früherer Zeitpunkt kann nur berücksichtigt werden, wenn die Bescheinigung eines Arztes, eines Krankenhauses oder einer Krankenkasse über Krankheit, Unfall oder Tod des Fahrgastes vorgelegt wird. Bei der Anrechnung des Beförderungsentgelts für die durchgeführten Einzelfahrten wird eine Ermäßigung nur bei Vorliegen der hierfür erforderlichen Voraussetzungen, im übrigen das Beförderungsentgelt für einfache Fahrt zugrunde gelegt.

(4) Anträge nach den Absätzen 1 bis 3 sind unverzüglich, spätestens innerhalb einer Woche nach Ablauf der Gültigkeit des Fahrausweises bei der Verwaltung des Unternehmers zu stellen.

(5) Von dem zu erstattenden Betrag wird ein Bearbeitungsentgelt in Höhe von 3,– DM sowie eine etwaige Überweisungsgebühr abgezogen. Das Bearbeitungsentgelt und eine etwaige Überweisungsgebühr werden nicht abgezogen, wenn die Erstattung auf Grund von Umständen beantragt wird, die der Unternehmer zu vertreten hat.

(6) Bei Ausschluß von der Beförderung besteht, ausgenommen § 3 Abs. 1 Satz 2 Nr. 2, kein Anspruch auf Erstattung des entrichteten Entgelts.

§ 11 Beförderung von Sachen

(1) Ein Anspruch auf Beförderung von Sachen besteht nicht. Handgepäck und sonstige Sachen werden bei gleichzeitiger Mitfahrt des Fahrgastes und nur dann befördert, wenn dadurch die Sicherheit und Ordnung des Betriebes nicht gefährdet und andere Fahrgäste nicht belästigt werden können.

(2) Von der Beförderung sind gefährliche Stoffe und gefährliche Gegenstände ausgeschlossen, insbesondere

1. explosionsfähige, leicht entzündliche, radioaktive, übelriechende oder ätzende Stoffe,
2. unverpackte oder ungeschützte Sachen, durch die Fahrgäste verletzt werden können,
3. Gegenstände, die über die Wagenumgrenzung hinausragen.

(3) Die Pflicht zur Beförderung von Kleinkindern in Kinderwagen richtet sich nach den Vorschriften des § 2 Satz 1. Nach Möglichkeit soll das Betriebspersonal dafür sorgen, daß Fahrgäste mit Kind im Kinderwagen nicht zurückgewie-

sen werden. Die Entscheidung über die Mitnahme liegt beim Betriebspersonal.

(4) Der Fahrgast hat mitgeführte Sachen so unterzubringen und zu beaufsichtigen, daß die Sicherheit und Ordnung des Betriebes nicht gefährdet und andere Fahrgäste nicht belästigt werden können.

(5) Das Betriebspersonal entscheidet im Einzelfall, ob Sachen zur Beförderung zugelassen werden und an welcher Stelle sie unterzubringen sind.

§ 12 Beförderung von Tieren

(1) Auf die Beförderung von Tieren ist § 11 Abs. 1, 4 und 5 anzuwenden.

(2) Hunde werden nur unter Aufsicht einer hierzu geeigneten Person befördert. Hunde, die Mitreisende gefährden können, müssen einen Maulkorb tragen.

(3) Blindenführhunde, die einen Blinden begleiten, sind zur Beförderung stets zugelassen.

(4) Sonstige Tiere dürfen nur in geeigneten Behältern mitgenommen werden.

(5) Tiere dürfen nicht auf Sitzplätzen untergebracht werden.

§ 13 Fundsachen

Fundsachen sind gemäß § 978 BGB unverzüglich dem Betriebspersonal abzuliefern. Eine Fundsache wird an den Verlierer durch das Fundbüro des Unternehmers gegen Zahlung eines Entgelts für die Aufbewahrung zurückgegeben. Sofortige Rückgabe an den Verlierer durch das Betriebspersonal ist zulässig, wenn er sich einwandfrei als Verlierer ausweisen kann. Der Verlierer hat den Empfang der Sache schriftlich zu bestätigen.

§ 14 Haftung

Der Unternehmer haftet für die Tötung oder Verletzung eines Fahrgastes und für Schäden an Sachen, die der Fahrgast an sich trägt oder mit sich führt, nach den allgemein geltenden Bestimmungen. Für Sachschäden haftet der Unternehmer gegenüber jeder beförderten Person nur bis zum Höchstbetrag von 2000,– DM; die Begrenzung der Haftung gilt nicht, wenn die Sachschäden auf Vorsatz oder grobe Fahrlässigkeit zurückzuführen sind.

§ 15 Verjährung

(1) Ansprüche aus dem Beförderungsvertrag verjähren in 2 Jahren. Die Verjährung beginnt mit der Entstehung des Anspruchs.

(2) Im übrigen richtet sich die Verjährung nach den allgemeinen Vorschriften.

§ 16 Ausschluß von Ersatzansprüchen

Abweichungen von Fahrplänen durch Verkehrsbehinderungen, Betriebsstörungen oder -unterbrechungen sowie Platzmangel begründen keine Ersatzansprüche; insoweit wird auch keine Gewähr für das Einhalten von Anschlüssen übernommen.

§ 17 Gerichtsstand

Der Gerichtsstand für alle Streitigkeiten, die sich aus dem Beförderungsvertrag ergeben, ist der Sitz des Unternehmers.

§ 18 Berlin-Klausel

Diese Verordnung gilt nach § 14 des Dritten Überleitungsgesetzes vom 4. Januar 1952 (Bundesgesetzblatt I S. 1) in Verbindung mit § 66 Personenbeförderungsgesetz auch im Land Berlin.

§ 19 Inkrafttreten

Diese Verordnung tritt 6 Monate nach ihrer Verkündung in Kraft.

Auszug aus der Straßenverkehrsordnung (StVO)

i. d. F. der Änderungsverordnung vom 19. Februar 1985 (Bundesgesetzbl. I S. 385)

§ 3 Geschwindigkeit

(1) Der Fahrzeugführer darf nur so schnell fahren, daß er sein Fahrzeug ständig beherrscht. Er hat seine Geschwindigkeit insbesondere den Straßen-, Verkehrs-, Sicht- und Wetterverhältnissen sowie seinen persönlichen Fähigkeiten und den Eigenschaften von Fahrzeug und Ladung anzupassen. Er darf nur so schnell fahren, daß er innerhalb der übersehbaren Strecke halten kann. Auf Fahrbahnen, die so schmal sind, daß dort entgegenkommende Fahrzeuge gefährdet werden könnten, muß er jedoch so langsam fahren, daß er mindestens innerhalb der Hälfte der übersehbaren Strecke halten kann.

(2) Ohne triftigen Grund dürfen Kraftfahrzeuge nicht so langsam fahren, daß sie den Verkehrsfluß behindern.

(2 a) Die Fahrzeugführer müssen sich gegenüber Kindern, Hilfsbedürftigen und älteren Menschen, insbesondere durch Verminderung der Fahrgeschwindigkeit und durch Bremsbereitschaft, so verhalten, daß eine Gefährdung dieser Verkehrsteilnehmer ausgeschlossen ist.

(3) Die zulässige Höchstgeschwindigkeit beträgt auch unter günstigsten Umständen

1. innerhalb geschlossener Ortschaften für alle Kraftfahrzeuge 50 km/h [1]),

2. außerhalb geschlossener Ortschaften

a) für Kraftfahrzeuge mit einem zulässigen Gesamtgewicht über 2,8 bis 7,5 t, ausgenommen Personenkraftwagen,
für Personenkraftwagen mit Anhänger und Lastkraftwagen bis zu einem zulässigen Gesamtgewicht von 2,8 t mit Anhänger
und für Kraftomnibusse, auch mit Gepäckanhänger 80 km/h,

b) für Kraftfahrzeuge mit einem zulässigen Gesamtgewicht über 7,5 t,
für alle Kraftfahrzeuge mit Anhänger, ausgenommen Personenkraftwagen sowie Lastkraftwagen bis zu einem zulässigen Gesamtgewicht von 2,8 t
und für Kraftomnibusse mit Fahrgästen, für die keine Sitzplätze mehr zur Verfügung stehen 60 km/h,

c) für Personenkraftwagen sowie für andere Kraftfahrzeuge mit einem zulässigen Gesamtgewicht bis 2,8 t 100 km/h.

Diese Geschwindigkeitsbeschränkung gilt nicht auf Autobahnen (Zeichen 330) sowie auf anderen Straßen mit Fahrbahnen für eine Richtung, die durch Mittelstreifen oder sonstige bauliche Einrichtungen getrennt sind. Sie gilt ferner nicht auf Straßen, die mindestens zwei durch Fahrstreifenbegrenzung (Zeichen 295) oder durch Leitlinien (Zeichen 340) markierte Fahrstreifen für jede Richtung haben.

(4) Die zulässige Höchstgeschwindigkeit beträgt für Kraftfahrzeuge mit Schneeketten auch unter günstigsten Umständen 50 km/h.

§ 7 Benutzung von Fahrstreifen durch Kraftfahrzeuge

(1) Auf Fahrbahnen mit mehreren Fahrstreifen für eine Richtung dürfen mehrspurige Kraftfahrzeuge von dem Gebot, möglichst weit rechts zu fahren (§ 2 Abs. 2), abweichen, wenn die Verkehrsdichte das rechtfertigt. Fahrstreifen ist der Teil einer Fahrbahn, den ein mehrspuriges Fahrzeug zum ungehinderten Fahren im Verlauf der Fahrbahn benötigt.

[1]) Vgl. aber die Verordnung über die versuchsweise Einführung einer Zonen-Geschwindigkeits-Verordnung vom 19.2.1985. Danach können innerhalb geschlossener Ortschaften für ganze Straßenviertel niedrigere Höchstgeschwindigkeiten angeordnet werden. Die Verordnung gilt jedoch nur in der Zeit vom 1.3.1985 bis zum 31.12.1989.

(2) Ist der Verkehr so dicht, daß sich auf den Fahrstreifen für eine Richtung Fahrzeugschlangen gebildet haben, so darf rechts schneller als links gefahren werden.

(3) Innerhalb geschlossener Ortschaften – ausgenommen auf Autobahnen (Zeichen 330) – dürfen Personenkraftwagen sowie Lastkraftwagen mit einem zulässigen Gesamtgewicht bis zu 2,8 t auf Fahrbahnen mit mehreren markierten Fahrstreifen für eine Richtung (Zeichen 296 oder 340) den Fahrstreifen frei wählen, auch wenn die Voraussetzungen des Absatzes 1 Satz 1 nicht vorliegen. Dann darf rechts schneller als links gefahren werden.

(4) In allen Fällen darf ein Fahrstreifen nur gewechselt werden, wenn eine Gefährdung anderer Verkehrsteilnehmer ausgeschlossen ist. Jeder Fahrstreifenwechsel ist rechtzeitig und deutlich anzukündigen; dabei sind die Fahrtrichtungsanzeiger zu benutzen.

(5) Ist auf Straßen mit mehreren Fahrstreifen für eine Richtung das durchgehende Befahren eines Fahrstreifens nicht möglich oder endet ein Fahrstreifen, so ist den am Weiterfahren gehinderten Fahrzeugen der Übergang auf den benachbarten Fahrstreifen in der Weise zu ermöglichen, daß sich diese Fahrzeuge jeweils im Wechsel nach einem auf dem durchgehenden Fahrstreifen fahrenden Fahrzeug einordnen können (Reißverschlußverfahren).

§ 9 Abbiegen, Wenden und Rückwärtsfahren

(1) Wer abbiegen will, muß dies rechtzeitig und deutlich ankündigen; dabei sind die Fahrtrichtungsanzeiger zu benutzen. Wer nach rechts abbiegen will, hat sein Fahrzeug möglichst weit rechts, wer nach links abbiegen will, bis zur Mitte, auf Fahrbahnen für eine Richtung möglichst weit links einzuordnen, und zwar rechtzeitig. Wer nach links abbiegen will, darf sich auf längs verlegten Schienen nur einordnen, wenn er kein Schienenfahrzeug behindert. Vor dem Einordnen und nochmals vor dem Abbiegen ist auf den nachfolgenden Verkehr zu achten; vor dem Abbiegen ist es dann nicht nötig, wenn eine Gefährdung nachfolgenden Verkehrs ausgeschlossen ist.

(2) Radfahrer, die abbiegen wollen, müssen an der rechten Seite der in gleicher Richtung abbiegenden Kraftfahrzeuge bleiben.

(3) Wer abbiegen will, muß entgegenkommende Fahrzeuge durchfahren lassen, Schienenfahrzeuge, Fahrräder mit Hilfsmotor und Radfahrer auch dann, wenn sie auf oder neben der Fahrbahn in der gleichen Richtung fahren. Dies gilt auch gegenüber Linienomnibussen und sonstigen Fahrzeugen, die gekennzeichnete Sonderfahrstreifen benutzen. Auf Fußgänger muß er besondere Rücksicht nehmen; wenn nötig, muß er warten.

(4) Wer nach links abbiegen will, muß entgegenkommende Fahrzeuge, die ihrerseits nach rechts abbiegen wollen, durchfahren lassen.

(5) Beim Abbiegen in ein Grundstück, beim Wenden und beim Rückwärtsfahren muß sich der Fahrzeugführer darüber hinaus so verhalten, daß eine Gefährdung anderer Verkehrsteilnehmer ausgeschlossen ist; erforderlichenfalls hat er sich einweisen zu lassen.

§ 10 Einfahren und Anfahren

Wer aus einem Grundstück oder aus einem verkehrsberuhigten Bereich (Zeichen 325/326) auf eine Straße oder von anderen Straßenteilen auf die Fahrbahn einfahren oder vom Fahrbahnrand anfahren will, hat sich dabei so zu verhalten, daß eine Gefährdung anderer Verkehrsteilnehmer ausgeschlossen ist; erforderlichenfalls hat er sich einweisen zu lassen. Er hat seine Absicht rechtzeitig und deutlich anzukündigen; dabei sind die Fahrtrichtungsanzeiger zu benutzen.

§ 11 Besondere Verkehrslagen

(1) Stockt der Verkehr, so darf trotz Vorfahrt oder grünem Lichtzeichen niemand in die Kreuzung oder Einmündung einfahren, wenn er auf ihr warten müßte.

(2) Auch wer sonst nach den Verkehrsregeln weiterfahren darf oder anderweitig Vorrang hat, muß darauf verzichten, wenn die Verkehrslage es erfordert; auf einem Verzicht darf der andere nur vertrauen, wenn er sich mit dem Verzichtenden verständigt hat.

§ 12 Halten und Parken

(1) Das Halten ist unzulässig

1. an engen und an unübersichtlichen Straßenstellen,
2. im Bereich von scharfen Kurven,
3. auf Beschleunigungsstreifen und auf Verzögerungsstreifen,
4. auf Fußgängerüberwegen sowie bis zu 5 m davor,
5. auf Bahnübergängen,
6. soweit es durch folgende Verkehrszeichen oder Lichtzeichen verboten ist:

   a) Haltverbot (Zeichen 283),

   b) eingeschränktes Haltverbot (Zeichen 286),

   c) Fahrbahnbegrenzung (Zeichen 295, Buchstabe b, bb)

   d) Richtungspfeile auf der Fahrbahn (Zeichen 297),

   e) rotes Dauerlicht (§ 37 Abs. 3) und
7. bis zu 10 m vor Lichtzeichen und den Zeichen „Dem Schienenverkehr Vorfahrt gewähren" (Zeichen 201), „Vorfahrt gewähren!" (Zeichen 205) und „Halt! Vorfahrt gewähren!" (Zeichen 206), wenn sie dadurch verdeckt werden.

(1 a) Taxen ist das Halten verboten, wenn sie einen Fahrstreifen benutzen, der ihnen und den Linienomnibussen vorbehalten ist, ausgenommen an Bushaltestellen zum sofortigen Ein- und Aussteigenlassen von Fahrgästen.

(2) Wer sein Fahrzeug verläßt oder länger als drei Minuten hält, der parkt.

(3) Das Parken ist unzulässig

1. vor und hinter Kreuzungen und Einmündungen bis zu je 5 m von den Schnittpunkten der Fahrbahnkanten,
2. wenn es die Benutzung gekennzeichneter Parkflächen verhindert,
3. vor Grundstücksein- und -ausfahrten, auf schmalen Fahrbahnen auch ihnen gegenüber,
4. bis zu je 15 m vor und hinter Haltestellenschildern (Zeichen 224),
5. an Taxenständen (Zeichen 229),
6. vor und hinter Andreaskreuzen (Zeichen 201)

   a) innerhalb geschlossener Ortschaften (Zeichen 310 und 311) bis zu je 5 m,

   b) außerhalb geschlossener Ortschaften bis zu je 50 m,
7. über Schachtdeckeln und anderen Verschlüssen, wo durch Zeichen 315 oder eine Parkflächenmarkierung (§ 41 Abs. 3 Nr. 7) das Parken auf Gehwegen erlaubt ist und
8. soweit es durch folgende Verkehrszeichen verboten ist:

   a) Vorfahrtstraße (Zeichen 306) außerhalb geschlossener Ortschaften,

   b) Fahrstreifenbegrenzung (Zeichen 295 Buchstabe a) oder einseitige Fahrstreifenbegrenzung (Zeichen 296 Buchstabe b),

   c) Parken auf Gehwegen (Zeichen 315), auch mit Zusatzschild,

   d) Grenzmarkierung für Parkverbote (Zeichen 299) und

   e) Parkplatz (Zeichen 314) mit Zusatzschild.

(3 a) Mit Kraftfahrzeugen mit einem zulässigen Gesamtgewicht über 7,5 t sowie mit Kraftfahrzeuganhängern über 2 t zulässiges Gesamtgewicht ist innerhalb geschlossener Ortschaften

1. in reinen und allgemeinen Wohngebieten,
2. in Sondergebieten, die der Erholung dienen,
3. in Kurgebieten und
4. in Klinikgebieten

das regelmäßige Parken in der Zeit von 22.00 bis 6.00 Uhr sowie an Sonn- und Feiertagen unzulässig.

Das gilt nicht auf entsprechend gekennzeichneten Parkplätzen sowie für das Parken von Linienomnibussen an Endhaltestellen.[1])

(4) Zum Parken ist der rechte Seitenstreifen, dazu gehören auch entlang der Fahrbahn angelegte Parkstreifen, zu benutzen, wenn er dazu ausreichend befestigt ist, sonst ist an den rechten Fahrbahnrand heranzufahren. Das gilt in der Regel auch für den, der nur halten will; jedenfalls muß auch er dazu auf der rechten Seite rechts bleiben.

Taxen dürfen, wenn die Verkehrslage es zuläßt, neben anderen Fahrzeugen, die auf dem Seitenstreifen oder am rechten Fahrbahnrand halten oder parken, halten, um Fahrgäste ein- oder aussteigen zu lassen. Soweit auf der rechten Seite Schienen liegen sowie in Einbahnstraßen (Zeichen 220), darf links gehalten und geparkt werden.

(4a) Ist das Parken auf dem Gehweg erlaubt, so ist hierzu nur der rechte Gehweg, in Einbahnstraßen der rechte oder linke Gehweg zu benutzen.

(4b) Ist Schwerbehinderten mit außergewöhnlicher Gehbehinderung und Blinden sowie Anwohnern das Parken mit besonderem Parkausweis erlaubt (Zusatzschilder zu den Zeichen 286, 314 und 315), so ist der Ausweis am Kraftfahrzeug gut sichtbar anzubringen.

(5) Es ist platzsparend zu parken; das gilt in der Regel auch für das Halten.

§ 16 Warnzeichen

(1) Schall- und Leuchtzeichen darf nur geben

1. wer außerhalb geschlossener Ortschaften überholt (§ 5 Abs. 5) oder
2. wer sich oder andere gefährdet sieht.

(2) Der Führer eines Schulbusses muß Warnblinklicht einschalten, solange Kinder ein- oder aussteigen. Im übrigen darf außer beim Liegenbleiben (§ 15) und beim Abschleppen von Fahrzeugen (§ 15a) Warnblinklicht nur einschalten, wer andere durch sein Fahrzeug gefährdet.

(3) Schallzeichen dürfen nicht aus einer Folge verschieden hoher Töne bestehen.

[1]) § 12 Abs. 3a tritt am 1. August 1981 in Kraft.

§ 18 Autobahnen und Kraftfahrstraßen

(1) Autobahnen (Zeichen 330) und Kraftfahrstraßen (Zeichen 331) dürfen nur mit Kraftfahrzeugen benutzt werden, deren durch die Bauart bestimmte Höchstgeschwindigkeit mehr als 60 km/h beträgt; werden Anhänger mitgeführt, so gilt das gleiche auch für diese. Fahrzeug und Ladung dürfen zusammen nicht höher als 4 m und nicht breiter als 2,5 m sein.

(2) Auf Autobahnen darf nur an gekennzeichneten Anschlußstellen (Zeichen 330) eingefahren werden, auf Kraftfahrstraßen nur an Kreuzungen oder Einmündungen.

(3) Der Verkehr auf der durchgehenden Fahrbahn hat die Vorfahrt.

(4) Beim Überholen muß eine Gefährdung des nachfolgenden Verkehrs ausgeschlossen sein.

(5) Auf Autobahnen darf innerhalb geschlossener Ortschaften schneller als 50 km/h gefahren werden. Auf ihnen beträgt die zulässige Höchstgeschwindigkeit auch unter günstigsten Umständen

1. für Kraftfahrzeuge mit einem zulässigen Gesamtgewicht von mehr als 2,8 t, ausgenommen Personenkraftwagen, für Personenkraftwagen mit Anhänger, Lastkraftwagen mit Anhänger und Zugmaschinen mit Anhänger sowie für Kraftomnibusse ohne Anhänger oder mit Gepäckanhänger 80 km/h,
2. für Krafträder mit Anhänger und selbstfahrende Arbeitsmaschinen mit Anhänger, für Zugmaschinen mit zwei Anhängern sowie für Kraftomnibusse mit Anhänger oder Fahrgästen, für die keine Sitzplätze mehr zur Verfügung stehen 60 km/h,
3. für Kraftomnibusse ohne Anhänger,

   a) die nach Eintragung im Fahrzeugschein geeignet sind, eine Höchstgeschwindigkeit von 100 km/h zu fahren,

b) deren Motorleistung mindestens 11 kW/t des zulässigen Gesamtgewichts beträgt und

c) an deren Rückseite eine mit dem Siegel der Zulassungsstelle versehene „100"-Plakette angebracht ist, 100 km/h

(6) Wer auf der Autobahn mit Abblendlicht fährt, braucht seine Geschwindigkeit nicht der Reichweite des Abblendlichts anzupassen, wenn

1. die Schlußleuchten des vorausfahrenden Kraftfahrzeugs klar erkennbar sind und ein ausreichender Abstand von ihm eingehalten wird, oder
2. der Verlauf der Fahrbahn durch Leiteinrichtungen mit Rückstrahlern und, zusammen mit fremdem Licht, Hindernisse rechtzeitig erkennbar sind.

(7) Wenden und Rückwärtsfahren sind verboten.

(8) Halten ist verboten.

(9) Stockt der Verkehr auf Autobahnen oder Kraftfahrstraßen, so müssen die Fahrzeuge für die Durchfahrt von Polizei- und Hilfsfahrzeugen in der Mitte der Fahrbahn eine freie Gasse bilden.

(10) Fußgänger dürfen Autobahnen nicht betreten. Kraftfahrstraßen dürfen sie nur an Kreuzungen, Einmündungen oder sonstigen dafür vorgesehenen Stellen überschreiten; sonst ist jedes Betreten verboten.

(11) Die Ausfahrt von Autobahnen ist nur an Stellen erlaubt, die durch die Ausfahrttafel (Zeichen 332) und durch das Pfeilschild (Zeichen 333) oder durch eins dieser Zeichen gekennzeichnet sind. Die Ausfahrt von Kraftfahrstraßen ist nur an Kreuzungen oder Einmündungen erlaubt.

§ 20 Öffentliche Verkehrsmittel und Schulbusse

(1) An öffentlichen Verkehrsmitteln, die an Haltestellen (Zeichen 224) halten, darf nur vorsichtig vorbeigefahren werden.

Wenn Fahrgäste auf der Fahrbahn ein- oder aussteigen, darf am öffentlichen Verkehrsmittel rechts nur mit mäßiger Geschwindigkeit und nur in einem solchen Abstand vorbeigefahren werden, daß eine Gefährdung von Fahrgästen ausgeschlossen ist. Sie dürfen auch nicht behindert werden. Wenn nötig, muß der Fahrzeugführer warten.

(1 a) An gekennzeichneten Schulbussen, die halten und Warnblinklicht (§ 16 Abs. 2) eingeschaltet haben, darf nur mit mäßiger Geschwindigkeit und in einem solchen Abstand vorbeigefahren werden, daß eine Gefährdung der Schulkinder ausgeschlossen ist. Sie dürfen auch nicht behindert werden. Wenn nötig, muß der Fahrzeugführer warten.

(2) Omnibussen des Linienverkehrs ist das Abfahren von gekennzeichneten Haltestellen zu ermöglichen. Wenn nötig, müssen andere Fahrzeuge warten.

(3) Personen, die öffentliche Verkehrsmittel benutzen wollen, müssen sie auf den Gehwegen, den Seitenstreifen oder einer Haltestelleninsel, sonst am Rand der Fahrbahn erwarten.

Vwv zu § 20

Zu Absatz 1 a

I. Vor der Festlegung von Haltestellen von Schulbussen sind von der Straßenverkehrsbehörde neben Polizei und Straßenbaubehörde auch Schule, Schulträger und Schulbusunternehmer zu hören. Dabei ist darauf zu achten, daß die Schulbusse möglichst – ggf. unter Hinnahme eines Umwegs – so halten, daß die Kinder die Fahrbahn nicht überqueren müssen.

II. Es ist vorzusehen, daß Schulbusse nur rechts halten. Die Mitbenutzung der Haltestellen öffentlicher Verkehrsmittel ist anzustreben.

§ 21 a Sicherheitsgurte, Schutzhelme

(1) Vorgeschriebene Sicherheitsgurte für die Vordersitze von Kraftfahrzeugen müssen während der Fahrt angelegt sein. Das gilt nicht für

1. Taxifahrer und Mietwagenfahrer,
2. Lieferanten beim Haus-zu-Haus-Verkehr im Auslieferungsbezirk,
3. Fahrten mit Schrittgeschwindigkeit, wie Rückwärtsfahren, Fahrten auf Parkplätzen,
4. Kinder bis zum vollendeten 12. Lebensjahr.

(2) Die Führer von Krafträdern und ihre Beifahrer müssen während der Fahrt Schutzhelme tragen.

§ 34 Unfall

(1) Nach einem Verkehrsunfall hat jeder Beteiligte

1. unverzüglich zu halten,
2. den Verkehr zu sichern und bei geringfügigem Schaden unverzüglich beiseite zu fahren,
3. sich über die Unfallfolgen zu vergewissern,
4. Verletzten zu helfen (§ 323c des Strafgesetzbuches),
5. anderen am Unfallort anwesenden Beteiligten und Geschädigten

   a) anzugeben, daß er am Unfall beteiligt war und

   b) auf Verlangen seinen Namen und seine Anschrift anzugeben sowie ihnen Führerschein und Fahrzeugschein vorzuweisen und nach bestem Wissen Angaben über seine Haftpflichtversicherung zu machen,
6. a) solange am Unfallort zu bleiben, bis er zugunsten der anderen Beteiligten und der Geschädigten die Feststellung seiner Person, seines Fahrzeuges und die Art seiner Beteiligung durch seine Anwesenheit ermöglicht hat oder
   b) eine nach den Umständen angemessene Zeit zu warten und am Unfallort Namen und Anschrift zu hinterlassen, wenn niemand bereit war, die Feststellung zu treffen,
7. unverzüglich die Feststellungen nachträglich zu ermöglichen, wenn er sich berechtigt, entschuldigt oder nach Ablauf der Wartepflicht (Nummer 6 Buchstabe b) vom Unfallort entfernt hat. Dazu hat er mindestens den Berechtigten (Nummer 6 Buchstabe a) oder einer nahe gelegenen Polizeidienststelle mitzuteilen, daß er am Unfall beteiligt gewesen ist, und seine Anschrift, seinen Aufenthalt sowie das Kennzeichen und den Standort seines Fahrzeugs anzugeben und dieses zu unverzüglichen Feststellungen für eine ihm zumutbare Zeit zur Verfügung zu halten.

(2) Beteiligt an einem Verkehrsunfall ist jeder, dessen Verhalten nach den Umständen zum Unfall beigetragen haben kann.

(3) Unfallspuren dürfen nicht beseitigt werden, bevor nicht die notwendigen Feststellungen getroffen worden sind.

§ 37 Wechsellichtzeichen und Dauerlichtzeichen

(1) Lichtzeichen gehen Vorrangregeln, vorrangregelnden Verkehrsschildern und Fahrbahnmarkierungen vor.

(2) Wechsellichtzeichen haben die Farbfolge Grün – Gelb – Rot – Rot und Gelb (gleichzeitig) – Grün. Rot ist oben, Gelb in der Mitte und Grün unten.

1. An Kreuzungen bedeuten:

   Grün: ,,Der Verkehr ist freigegeben''.

   Er kann nach den Regeln des § 9 abbiegen, nach links jedoch nur, wenn er Schienenfahrzeuge dadurch nicht behindert.

   Grüner Pfeil: ,,Nur in der Richtung des Pfeiles ist der Verkehr freigegeben''.

   Ein grüner Pfeil links hinter der Kreuzung zeigt an, daß der Gegenverkehr durch Rotlicht angehalten ist und daß Linksabbieger die Kreuzung in Richtung des grünen Pfeils ungehindert befahren und räumen können.

   Gelb ordnet an: ,,Vor der Kreuzung auf das nächste Zeichen warten''.

   Keines dieser Zeichen entbindet von der Sorgfaltspflicht.

   Rot ordnet an: ,,Halt vor der Kreuzung''.

   Roter Pfeil oder schwarzer Pfeil auf Rot ordnet das Halten, gelber Pfeil oder schwarzer Pfeil auf Gelb das Warten nur für die angegebene Richtung an.
2. An anderen Straßenstellen, wie an Einmündungen und an Markierungen für den Fußgängerverkehr, haben die Lichtzeichen entsprechende Bedeutung.
3. Lichtzeichenanlagen können auf die Farbfolge Gelb – Rot beschränkt sein.

4. Für jeden von mehreren markierten Fahrstreifen (Zeichen 295, 296 oder 340) kann ein eigenes Lichtzeichen gegeben werden. Für Schienenbahnen können besondere Zeichen, auch in abweichenden Phasen, gegeben werden; das gilt auch für Linienomnibusse und Taxen, wenn sie einen vom übrigen Verkehr freigehaltenen Verkehrsraum benutzen.
5. Gelten die Lichtzeichen nur für Fußgänger oder nur für Radfahrer, so wird das durch das Sinnbild eines Fußgängers oder eines Fahrrades angezeigt. Für Fußgänger ist die Farbfolge Grün – Rot – Grün; für Radfahrer kann sie so sein. Wechselt Grün auf Rot, während Fußgänger die Fahrbahn überschreiten, so haben sie ihren Weg zügig fortzusetzen.

(3) Dauerlichtzeichen über jedem Fahrstreifen lassen den Verkehr nur in der einen oder anderen Richtung zu.

Rote gekreuzte Schrägbalken ordnen an:

,,Der Fahrstreifen darf nicht benutzt werden, davor darf nicht gehalten werden''.

Ein grüner, nach unten gerichteter Pfeil bedeutet:

,,Der Verkehr auf dem Fahrstreifen ist freigegeben''.

Ein gelb blinkender, schräg nach unten gerichteter Pfeil ordnet an:

,,Fahrstreifen in Pfeilrichtung wechseln''.

(4) Wo Lichtzeichen den Verkehr regeln, darf nebeneinander gefahren werden, auch wenn die Verkehrsdichte das nicht rechtfertigt.

§ 41 Vorschriftzeichen (Auszug)

(2) 4. Haltestellen

Zeichen 224

Straßenbahnen oder Linienbusse

Das Zeichen 224 mit dem Zusatzschild ,,Schulbus (Angabe der tageszeitlichen Benutzung)'' kennzeichnet eine Schulbushaltestelle.

Zeichen 224 Haltestellen

Maße in mm

Grund und Kontraststreifen weiß
Rand schwarz
Innenfläche gelb
Ronde und H grün

Zusatzschild 861 Schulbus (tageszeitliche Benutzung)

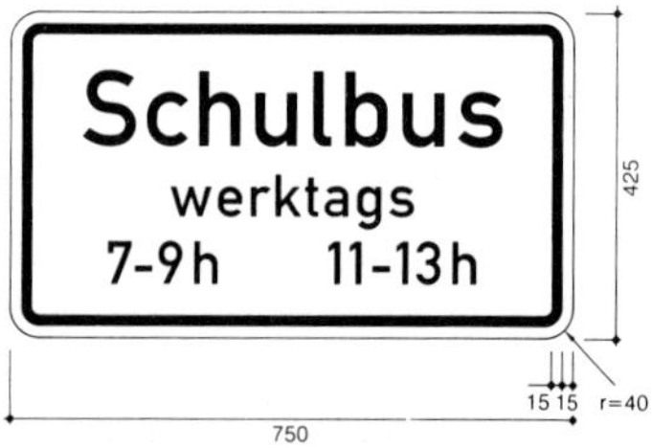

Maße in mm

Grund und Kontraststreifen weiß
Rand und Schrift schwarz

Zeichen 229

Taxenstand

Ein Zusatzschild kann die Anzahl der vorgesehenen Taxen angeben.

Zeichen 245

Linienomnibusse

Der so gekennzeichnete Sonderfahrstreifen ist Omnibussen des Linienverkehrs vorbehalten. Dasselbe gilt auch für Taxen, wenn dies durch das Zusatzschild „Taxi" angezeigt ist. Andere Verkehrsteilnehmer dürfen den Sonderfahrstreifen nicht benutzen.

Auszug
aus der Allgemeinen Verwaltungsvorschrift zur Straßenverkehrs-Ordnung
(VwV-StVO, Stand August 1983):

Zu den Zeichen 224 und 226 Haltestellen

I. Das Zeichen 224 hat einen Durchmesser von 350 oder 450 mm, das kreisrunde Ende des Zeichens 226 einen solchen von 250 oder 350 mm. Der Arm dieses Zeichens soll von der Fahrbahn fortweisen und ist bis zur Mitte des Buchstabens „H" 500 mm lang. Die Beschriftung des Armes kann die Linie beliebig bezeichnen; auch Form und Maße der Beschriftung sind freigestellt.

II. Über die Festlegung des Ortes der Haltestellen vgl. § 23 BOStrab, § 32 BOKraft.

III. Die Errichtung von Haltestelleninseln für Straßenbahnen und von Haltestellenbuchten für Omnibusse und Oberleitungsomnibusse ist, soweit möglich und zweckmäßig, anzustreben. Wo eine Insel errichtet ist, sollte das Zeichen 224 auf ihr angebracht werden.

IV. An Haltestellen von Straßenbahnen ist zu prüfen, ob die Parkverbotsstrecke durch Zeichen 299 verkürzt werden kann.

V. Muß an Omnibushaltestellen die Verbotsstrecke durch Zeichen 299 markiert werden, so ist sie so zu bemessen, daß der Omnibus mühelos an- und abfahren kann.

Zu Zeichen 229 Taxenstand

I. Das Zeichen steht am Beginn der Verbotsstrecke. Ist diese für mehr als 5 Taxen vorgesehen, so ist das Zeichen auch am Ende der Verbotsstrecke aufzustellen. Das Zeichen ist 750 mm hoch und 500 mm breit.

II. Verbotsstrecken mit nur einem Zeichen (bis zu 5 Taxen) sind zu markieren (Zeichen 299). Verbotsstrecken für mehr als 5 Taxen brauchen nur auf besonders langen oder unübersichtlichen Strecken gekennzeichnet zu werden. Für jedes Taxi sollten dabei 5 m zugrunde gelegt werden.

Zu Zeichen 245 Linienomnibusse

I. Durch das Zeichen werden markierte Sonderfahrstreifen den Omnibussen des Linienverkehrs vorbehalten.

Als Linienverkehr gilt auch der Verkehr mit gekennzeichneten Fahrzeugen des Schüler- und Behindertenverkehrs.

Sie sollen im Interesse der Sicherheit oder Ordnung des Verkehrs Störungen des Linienverkehrs vermeiden und einen geordneten und zügigen Betriebsablauf ermöglichen. Sonderfahrstreifen für Linienomnibusse sind damit besonders geeignet, den öffentlichen Personenverkehr gegenüber dem Individualverkehr zu fördern (vgl. Nummer I 3 zu den §§ 39 bis 43).

Sonderfahrstreifen können in Randlage rechts, in Einbahnstraßen rechts oder links, in Mittellage allein oder im Gleisraum von Straßenbahnen sowie auf baulich abgegrenzten Straßenteilen auch entgegengesetzt der Fahrtrichtung angeordnet werden.

Bevor die Anordnung des Zeichens erwogen wird, ist zu prüfen, ob nicht durch andere verkehrsregelnde Maßnahmen (z. B. durch Zeichen 220, 253, 283, 301, 306, 421) eine Verbesserung des Verkehrsflusses oder eine Verlagerung des Verkehrs erreicht werden kann.

Voraussetzungen

1. Die Anordnung von Sonderfahrstreifen kommt nur dann in Betracht, wenn die vorhandene Fahrbahnbreite ein ausgewogenes Verhältnis im Verkehrsablauf des öffentlichen Personenverkehrs und des Individualverkehrs unter Berücksichtigung der Zahl der beförderten Personen nicht mehr zuläßt. Auch bei kurzen Straßenabschnitten (z. B. vor Verkehrsknotenpunkten) kann die Anordnung von Sonderfahrstreifen gerechtfertigt sein.

2. Die Breite des Sonderfahrstreifens soll in der Regel 3,50 m betragen. Verbleibt für den Individualverkehr derselben Richtung nur ein Fahrstreifen, darf dessen Breite 3,25 m nicht unterschreiten.

Besondere Sicherheitsvorkehrungen für etwa vorhandenen Radfahrverkehr, z. B. Radwege, sind in der Regel unerläßlich. Radfahrverkehr ist auszuschließen, wenn sich Radfahrer zwischen dem Linien- und Individualverkehr fortbewegen müßten.

3. Gegenseitige Behinderungen, die durch stark benutzte Zu- und Abfahrten (z. B. bei Parkhäusern, Tankstellen usw.) hervorgerufen werden, sind durch geeignete Maßnahmen, wie z. B. durch Verlegung der Zu- und Abfahrten in Nebenstraßen, auf ein Mindestmaß zu beschränken. Ist dies nicht möglich, sollte auf den Sonderfahrstreifen verzichtet werden.

4. Sonderfahrstreifen ohne zeitliche Beschränkung in Randlage dürfen nur dort angeordnet werden, wo kein Anliegerverkehr vorhanden ist und das Be- und Entladen, z. B. in besonderen Ladestraßen oder Innenhöfen, erfolgen kann. Sind diese Voraussetzungen nicht gegeben, sind für die Sonderfahrstreifen zeitliche Beschränkungen vorzusehen.

Zur Befriedigung des Kurzparkbedürfnisses während der Geltungsdauer der Sonderfahrstreifen sollte die Parkzeit in nahegelegenen Nebenstraßen beschränkt werden.

5. Sonderfahrstreifen im Gleisraum von Straßenbahnen dürfen nur im Einvernehmen mit der Technischen Aufsichtsbehörde nach § 68 Abs. 3 BOStrab angeordnet werden.

6. Die Anordnung von Sonderfahrstreifen kann sich auch dann anbieten, wenn eine Entflechtung des öffentlichen Personenverkehrs und des Individualverkehrs von Vorteil ist oder zumindest der Verkehrsablauf des öffentlichen Personennahverkehrs verbessert werden kann.

Sonderfahrstreifen in Randlage rechts sollen zeitlich beschränkt (vgl. Nummer III 13 zu den §§ 39 bis 43), Sonderfahrstreifen in Mittellage zeitlich unbeschränkt angeordnet werden.

Die Geltungsdauer zeitlich beschränkter Sonderfahrstreifen sollte innerhalb des Betriebsnetzes einheitlich angeordnet werden.

7. Die Anordnung von Sonderfahrstreifen soll in der Regel nur dann erfolgen, wenn mindestens 20 Omnibusse des Linienverkehrs pro Stunde der stärksten Verkehrsbelastung verkehren.

II. 1. Das Zeichen ist möglichst über dem Sonderfahrstreifen anzubringen (vgl. Nummer V 1 zu § 41); es ist an jeder Kreuzung und Einmündung zu wiederholen.

Zur Verdeutlichung kann die Markierung „BUS“ auf der Fahrbahn aufgetragen werden.

2. Wo ein Sonderfahrstreifen ohne zeitliche Beschränkung angeordnet ist, soll er durch eine

Fahrstreifenbegrenzung (Zeichen 295) abgetrennt werden; im Bereich von Haltestellen und Grundstückseinfahrten hat die Abtrennung durch eine Leitlinie (Zeichen 340) zu erfolgen.

Sonderfahrstreifen in Einbahnstraßen entgegen der Fahrtrichtung, die gegen die Fahrbahn des entgegengerichteten Verkehrs baulich abzugrenzen sind, sollen auch am Beginn der Einbahnstraße durch das Zeichen kenntlich gemacht werden. Es kann sich empfehlen, dem allgemeinen Verkehr die Führung des Busverkehrs anzuzeigen.

Zeitlich beschränkt angeordnete Sonderfahrstreifen sind durch eine Leitlinie (Zeichen 340) abzutrennen.

Die Ausführung der Markierungen richtet sich nach den Richtlinien für die Markierung von Straßen (RMS).

Kann durch eine Markierung eine Erleichterung des Linienverkehrs erreicht werden (Fahrstreifen in Mittellage, im Gleisraum von Straßenbahnen oder auf baulich abgesetzten Straßenteilen), empfiehlt es sich, auf das Zeichen zu verzichten (vgl. Nummer III 12 Satz 1 zu den §§ 39 bis 43). Die Voraussetzungen für die Einrichtung eines Sonderfahrstreifens gelten entsprechend.

3. Die Flüssigkeit des Verkehrs auf Sonderfahrstreifen an Kreuzungen und Einmündungen kann durch Abbiegeverbote für den Individualverkehr (z. B. Zeichen 209 bis 214) verbessert werden. Notfalls sind besondere Lichtzeichen (§ 37 Abs. 2 Nr. 4) anzuordnen. Die Einrichtung von Busschleusen oder die Vorgabe bedarfsgerechter Vor- und Nachlaufzeiten an Lichtzeichenanlagen wird empfohlen.

4. Ist die Kennzeichnung des Endes eines Sonderfahrstreifens erforderlich, so ist das Zeichen mit dem Zusatzschild „ENDE" anzuordnen.

5. Das Zeichen muß mindestens voll rückstrahlen. Eine Beleuchtung empfiehlt sich dann, wenn die Beleuchtungsverhältnisse in der Umgebung die Erkennbarkeit des Zeichens beeinträchtigen (vgl. auch Nummer III 6 b zu den §§ 39 bis 43).

III. 1. Taxen sollen grundsätzlich auf Sonderfahrstreifen für Linienomnibusse zugelassen werden. Dies gilt nicht, wenn dadurch der Linienverkehr, auch unter Berücksichtigung der besonderen Lichtzeichenregelung, gestört würde.

2. Auf Sonderfahrstreifen für Linienomnibusse im Gleisraum von Schienenbahnen dürfen Taxen nicht zugelassen werden.

IV. Die Funktionsfähigkeit der Sonderfahrstreifen hängt weitgehend von ihrer völligen Freihaltung vom Individualverkehr ab (vgl. Nummer V zu § 13 Abs. 1).

(3) 8. Grenzmarkierung für Parkverbote

Zeichen 299

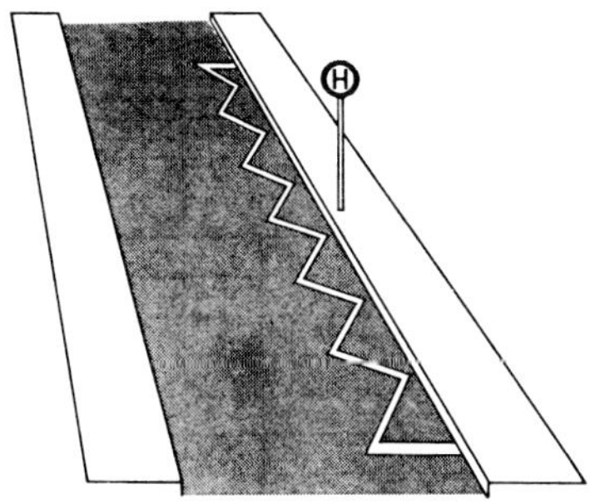

Diese Markierung kann durch Nagelreihen dargestellt sein. Die Markierung bezeichnet, verlängert oder verkürzt vorgeschriebene Parkverbote.

Auszug aus der Straßenverkehrs-Zulassungs-Ordnung (StVZO)

i.d.F. der Verordnung vom 13.12.1985 (Bundesgesetzbl. I S. 2276)

A. III. Beförderung von Fahrgästen mit Kraftfahrzeugen

§ 15d Erlaubnispflicht und Ausweispflicht

(1) Wer

1. einen Kraftomnibus (ein nach Bauart und Einrichtung zur Beförderung von Personen bestimmtes Kraftfahrzeug mit mehr als 8 Fahrgastplätzen) führt oder
2. ein Taxi, einen Mietwagen, einen Krankenkraftwagen oder einen Personenkraftwagen führt, mit dem Ausflugsfahrten oder Ferienziel-Reisen (§ 48 Personenbeförderungsgesetz) durchgeführt werden, oder
3. hinter einem Kraftfahrzeug einen Omnibusanhänger (einen nach Bauart und Einrichtung zur Beförderung von Personen bestimmten Anhänger mit mehr als 8 Fahrgastplätzen) mitführt,

bedarf einer zusätzlichen Erlaubnis der Verwaltungsbehörde, wenn in diesen Fahrzeugen ein Fahrgast oder mehrere Fahrgäste befördert werden (Fahrerlaubnis zur Fahrgastbeförderung).

(1a) Der Fahrerlaubnis zur Fahrgastbeförderung bedarf es nicht für

1. Dienstfahrzeuge der Bundeswehr, des Bundesgrenzschutzes, der Polizei, des Zolldienstes, der Truppe und des zivilen Gefolges der nichtdeutschen Vertragsstaaten des Nordatlantikpaktes,
2. Dienstfahrzeuge des Katastrophenschutzes, wenn sie für dessen Zwecke verwendet werden,
3. Krankenkraftwagen der Berufsfeuerwehren sowie der freiwilligen Feuerwehren, soweit die Fahrzeuge mit hauptberuflichen Kräften besetzt sind, und Krankenkraftwagen der öffentlich-rechtlichen Gebietskörperschaften.

(2) Die Erlaubnis ist durch einen Führerschein nach Muster 1c dieser Verordnung (Führerschein zur Fahrgastbeförderung) nachzuweisen. Der Ausweis ist bei der Fahrgastbeförderung neben dem nach den §§ 4 bis 15 erteilten Führerschein mitzuführen; zuständigen Personen ist er auf Verlangen jederzeit zur Prüfung auszuhändigen.

(3) Der Halter eines Fahrzeugs darf die Fahrgastbeförderung nicht anordnen oder zulassen, wenn der Führer des Fahrzeugs oder Zuges die erforderliche Fahrerlaubnis zur Fahrgastbeförderung nicht besitzt.

(4) Über die ausgehändigten Führerscheine zur Fahrgastbeförderung hat die Verwaltungsbehörde ein Verzeichnis zu führen.

§ 15e Voraussetzungen für die Erteilung der Fahrerlaubnis zur Fahrgastbeförderung

(1) Die Fahrerlaubnis zur Fahrgastbeförderung ist zu erteilen, wenn der Bewerber

1. die nach den §§ 4 bis 15 erforderliche Fahrerlaubnis besitzt,
2. das 21. – bei Beschränkung des Ausweises auf Krankenkraftwagen das 19. – Lebensjahr vollendet hat und keine Bedenken gegen seine persönliche Zuverlässigkeit bestehen,

2a. nachweist, daß er die in Anlage XVII genannten Anforderungen an das Sehvermögen erfüllt; hierfür reicht ein Zeugnis eines der unter Nummer 3 Buchstabe a und b genannten Ärzte oder einer amtlich anerkannten medizinisch-psychologischen Untersuchungsstelle darüber aus, daß die in Anlage XVII unter Nummer 1 für die Klasse 2 genannten Sehschärfewerte erreicht sind und keine Farbsinnstörung vorliegt; wird ein solches Zeugnis nicht beigebracht, so muß der Nachweis durch ein augenärztliches Zeugnis geführt werden,

3. seine geistige und körperliche Eignung im übrigen nachweist

   a) durch das Zeugnis eines Amtsarztes oder eines anderen Arztes der öffentlichen Verwaltung oder das Zeugnis eines Arztes mit der Gebietsbezeichnung „Arbeitsmedizin" oder der Zusatzbezeichnung „Betriebsmedizin" oder eines von der Berufsgenossenschaft zur Durchführung arbeitsmedizinischer Vorsorgeuntersuchungen von Fahr-, Steuer- und Überwachungspersonal ermächtigten Arztes oder

   b) – bei Beschränkung des Ausweises auf Krankenkraftwagen – durch ein Zeugnis eines im Dienst des Arbeiter-Samariter-Bundes Deutschland, des Deutschen Roten Kreuzes, der Johanniter-Unfallhilfe oder des Malteser-Hilfsdienstes stehenden Arztes oder

   c) auf Verlangen der Behörde durch ein fachärztliches Zeugnis oder das Gutachten einer amtlich anerkannten medizinisch-psychologischen Untersuchungsstelle,

4. nachweist, daß er

   a) innerhalb der letzten 5 Jahre 2 Jahre lang ein Fahrzeug der Klasse 2 oder – bei Beschränkung des Ausweises auf Fahrzeuge mit nicht mehr als 14 Fahrgastplätzen – der Klasse 3 geführt hat oder

   b) – bei Beschränkung des Ausweises auf Krankenkraftwagen – innerhalb der letzten 5 Jahre ein Jahr lang ein Fahrzeug der Klasse 3 geführt hat oder

   c) für die betreffende Art der Fahrgastbeförderung mindestens 3 Monate lang bei der Deutschen Bundesbahn oder der Deutschen Bundespost oder in einem Betrieb ausgebildet worden ist, dessen Eignung für solche Ausbildung von der zuständigen obersten Landesbehörde oder einer von ihr beauftragten Behörde anerkannt worden ist,

5. in einer Prüfung durch einen amtlich anerkannten Sachverständigen oder Prüfer für den Kraftfahrzeugverkehr nachweist, daß er bezüglich der Kraftfahrzeuge, für die die beantragte Erlaubnis gelten soll,

   a) gründliche Kenntnisse der maßgebenden gesetzlichen Vorschriften hat,

   b) mit den Gefahren des Straßenverkehrs und den zu ihrer Abwehr erforderlichen Verhaltensweisen vertraut ist,

   c) über die zur sicheren Führung der Kraftfahrzeuge im Verkehr erforderlichen technischen Kenntnisse verfügt und hinreichende Fahrfertigkeit besitzt und

   d) – falls die Erlaubnis für andere als die in § 15 d Abs. 1 Nr. 2 genannten Fahrzeuge gelten soll – über die nötigen Kenntnisse und Handfertigkeiten zur Beseitigung einfacher Störungen verfügt.

6. – falls die Erlaubnis für andere als die in § 15 d Abs. 1 Nr. 2 genannten Fahrzeuge, ausgenommen Krankenkraftwagen, gelten soll – nach § 8 b Abs. 3 oder 4 nachweist, daß er zur Leistung Erster Hilfe bei Verkehrsunfällen befähigt ist; dies gilt nicht, wenn ihm eine Fahrerlaubnis der Klasse 2 nach dem 1. August 1969 unbefristet erteilt worden ist.

7. – falls die Erlaubnis für Taxen gelten soll – nachweist, daß er die erforderlichen Ortskenntnisse in dem Gebiet besitzt, in dem Beförderungspflicht besteht,

8. – falls die Erlaubnis für Mietwagen oder Krankenkraftwagen gelten soll – nachweist, daß er die erforderlichen Ortskenntnisse am Ort des Betriebssitzes besitzt; dies gilt nicht, wenn der Ort des Betriebssitzes weniger als 50 000 Einwohner hat.

Die Anerkennung im Sinne des Absatzes 1 Nr. 4 Buchstabe c ist Betrieben, denen geeignetes Ausbildungspersonal sowie ausreichende Unterrichtsräume und Lehrmittel zur Verfügung stehen, bezüglich der Fahrzeugarten zu erteilen, die sie zur Fahrgastbeförderung verwenden. Die Ausbildungsdauer von 3 Monaten nach Absatz 1 Nr. 4 Buchstabe c ist nicht erforderlich, wenn die Deutsche Bundesbahn, die Deutsche Bundespost oder ein im Sinne des Absatzes 1 Nr. 4 Buchstabe c anerkannter Betrieb bescheinigt, daß der Bewerber ordnungsgemäß ausgebildet worden ist; der Bewerber ist von einem im Sinne des Absatzes 1 Nr. 4 Buchstabe c anerkannten Betrieb nur dann ordnungsgemäß ausgebildet worden, wenn sich seine Ausbildung mindestens nach einem Ausbildungsplan gerichtet hat, der von der für die Anerkennung zuständigen Behörde genehmigt worden ist.

(2) Liegen keine Tatsachen vor, die befürchten lassen, daß der Bewerber die in Absatz 1 Nr. 5 Buchstaben a bis c genannten Voraussetzungen nicht erfüllt, so unterbleibt die Prüfung durch den amtlich anerkannten Sachverständigen oder Prüfer für den Kraftfahrzeugverkehr, wenn

1. der Bewerber innerhalb der letzten 2 Jahre vor der Stellung des Antrags eine entsprechende deutsche Erlaubnis oder eine von der Bundeswehr erteilte Fahrerlaubnis der Klasse D besessen hat oder
2. die Erlaubnis auf die in § 15 d Abs. 1 Nr. 2 genannten Fahrzeuge beschränkt werden soll.

(3) Hat der Bewerber nur die Befähigung zur Leistung Erster Hilfe nicht nachgewiesen, so darf die Fahrerlaubnis zur Vermeidung von Härten für eine Dauer von nicht mehr als drei Monaten erteilt werden; dies gilt nicht für die Erlaubnis zum Führen von Krankenkraftwagen.

§ 15 f Geltungsdauer der Fahrerlaubnis zur Fahrgastbeförderung

(1) Die Fahrerlaubnis zur Fahrgastbeförderung wird für eine Dauer von nicht mehr als drei Jahren erteilt.

(2) Die Geltungsdauer der Erlaubnis wird auf Antrag des Inhabers jeweils bis zu 3 Jahren verlängert, wenn

1. der Inhaber nachweist, daß er die in Anlage XVII genannten Anforderungen an das Sehvermögen erfüllt; hierfür reicht ein Zeugnis eines der in § 15 e Abs. 1 Nr. 3 Buchstabe a und b genannten Ärzte oder einer amtlich anerkannten medizinisch-psychologischen Untersuchungsstelle darüber aus, daß die in Anlage XVII unter Nummer 1 für die Klasse 2 genannten Sehschärfewerte erreicht sind und keine Farbsinnstörung vorliegt; wird ein solches Zeugnis nicht beigebracht, so muß der Nachweis durch ein augenärztliches Zeugnis geführt werden,
2. der Inhaber seine geistige und körperliche Eignung im übrigen nachweist

   a) durch das Zeugnis eines Amtsarztes oder eines anderen Arztes der öffentlichen Verwaltung oder das Zeugnis eines Arztes mit der Gebietsbezeichnung „Arbeitsmedizin" oder der Zusatzbezeichnung „Betriebsmedizin", oder eines von der Berufsgenossenschaft zur Durchführung arbeitsmedizinischer Vorsorgeuntersuchungen von Fahr-, Steuer- und Überwachungspersonal ermächtigten Arztes oder

   b) – bei Beschränkung des Ausweises auf Krankenkraftwagen – durch ein Zeugnis eines im Dienst des Arbeiter-Samariter-Bundes Deutschland, des Deutschen Roten Kreuzes, der Johanniter-Unfallhilfe oder des Malteser-Hilfsdienstes stehenden Arztes oder

   c) auf Verlangen der Behörde durch ein fachärztliches Zeugnis oder das Gutachten einer amtlich anerkannten medizinisch-psychologischen Untersuchungsstelle,
3. kein Anlaß zur Annahme besteht, daß eine der aus § 15 e Abs. 1 Satz 1 Nr. 1, Nr. 2 Halbsatz 2 und Nr. 5 bis 8 ersichtlichen Voraussetzungen fehlt.

§ 15 g Meldung der Einstellung von Taxen-, Mietwagen- und Krankenkraftwagenführern

Wer einen Kraftfahrer zum Führen eines Taxis oder in einem Ort mit 50 000 Einwohnern oder mehr zum Führen eines Mietwagens oder Krankenwagens einstellt, hat dies der örtlich zuständigen Verwaltungsbehörde zu melden, wenn die Fahrerlaubnis zur Fahrgastbeförderung von einer anderen Behörde erteilt worden ist. Bei der Meldung sind Name, Vorname und Geburtsort des Kraftfahrers sowie das Datum seines Führerscheins zur Fahrgastbeförderung und die ausstellende Behörde anzugeben.

§ 15 h Nachweis der Ortskenntnisse beim Ortswechsel

Wird ein Taxiführer in einem anderen Gebiet tätig als in demjenigen, für das er die erforderlichen Ortskenntnisse nachgewiesen hat, so muß er diese Kenntnisse für das andere Gebiet nachweisen. Wird ein Führer eines Mietwagens oder eines Krankenkraftwagens in einem anderen Ort mit 50 000 Einwohnern oder mehr tätig als in demjenigen, für den er die erforderlichen Ortskenntnisse nachgewiesen hat, so muß er diese Kenntnisse für den anderen Ort nachweisen.

§ 15i Überwachung der Inhaber von Fahrerlaubnissen zur Fahrgastbeförderung

Auf Verlangen der Verwaltungsbehörde hat sich der Inhaber der Erlaubnis einer Nachprüfung der Kenntnisse und Fähigkeiten, die von ihm nach § 15e Abs. 1 Nr. 5 gefordert werden können, zu unterziehen, wenn Tatsachen vorliegen, die befürchten lassen, daß er diese Kenntnisse und Fähigkeiten nicht besitzt. Besteht Anlaß, seine geistige oder körperliche Eignung zu bezweifeln, so kann die Verwaltungsbehörde die Beibringung eines amts- oder fachärztlichen Gutachtens oder des Gutachtens einer amtlich anerkannten medizinisch-psychologischen Untersuchungsstelle fordern.

§ 15k Entziehung und Erlöschen der Fahrerlaubnis zur Fahrgastbeförderung

(1) Die Erlaubnis ist von der Verwaltungsbehörde zu entziehen, wenn sich herausstellt, daß eine der aus § 15e Abs. 1 Nr. 1 bis 3 und 5 bis 8 ersichtlichen Voraussetzungen fehlt. Sie erlischt mit ihrer Entziehung sowie mit der Entziehung der nach den §§ 4 bis 15 erteilten Fahrerlaubnis.

(2) § 15b Abs. 3 gilt entsprechend.

§ 15l Sonderbestimmungen für Inhaber einer in einem Mitgliedstaat der Europäischen Gemeinschaften erteilten Fahrerlaubnis zum Führen von Kraftomnibussen

(1) Beantragt der Inhaber einer in einem Mitgliedstaat der Europäischen Gemeinschaften erteilten Fahrerlaubnis, die zum Führen von Kraftomnibussen im Geltungsbereich dieser Verordnung berechtigt oder dazu im ersten Jahr seit Begründung eines ständigen Aufenthalts im Geltungsbereich dieser Verordnung berechtigt hat, die Erteilung einer auf Kraftomnibusse beschränkten inländischen Fahrerlaubnis zur Fahrgastbeförderung, so sind die Nachweise über ausreichendes Sehvermögen, geistige und körperliche Eignung, Fahrpraxis oder Ausbildung und Prüfung (§ 15e Abs. 1 Nr. 2a, 3, 4 und 5) nicht erforderlich, wenn seit Begründung eines ständigen Aufenthalts im Geltungsbereich dieser Verordnung bis zum Tag der Antragstellung nicht mehr als 3 Jahre verstrichen sind.

(2) Absatz 1 gilt auch für Inhaber einer entsprechenden, nach den Rechtsvorschriften der Deutschen Demokratischen Republik erteilten Fahrerlaubnis und eines Personenbeförderungs-Erlaubnisscheins, die ihren Wohnsitz im Geltungsbereich dieser Verordnung haben, jedoch mit der Maßgabe, daß die Frist mit dem Tage des Grenzübertritts beginnt."

§ 29 Untersuchung der Kraftfahrzeuge und Anhänger

(1) Die Halter von Fahrzeugen, die ein eigenes amtliches Kennzeichen nach Art der Anlage V haben müssen, haben ihre Fahrzeuge auf ihre Kosten nach Maßgabe der Anlage VIII in regelmäßigen Zeitabständen untersuchen zu lassen. Ausgenommen sind

1. Fahrzeuge mit rotem Kennzeichen (§ 28),
2. Fahrzeuge, die nach § 18 Abs. 7 behandelt werden, es sei denn, daß sie nach § 18 Abs. 4 Satz 1 amtliche Kennzeichen führen müssen,
3. Fahrzeuge der Bundeswehr und des Bundesgrenzschutzes

(2) Der Halter hat den Monat, in dem das Fahrzeug zur Hauptuntersuchung bei einem amtlich anerkannten Sachverständigen oder Prüfer für den Kraftfahrzeugverkehr spätestens angemeldet werden muß, durch eine Prüfplakette nach Anlage IX nachzuweisen. Sie ist von der Zulassungsstelle oder vom amtlich anerkannten Sachverständigen oder Prüfer zuzuteilen, wenn keine Bedenken gegen die Vorschriftsmäßigkeit des Fahrzeugs bestehen. Weist das Fahrzeug lediglich geringe Mängel auf, so kann die Prüfplakette zugeteilt werden, wenn die unverzügli-

che Beseitigung der Mängel zu erwarten ist. Andere Stellen dürfen Prüfplaketten nur nach Maßgabe der Anlage VIII anbringen.

(3) Der Halter hat dafür zu sorgen, daß die Prüfplakette am hinteren Kennzeichen des Fahrzeugs nach Maßgabe der Anlage IX dauerhaft angebracht und so befestigt ist, daß sie gegen Mißbrauch gesichert ist; sie darf weder verdeckt noch verschmutzt sein.

(4) Monat und Jahr des Ablaufs der Frist für die Anmeldung zur nächsten Hauptuntersuchung müssen von demjenigen, der die Prüfplakette zugeteilt oder angebracht hat, vermerkt werden

1. bei den im üblichen Zulassungsverfahren behandelten Fahrzeugen im Fahrzeugschein,
2. bei anderen Fahrzeugen auf dem nach § 18 Abs. 5 mitzuführenden Nachweis.

(5) Die Prüfplakette wird mit dem Ablauf von 2 Monaten nach dem angegebenen Monat ungültig. Befindet sich an einem Fahrzeug, das mit einer Prüfplakette versehen sein muß, keine gültige Prüfplakette, so kann die Zulassungsstelle für die Zeit bis zur Anbringung der erforderlichen Prüfplakette den Betrieb des Fahrzeugs im öffentlichen Verkehr untersagen oder beschränken. Der Betroffene hat das Verbot oder die Beschränkung zu beachten; § 17 Abs. 2 gilt entsprechend.

(6) Einrichtungen aller Art, die zu Verwechslungen mit der in Anlage IX beschriebenen Prüfplakette Anlaß geben können, dürfen an Kraftfahrzeugen und ihren Anhängern nicht angebracht sein.

§ 34 a Besetzung und Beschaffenheit von Kraftomnibussen *)

(1) In Kraftomnibussen dürfen nicht mehr Personen befördert werden, als im Fahrzeugschein Plätze ausgewiesen sind.

(2) Kraftomnibusse müssen so beschaffen sein, daß das zulässige Gesamtgewicht und die zulässigen Achslasten durch das Gewicht der beförderten Personen und des zugeladenen Gepäcks nicht überschritten werden können; dies ist durch geeignete bauliche Maßnahmen sicherzustellen.

(3) Bei der Berechnung der zulässigen Zahl der Plätze sind die in Anlage XIII angegebenen Durchschnittswerte anzusetzen. Die errechnete Zahl der Plätze ist im Fahrzeugschein getrennt nach Sitzplätzen und Stehplätzen einzutragen.

(4) Auf Antrag des Verfügungsberechtigten oder auf Grund anderer Vorschriften kann abweichend von der nach Absatz 3 errechneten zulässigen Zahl der Plätze eine auf die Einsatzart der Kraftomnibusse abgestimmte verminderte Platzzahl festgelegt werden.

(5) Für Stehplätze müssen geeignete Halteeinrichtungen in ausreichender Anzahl vorhanden sein. Die Halteeinrichtungen müssen so beschaffen und angeordnet sein, daß sie auch von Kindern benutzt werden können.

(6) Die Zahl der zugelassenen Sitz- und Stehplätze ist an gut sichtbarer Stelle in gut lesbarer Schrift anzuschreiben.

(7) Werden Kraftomnibusse im Gelegenheitsverkehr nach § 46 des Personenbeförderungsgesetzes eingesetzt, so finden die Absätze 2 bis 6 keine Anwendung.

§ 35 a Sitze, Sicherheitsgurte, Rückhaltesysteme

(1) Der Sitz oder Stand des Fahrzeugführers und sein Betätigungsraum sowie die Einrichtungen zum Führen des Fahrzeugs müssen so angeordnet und beschaffen sein, daß das Fahrzeug – auch bei angelegtem Sicherheitsgurt oder

*) § 34 a ist am 1. Mai 1984 für die von diesem Tag an erstmals in den Verkehr gekommenen Kraftomnibusse in Kraft getreten. Für Kraftomnibusse, die vor dem 1. Mai 1984 erstmals in den Verkehr gekommen sind, gilt § 34 a in der vor dem 1. Mai 1984 geltenden Fassung.
Vgl. ferner „Richtlinien zur Beurteilung von Stehplatzflächen in Kraftomnibussen", abgedruckt im Anhang (S. 125).

Verwendung eines anderen Rückhaltesystems – sicher geführt werden kann.

(2) Die Sitze, ihre Lehnen und ihre Befestigung müssen sicheren Halt bieten und allen im Betrieb auftretenden Beanspruchungen standhalten. Klappbare Sitze und Rückenlehnen, hinter denen sich weitere Sitze befinden und die nach hinten nicht durch eine Wand von anderen Sitzen getrennt sind, müssen sich in normaler Fahr- oder Gebrauchsstellung selbsttätig verriegeln; dies gilt nicht für seitlich klappbare Sitze (z. B. im Gang von Kraftomnibussen). Die Entriegelungseinrichtung muß von dem dahinterliegenden Sitz aus leicht zugänglich und bei geöffneter Tür auch von außen einfach zu betätigen sein. Rückenlehnen müssen so beschaffen sein, daß für die Insassen Verletzungen nicht zu erwarten sind.

(3) –

(4) Krafträder, auf denen ein Beifahrer befördert wird, müssen mit einem Sitz, einem Handgriff und beiderseits mit Fußstützen für den Beifahrer ausgerüstet sein. Dies gilt nicht bei der Mitnahme eines Kindes unter 7 Jahren, wenn für das Kind ein besonderer Sitz vorhanden und durch Radverkleidungen oder gleich wirksame Einrichtungen dafür gesorgt ist, daß die Füße des Kindes nicht in die Speichen geraten können.

(5) Abmessungen und Anordnung der Sitze in Kraftomnibussen müssen der Anlage X entsprechen. Bei Fahrzeugen mit mehr als 14 Fahrgastplätzen müssen die Sitze so angeordnet sein, daß in Längsrichtung des Fahrzeugs ein Gang frei bleibt.

(6) Personenkraftwagen sowie Lastkraftwagen mit einem zulässigen Gesamtgewicht von nicht mehr als 2,8 t und mit einer durch die Bauart bestimmten Höchstgeschwindigkeit von mehr als 25 km/h müssen mit Einrichtungen (Verankerungen) zum Anbringen von mindestens je einem Schultergurt in Verbindung mit einem Beckengurt (Dreipunktgurt) für die unmittelbar hinter der Windschutzscheibe befindlichen Außensitze versehen sein; dies gilt nicht für Personenkraftwagen, wenn Rückhaltesysteme nach Absatz 7 eingebaut sind. An den übrigen Sitzen sowie an sämtlichen Sitzen der in Satz 1 genannten Fahrzeuge mit offenem Aufbau genügen Verankerungen für Beckengurte (Zweipunktgurte).

(7) In Personenkraftwagen sowie in Lastkraftwagen mit einem zulässigen Gesamtgewicht von nicht mehr als 2,8 t und mit einer durch die Bauart bestimmten Höchstgeschwindigkeit von mehr als 25 km/h müssen die unmittelbar hinter der Windschutzscheibe befindlichen Außensitze jeweils mindestens mit einem Schultergurt in Verbindung mit einem Beckengurt (Dreipunktgurt) oder mit Rückhaltesystemen, die in ihrer Wirkung mindestens Dreipunktgurten entsprechen, ausgerüstet sein. Die übrigen Sitze sowie sämtliche Sitze der in Satz 1 genannten Fahrzeuge mit offenem Aufbau müssen mindestens mit Beckengurten (Zweipunktgurten) oder mit Rückhaltesystemen, die in ihrer Wirkung mindestens Beckengurten entsprechen, ausgerüstet sein. Für Klappsitze (ein für gelegentlichen Gebrauch vorgesehener Notsitz, der normalerweise umgeklappt ist) und nicht nach vorn gerichtete Sitze sind Sicherheitsgurte nicht erforderlich. Solange auf Rücksitzen Kinderhalteeinrichtungen in betriebsfertigem Zustand mitgeführt werden, für deren Befestigung die Verankerung für Sicherheitsgurte verwendet werden, gilt für diese Rücksitze Satz 2 nicht.

§ 35 b Einrichtungen zum sicheren Führen der Fahrzeuge

(1) Die Einrichtungen zum Führen der Fahrzeuge müssen leicht und sicher zu bedienen sein.

(2) Für den Fahrzeugführer muß ein ausreichendes Sichtfeld unter allen Betriebs- und Witterungsverhältnissen gewährleistet sein. Bei Kraftomnibussen muß durch bauliche Maßnahmen sichergestellt sein, daß sich neben dem Fahrzeugführer keine Personen aufhalten können. In Kraftomnibussen des Ferienziel-Reiseverkehrs, des Ausflugs- und des Mietomnibusverkehrs (§ 48 Abs. 1 und 2 und § 49 des Personenbeförderungsgesetzes) dürfen jedoch neben dem Platz des Fahrzeugführers 2 Sitze für das Begleitpersonal vorhanden sein, wenn an diesen Sitzen die Aufschrift „Nur für Begleitpersonal" an gut sichtbarer Stelle gut lesbar angebracht ist; dies gilt auch, wenn diese Kraftomnibusse im Linienverkehr (§ 42 und § 43 Nr. 1 bis 4 des Personenbeförderungsgesetzes) verwendet werden.

§ 35d Einrichtungen zum Auf- und Absteigen, Fußboden

(1) Die Beschaffenheit der Fahrzeuge muß sicheres Auf- und Absteigen ermöglichen.

(2) Bei Kraftomnibussen darf die Trittstufe der Ein- und Ausstiege für Fahrgäste – bei mehreren Trittstufen die untere – höchstens 400 mm über der Fahrbahn liegen.

(3) Der Fußboden in Kraftomnibussen muß ausreichende Sicherheit gegen Ausgleiten bieten.

(4) Übergänge innerhalb von Kraftomnibussen, die Gelenkfahrzeuge sind, müssen so ausgeführt sein, daß sie von den Fahrzeuginsassen ohne Gefahr betreten werden können.

§ 35e Türen

(1) Türen und Türverschlüsse müssen so beschaffen sein, daß beim Schließen störende Geräusche vermeidbar sind.

(2) Türverschlüsse müssen so beschaffen sein, daß ein unbeabsichtigtes Öffnen der Türen nicht zu erwarten ist.

(3) Die Türbänder (Scharniere) von Drehtüren – ausgenommen Falttüren – an den Längsseiten von Kraftfahrzeugen mit einer durch die Bauart bestimmten Höchstgeschwindigkeit von mehr als 25 km/h müssen auf der in der Fahrtrichtung vorn liegenden Seite der Türen angebracht sein. Dies gilt bei Doppeltüren für den Türflügel, der zuerst geöffnet wird; der andere Türflügel muß für sich verriegelt werden können. Türen müssen bei Gefahr von jedem erwachsenen Fahrgast geöffnet werden können.

(4) In Kraftomnibussen müssen Ein- und Ausstiege für die Fahrgäste an der rechten Fahrzeugseite liegen. Es müssen mindestens vorhanden sein

1. bei Fahrzeugen mit nicht mehr als 26 Fahrgastplätzen ein Ein- und Ausstieg mit mindestens 650 mm lichter Weite,
2. bei Fahrzeugen mit mehr als 26 Fahrgastplätzen 2 Ein- und Ausstiege mit mindestens je 650 mm oder ein Ein- und Ausstieg mit mindestens 1200 mm lichter Weite.

(5) Fahrgasttüren in Kraftomnibussen mit mehr als 16 Fahrgastplätzen müssen beim Einmannbetrieb entweder vom Sitz des Fahrzeugführers aus geöffnet und geschlossen oder automatisch betätigt werden können. Es muß sichergestellt sein, daß beim Schließen fremdkraftbetätigter Fahrgasttüren Personen nicht eingeklemmt werden können; Einrichtungen, die zur Vermeidung eines nicht nur kurzzeitigen Einklemmens Ansprechkräfte benötigen, die die Fahrgäste nicht gefährden, sind zulässig. Wird die im direkten Einflußbereich und Sichtfeld des Fahrzeugführers gelegene Fahrgasttür vom Fahrzeugführer betätigt, genügt die Anbringung von Schutzleisten mit ausreichender Breite und Nachgiebigkeit an den Hauptschließkanten. Sind die Kraftomnibusse mit mehr als zwei Fahrgasttüren ausgerüstet, dürfen nur die beiden vorderen Fahrgasttüren vom Sitz des Fahrzeugführers aus betätigt werden können. Die übrigen Fahrgasttüren, insbesondere in angelenkten Teilen der Gelenkomnibusse, müssen automatisch betätigt werden können. Der Fahrzeugführer muß von seinem Sitz aus – zum Beispiel über Spiegel – das Ein- und Aussteigen der Fahrgäste mindestens im Bereich der von ihm betätigten Fahrgasttüren beobachten können. Der geschlossene Zustand aller Fahrgasttüren muß dem Fahrzeugführer sinnfällig angezeigt werden. Durch bauliche Maßnahmen muß sichergestellt sein, daß eine Gefährdung von Personen innerhalb und außerhalb des Kraftomnibusses durch sich öffnende und schließende Türen nicht zu erwarten ist.

(6) Türen müssen während der Fahrt geschlossen sein.

§ 35f Notausstiege in Kraftomnibussen

(1) In Kraftomnibussen müssen Notausstiege vorhanden sein, und zwar an jeder Längsseite mindestens

1. ein Notausstieg bei nicht mehr als 26 Fahrgastplätzen,
2. zwei Notausstiege bei 27 bis 50 Fahrgastplätzen,

3. drei Notausstiege bei 51 bis 80 Fahrgastplätzen,
4. vier Notausstiege bei mehr als 80 Fahrgastplätzen.

An der rechten Längsseite darf ein Notausstieg weniger vorgesehen werden, wenn sich in der Rückwand eine Tür mit einer lichten Weite von mindestens 430 mm oder ein Notausstieg befindet.

(2) Notausstiege sind

1. Fenster mit lichten Abmessungen von mindestens 600 mm × 430 mm. Sie müssen sich leicht und schnell öffnen, zerstören oder entfernen lassen. Die Ecken der Fenster, die als Notausstiege vorgesehen sind, können mit einem Radius bis zu 250 mm abgerundet sein. Durch Schutzstangen darf die Benutzung von Fenstern als Notausstiege nicht erschwert werden. Fenster mit lichten Abmessungen von mindestens 1200 mm × 430 mm gelten als 2 Notausstiege,
2. Türen in der linken Seitenwand mit einer lichten Weite von mindestens 430 mm. Die Türen müssen von innen jederzeit leicht geöffnet werden können,
3. bei Kraftomnibussen mit nicht mehr als 14 Fahrgastplätzen die Ein- und Ausstiege, wenn alle Fahrzeuginsassen sie erreichen können.

(3) Notausstiege müssen durch die Aufschrift „Notausstieg" deutlich gekennzeichnet sein, soweit es sich nicht um Türen handelt.

§ 35g Feuerlöscher in Kraftomnibussen

(1) In Kraftomnibussen muß mindestens ein Feuerlöscher mit einer Füllmasse von 6 kg in betriebsfertigem Zustand mitgeführt werden. Zulässig sind nur Feuerlöscher, die mindestens für die Brandklassen

A: Brennbare feste Stoffe (flammen- und glutbildend),

B: Brennbare flüssige Stoffe (flammenbildend),

C: Brennbare gasförmige Stoffe (flammenbildend),

amtlich zugelassen sind.

(2) Feuerlöscher sind in den Fahrzeugen an gut sichtbarer und leicht zugänglicher Stelle unterzubringen, ein Löscher in unmittelbarer Nähe des Fahrzeugführers.

(3) Das Fahrpersonal muß mit der Handhabung der Löscher vertraut sein; hierfür ist neben dem Fahrpersonal auch der Halter des Fahrzeugs verantwortlich.

(4) Die Fahrzeughalter müssen die Feuerlöscher durch fachkundige Prüfer mindestens einmal innerhalb von 12 Monaten auf Gebrauchsfähigkeit prüfen lassen. Beim Prüfen, Nachfüllen und bei Instandsetzung der Feuerlöscher müssen die Leistungswerte und technischen Merkmale, die dem jeweiligen Typ zugrunde liegen, gewährleistet bleiben. Auf einem am Feuerlöscher befestigten Schild müssen der Name des Prüfers und der Tag der Prüfung angegeben sein.

§ 35h Erste-Hilfe-Material in Kraftfahrzeugen

(1) In Kraftomnibussen sind Verbandkästen, die selbst und deren Inhalt an Erste-Hilfe-Material den Normblättern DIN 13 163, Ausgabe März 1969 oder DIN 13 164 Blatt 1, Ausgabe April 1968 entsprechen, mitzuführen, und zwar mindestens

1. ein Verbandkasten in Kraftomnibussen mit nicht mehr als 26 Fahrgastplätzen,
2. 2 Verbandkästen in anderen Kraftomnibussen.

(2) Die Verbandkästen in Kraftomnibussen müssen an leicht zugänglicher Stelle untergebracht sein; diese Stelle ist deutlich zu kennzeichnen.

(3) In anderen als den in Absatz 1 genannten Kraftfahrzeugen mit einer durch die Bauart bestimmten Höchstgeschwindigkeit von mehr als 6 km/h mit Ausnahme von Krankenfahrstühlen, Krafträdern, Zug- oder Arbeitsmaschinen in land- oder forstwirtschaftlichen Betrieben sowie anderen Zug- oder Arbeitsmaschinen, wenn sie einachsig sind, ist Erste-Hilfe-Material mitzuführen, das nach Art, Menge und Beschaffenheit

mindestens dem Normblatt DIN 13 164 Blatt 1, Ausgabe April 1968 entspricht. Das Erste-Hilfe-Material ist in einem Behältnis verpackt zu halten, das so beschaffen sein muß, daß es den Inhalt vor Staub und Feuchtigkeit sowie vor Kraft- und Schmierstoffen ausreichend schützt.

(4) Die Normen sind im Beuth Verlag GmbH, Postfach 1145, 1000 Berlin 30, erschienen und beim Deutschen Patentamt archivmäßig gesichert niedergelegt.

§ 38 Lenkeinrichtung

(1) Die Lenkeinrichtung muß leichtes und sicheres Lenken des Fahrzeugs gewährleisten; sie ist wenn nötig mit einer Lenkhilfe zu versehen.

(2) Die Lenkeinrichtung von Kraftomnibussen, bei denen die zulässige Achslast der Vorderachse – bei mehreren gelenkten Vorderachsen die Summe der zulässigen Achslasten dieser Achsen – mehr als 4,5 t beträgt, muß mit einer Lenkhilfe versehen sein.

(3) Bei Versagen der Lenkhilfe muß die Lenkbarkeit des Fahrzeugs erhalten bleiben.

§ 41 Bremsen und Unterlegkeile (Auszug)

(15) Kraftomnibusse mit einem zulässigen Gesamtgewicht von mehr als 5,5 t sowie andere Kraftfahrzeuge und Anhänger mit einem zulässigen Gesamtgewicht von mehr als 9 t müssen außer mit den Bremsen nach den vorstehenden Vorschriften mit einer Dauerbremse ausgerüstet sein. Dauerbremsen an Anhängern müssen vom ziehenden Kraftfahrzeug aus bedient werden können. Satz 1 gilt für Sattelanhänger nur dann, wenn das um die Aufliegelast verringerte zulässige Gesamtgewicht 9 t übersteigt. Als Dauerbremse gelten Motorbremsen oder in der Bremswirkung gleichartige Einrichtungen. Die Dauerbremse muß mindestens eine Leistung aufweisen, die der Bremsbeanspruchung beim Befahren eines Gefälles von 7 vom Hundert und 6 km Länge durch das voll beladene Fahrzeug mit einer Geschwindigkeit von 30 km/h entspricht. Eine Dauerbremse ist nicht erforderlich

1. bei Kraftfahrzeugen mit einer durch die Bauart bestimmten Höchstgeschwindigkeit von nicht mehr als 25 km/h,
2. bei Anhängern hinter solchen Kraftfahrzeugen,
3. bei den nach § 58 für eine Höchstgeschwindigkeit von nicht mehr als 25 km/h gekennzeichneten Anhängern hinter Kraftfahrzeugen, die mit einer Geschwindigkeit von nicht mehr als 25 km/h gefahren werden,
4. bei Anhängern, bei denen die geforderte Dauerbremsleistung mit der in Absatz 9 vorgeschriebenen Bremse ohne Beeinträchtigung der geforderten Wirkung als Betriebsbremse erreicht wird.

§ 41a Druckgasanlagen und Druckbehälter

(1) Für in Fahrzeuge eingebaute Druckgasbehälter gilt die Druckbehälterverordnung vom 27. Februar 1980 (BGBl. I S. 184).

(2) Andere zum Betrieb von Fahrzeugen mit Flüssiggas notwendige Einrichtungen, die nicht der Druckbehälterverordnung unterliegen, müssen so angeordnet und beschaffen sein, daß ein sicherer Betrieb gewährleistet ist.

(3) Druckbehälter für Druckluftbremsanlagen müssen in sinngemäßer Anwendung der Druckbehälterverordnung geprüft und gekennzeichnet sein.

§ 46 Kraftstoffleitungen (Auszug)

(4) Bei Kraftomnibussen dürfen Kraftstoffleitungen nicht im Fahrgast- oder Führerraum liegen. Bei diesen Fahrzeugen darf der Kraftstoff nicht durch Schwerkraft gefördert werden.

§ 54a Innenbeleuchtung in Kraftomnibussen

Kraftomnibusse müssen eine elektrische Innenbeleuchtung haben. Durch die Innenbeleuchtung darf die Sicht des Führers nicht beeinträchtigt werden.

§ 54b Windsichere Handlampe

In Kraftomnibussen muß außer den nach § 53a Abs. 1 erforderlichen Warneinrichtungen eine von der Lichtanlage des Fahrzeugs unabhängige windsichere Handlampe mitgeführt werden.

§ 57a Fahrtschreiber und Kontrollgerät

(1) Mit einem eichfähigen Fahrtschreiber sind auszurüsten

1. Kraftfahrzeuge mit einem zulässigen Gesamtgewicht von 7,5 t und darüber,
2. Zugmaschinen mit einer Motorleistung von 55 PS (40 kW) und darüber, die nicht ausschließlich für land- oder forstwirtschaftliche Zwecke eingesetzt werden,
3. zur Beförderung von Personen bestimmte Kraftfahrzeuge mit mehr als 8 Fahrgastplätzen.

Dies gilt nicht für Kraftfahrzeuge mit einer durch die Bauart bestimmten Höchstgeschwindigkeit von nicht mehr als 40 km/h, ferner nicht für Kraftfahrzeuge der Bundeswehr, es sei denn, daß es sich um Kraftfahrzeuge der Bundeswehrverwaltung oder um Kraftomnibusse handelt.

(1a) Der Fahrtschreiber sowie alle lösbaren Verbindungen der Übertragungseinrichtungen müssen plombiert sein.

(2) Der Fahrtschreiber muß vom Beginn bis zum Ende jeder Fahrt ununterbrochen in Betrieb sein und auch die Haltezeiten aufzeichnen. Die Schaublätter – bei mehreren miteinander verbundenen Schaublättern (Schaublattbündel) das erste Blatt – sind vor Antritt der Fahrt mit dem Namen der Führer sowie dem Ausgangspunkt und Datum der ersten Fahrt zu bezeichnen; ferner ist der Stand des Wegstreckenzählers am Beginn und am Ende der Fahrt oder beim Einlegen und bei der Entnahme des Schaublatts vom Kraftfahrzeughalter oder dessen Beauftragten einzutragen; andere, durch Rechtsvorschriften weder geforderte noch erlaubte Vermerke auf der Vorderseite des Schaublattes sind unzulässig. Es dürfen nur Schaublätter mit Prüfzeichen verwendet werden, die für den verwendeten Fahrtschreibertyp zugeteilt sind. Die Schaublätter sind zuständigen Personen auf Verlangen jederzeit vorzulegen; der Kraftfahrzeughalter hat sie ein Jahr lang aufzubewahren. Auf jeder Fahrt muß mindestens ein Ersatzschaublatt mitgeführt werden.

(3) Die Absätze 1 und 2 gelten nicht, wenn das Fahrzeug mit einem Kontrollgerät im Sinne der Verordnung (EWG) Nr. 3821/85 des Rates vom 20. Dezember 1985 über das Kontrollgerät im Straßenverkehr (ABl. EG Nr. L 370 S. 8) ausgerüstet ist. Das Kontrollgerät ist nach den Artikeln 15 bis 18 der Verordnung (EWG) Nr. 1463/70 zu betreiben; dies gilt nicht für Kraftomnibusse, wenn sie im Linienverkehr eingesetzt sind und das Kontrollgerät entsprechend Absatz 2 betrieben wird. Anstelle der Namen der Führer kann in diesem Fall das amtliche Kennzeichen oder die Betriebsnummer des jeweiligen Fahrzeugs eingetragen werden.

(4) Weitergehende Anforderungen in Sondervorschriften bleiben unberührt.

Anhang

Anlage XII (§ 34 Abs. 3 a)

Fahrzeugtechnische Anforderungen an Kraftomnibusse

(1) Anwendungsbereich

Die Anlage gilt für zweiachsige Kraftomnibusse mit einer Fahrgastebene, bei denen eine zulässige Achslast von mehr als 10,0 t und ein zulässiges Gesamtgewicht von mehr als 16,0 t in Anspruch genommen werden. Die Anlage gilt für Kraftomnibusse mit einer Fahrgastebene, die als dreiachsige Gelenkfahrzeuge gebaut sind, entsprechend, wenn für eine Antriebsachse eine zulässige Achslast von mehr als 10,0 t in Anspruch genommen wird. Kraftomnibusse mit einer Fahrgastebene sind solche, in denen die Fahrgäste ausschließlich auf einer Ebene befördert werden, und die nicht als sogenannte Eineinhalbdeck-Kraftomnibusse oder Doppeldeck-Kraftomnibusse gebaut sind.

(2) Die in Absatz 1 genannten Fahrzeuge müssen folgenden fahrzeugtechnischen Anforderungen zur straßenschonenden Bauweise genügen:

a) Luftfederung zwischen Aufbau und Fahrwerk,

b) Doppelbereifung (Zwillingsbereifung) der Achse, deren zulässige Einzelachslast mehr als 10,0 t beträgt;

bei Kraftomnibussen, die im Gelegenheitsverkehr nach § 46 des Personenbeförderungsgesetzes eingesetzt werden, Doppelbereifung, unter Verwendung von Reifen mit einer Federzahl von höchstens 115 da N/mm im Arbeitspunkt bei 2,75 t Reifenlast;

c) unter Berücksichtigung des zulässigen Gesamtgewichts

1. rechnerische Eigenschwingungszahl des Kraftomnibusaufbaus mit Achsführungseinfluß von nicht mehr als 1,5 Hz,

2. mittlere Dämpfung zwischen Kraftomnibusaufbau und Fahrwerk durch hydraulische Stoßdämpfer von $D \geq 0{,}25$ (Lehr'sches Dämpfungsmaß).

Anlage XIII (§ 34 a Abs. 3)

Zulässige Zahl von Sitzplätzen und Stehplätzen in Kraftomnibussen

(1) Anwendungsbereich

Diese Anlage gilt für Kraftomnibusse, wenn sie nicht im Gelegenheitsverkehr nach § 46 des Personenbeförderungsgesetzes eingesetzt sind.

(2) Berechnung der zulässigen Zahl von Sitzplätzen und Stehplätzen

a) Bei der Berechnung der zulässigen Zahl der Plätze sind unter Berücksichtigung des Leergewichts, des zulässigen Gesamtgewichts und der zulässigen Achslasten des Fahrzeugs folgende Durchschnittswerte anzusetzen:

1. 68 kg als Personengewicht,

2. 544 kg/m² als spezifischer Belastungswert für Stehplatzflächen,

3. 100 kg/m³ als spezifischer Belastungswert für Gepäckräume,

4. 75 kg/m² als spezifischer Belastungswert für Dachgepäckflächen.

b) Das für die Gepäckbeförderung zu berücksichtigende Gewicht kann sowohl ganz als auch in einem im Fahrzeugschein festgelegten Anteil zusätzlich zu der nach Abschnitt a zulässigen Zahl der Plätze für die Personenbeförderung nutzbar gemacht werden, wenn der entsprechende Gepäckraum beim Betrieb der Kraftomnibusse nicht für die Gepäckbeförderung genutzt wird.

§ 34 a StVZO; Richtlinien zur Beurteilung von Stehplatzflächen in Kraftomnibussen

Bonn, den 8. Mai 1984
StV 13/36.24.03-10

Durch die Neufassung des § 34 a StVZO sind die in den bisherigen „Richtlinien über Lastannahmen für Stehplatzflächen in Kraftomnibussen und Omnibusanhängern“ festgelegten spezifischen Belastungswerte für Stehplatzflächen in die StVZO übernommen worden.

Um auch zukünftig eine einheitliche Beurteilung der zu erfassenden Stehplatzflächen sicherzustellen, wird, unter gleichzeitiger Aufhebung der Richtlinien in der Fassung vom 25. September 1963 (VkBl 1963 S. 479), nachstehend die nach Anhörung der zuständigen obersten Landesbehörden abgestimmte Neufassung der Richtlinien bekanntgegeben.

Auf Kraftomnibusse, die vor dem Inkrafttreten der 7. Verordnung zur Änderung der Straßenverkehrs-Zulassungs-Ordnung (BGBl. 1984 I S. 632) am 1. Mai 1984 erstmals in den Verkehr gekommen sind, können die Richtlinien dann Anwendung finden, wenn die Platzzahlen unter Berücksichtigung der Durchschnittswerte nach § 34 a StVZO (neue Fassung) in Verbindung mit Anlage XIII StVZO neu berechnet und im Fahrzeugschein eingetragen und nachdem die Hinweise auf die bisherigen Platzzahlen durch die neu berechneten ersetzt worden sind (Absatz 6).

Der Bundesminister für Verkehr

Im Auftrag
Keller

Richtlinien zur Beurteilung von Stehplatzflächen in Kraftomnibussen

1. Stehplatzflächen sind die Flächen, die für stehende Fahrgäste nutzbar gemacht werden können und dürfen.

2. Als Stehplatzflächen sind nicht anzusehen:

2.1 die durch sitzende Personen beanspruchte Nutzfläche einschließlich einer Fläche von 300 mm Tiefe vor Sitzplätzen, vor denen sich Stehplätze befinden,

2.2 die durch Fahrer und Begleitpersonal beanspruchte Nutzfläche sowie die nach § 35 b Abs. 2 Satz 2 StVZO von Personen freizuhaltende Fläche neben dem Fahrersitz.

2.3 in den Stehplatzraum hineinragende Einrichtungen entlang ihrer Durchdringungskontur mit dem Boden,

2.4 Trittstufen der Ein- und Ausstiege,

2.5 bei seitlichen Haltestangen auf den Boden projizierte Flächen, die von den Seitenwänden und den daran befestigten Haltestangen eingeschlossen werden,

2.6 Flächen, die wegen zu geringer Abmessung als Stehplätze ungeeignet sind,

2.7 Flächen, bei denen die vorgeschriebene Mindesthöhe für Stehplatzflächen unterschritten wird (§ 22 BOKraft),

2.8 Treppenstufen und Treppenabsätze zum Oberdeck von Doppeldeck- und Eineinhalbdeckomnibussen; ausgenommen hiervon sind Treppenabsätze mit einer Tiefe von mehr als 300 mm, sofern auf ihnen ein sicheres Stehen möglich ist.

(VkBl 1984 S. 228)

EG-Sozialvorschriften im Personenverkehr

(inhaltliche Wiedergabe *)

Höchstzulässige tägliche Lenkzeit	9 Stunden Für alle Fahrzeugkategorien 2 x wöchentlich 10 Stunden
Unterbrechungen der Lenkzeit a) Zeitpunkt der Unterbrechung	nach 4½ Stunden Lenkzeit
b) Mindestdauer der Unterbrechung	Einheitlich 45 Minuten bzw. 3 x 15 Minuten. Einzige Ausnahmemöglichkeit: Nationaler Personenlinienverkehr 30 Minuten nach 4 Stunden Lenkzeit.
Höchstzulässige wöchentliche Lenkzeit	Nach maximal sechs Tageslenkzeiten bzw. sechs Tagen Verpflichtung zur Einlegung einer Wochenruhezeit. Im grenzüberschreitenden Personenverkehr erst nach 12 Tagen. Entsprechende Regelung für nationalen Personenverkehr zulässig.
Höchstzulässige Lenkzeit in der Doppelwoche	90 Stunden
Mindest-Tagesruhezeit (Ein-Fahrer-Besatzung)	Für Güter- und Personenverkehr einheitlich 11 Stunden mit Verkürzungsmöglichkeit 3 x in der Woche auf 9 Stunden. Ausgleich bis zum Ende der folgenden Woche. Wichtig: An allen Tagen, an denen nicht verkürzt wird, kann die Tagesruhezeit in zwei bis drei Abschnitte aufgeteilt werden, von denen einer mindestens 8 zusammenhängende Stunden betragen muß. In diesem Falle erhöht sich die Tagesruhezeit auf 12 Stunden (Restliche noch am selben Tage zu nehmende Ruhezeit also bis zu 4 Stunden).
Mindest-Tagesruhezeit (Mehr-Fahrer-Besatzung)	Einheitlich: 8 Stunden innerhalb von 30 Stunden
Tagesruhezeit im Fahrzeug	Nur, wenn Fahrzeug mit einer Schlafkabine ausgestattet ist und nicht fährt.

[6]) Verordnungen (EWG) Nr. 3820/85 und Nr. 3821/85, gültig ab 29.9.1986 für alle Kraftfahrzeuge (einschl. Anhänger) über 3,5 t zul. Gesamtgewicht.

Mindest-Wochenruhezeit	45 Stunden einschließlich einer Tagesruhezeit. Verkürzungsmöglichkeit auf 36 Stunden am Standort/Heimatort bzw. 24 Stunden außerhalb dieser Orte (jeweils einschließlich einer Tagesruhezeit). Ausgleich bis zum Ende der folgenden dritten Woche.
Sonderregelung der Mindest-Wochenruhezeit für den grenzüberschreitenden Personenverkehr	Die Wochenruhezeit einer Woche darf vollständig auf die folgende Woche übertragen werden. Keine saisonale Begrenzung.

Stichwortverzeichnis

Fette Zahlen *ohne* Gesetzesangabe bedeuten Paragraphen der BOKraft.

Fette Zahlen *mit* Angabe eines Gesetzes oder einer Verordnung bedeuten Paragraphen des entsprechenden Gesetzes oder der entsprechenden Verordnung.

Magere Zahlen geben die Nummer der jeweiligen Anmerkung wieder.

Beispiele: **32** 3 = § 32 BOKraft Anm. 3;
40 PBefG = § 40 PBefG

A

B

D

E

F

G

H

P

R

S

T

U

V

W

Z